政治学基本講義

河田潤一 Junichi Kawata

Basic Lectures
on Politics

法律文化社

はじめに

　2003年10月、社会資本（ソーシャル・キャピタル）論で著名なハーバード大学教授ロバート・パットナムもよく知る同大学コンピュータサイエンス専攻の学生マーク・ザッカーバーグは、学内の女子学生の人気度をネット上でカウントできる「フェイススマッシュ」を立ち上げ、一夜にしてその名は学内に知れ渡ることとなった。学友間の「ネット上の大学社交場」は、その後、「友達の友達」を越えて誰とでもネット上でつながる「フェイスブック」として世界中に広がり、今やSNS（ソーシャル・ネットワーキング・サービス）は当たり前のものとなった。

　Windows95の登場によって身近になったインターネットについてパットナムは、2000年に出版された『孤独なボウリング』（*Bowling Alone*）のなかで、「インターネットは主として能動的な、社会的コミュニケーション手段になるだろうか。それとも受動的な、プライベートな娯楽手段になるのだろうか」と問いかけ、社会学者バリー・ウェルマンらの学術研究者によるコンピュータ・コミュニケーションの利用に関する研究を引き合いに出し、「インターネット上の頻繁な接触は、対面での頻繁な接触を補完するものであって、それに取って代わるものではない」との予測を披瀝（ひれき）した。

　『孤独なボウリング』出版以降のフェイスブック等SNSの普及は、「対面での頻繁な接触」を最初からすっ飛ばし、個人がその属性とは無関係に国境を越えて偏見や憎悪で結びつき、団結することさえ容易にした。21世紀の政治は、これら負の社会的亀裂、あるいは新たなライフスタイルをノードとする「飛び地」的サイバー・ポリティクスに大きく揺さぶられ続けるであろう。

　ポスト工業社会化、グローバル化、ネット化が生み出す現代という「複雑な時代」において、旧来のパワー、イデオロギー、アイデンティティのあり方は大きく変わろうとしている。この時代の先にある国家・政治・企業・市民社会の新たな結びつきの構図を探索する「未来への航海」途上には、新たな装いをしたエリート主義、「ピープル」がもつ同調性が過剰に取り込まれたポピュリ

i

ズム、古い抑圧＝攻撃仮説に先祖返りした新しい暴力、盗賊支配と組織犯罪の共犯政治など難問が山積している。

　パットナムの同僚であるシーダ・スコッチポルは、2003年に出版した『失われた民主主義』（*Diminished Democracy*）において、アメリカではとくに1970年代以降、それまでに全米に草の根的にみられた連邦型構造をもつ全国規模のメンバーシップ団体が弱体化し、国民全体に関わるような重大な公的問題への一般市民の参加の機会や構造が劣化している、と主張した。

　その一因として彼女は、メディアやEメールが特定のメッセージを特定の層に的を絞って届けることができるようになったことを挙げている。高学歴化とネット社会化が生み出したメディア・プロが運営するこの種のトップダウン的ターゲティング手法は、社会的アイデンティティを断片化し、また公的討論での一般市民の生活からすれば些末な論点をめぐる分裂に議論を安住させることを助長することになった。討論への実質的な参加者は、狭い範囲の「招待客」のみで、多様な社会的ネットワークによる選挙過程や利益集団への幅広い包摂的な参加を駆逐した。スコッチポルによれば世論調査までもが特定の感情・言葉・フレーズを意図的に配することを通して、所定の政策目標追求への支持を増大しうる「精巧につくられたトーク」（crafted talk）になり下がった、と批判は厳しい。

　多かれ少なかれこうした時代に生きている私たちは、知識の非体系性・非包括性・非順次性を特徴とする「常識知」を、知識の体系性・包括性・順次性を属性とする専門知に突き合わせ、両者を対話させるなかから、自らを社会の単なるエージェント（agent）から、「常識知」を社会・国家へと媒介する（intermediate）市民的パワーデッキの創出力、さらには社会体を貫いている複数性と相違性、多様性と異種性の現れの場としての「政治」を批判的に分析する力を身につけていく必要があろう。本書がその一助になれば幸いである。

目　次

はじめに

序　章　「政治」と政治学　　1

1. 「政治」とは何か……1
2. 政治学の展開……3
3. 政治学の意義と効用……4
4. 本書の概要……6

第Ⅰ部　民主主義論

第1章　民主主義とポリアーキー　　10

1. 「デモス」（dēmos）と「クラティア」（kratia）の間に……10
2. 「ポリアーキー」論……13
3. 「自由化」の先行——イギリスの議会制民主主義……15
4. イギリスにおける「平等化」の進展……17
5. ポリアーキーへのドイツ、フランスの道……19

第2章　資本主義と民主主義　　23

1. 資本主義の発達……23
2. マルクス主義……24
3. マルクスと資本主義……26
4. イギリスの道……28
5. アメリカの道……30
6. ドイツの道……33

第3章　民主化論　37

1. 『第三の波』の周辺 …… 37
2. ファシズムと全体主義 …… 38
3. スペインにおける権威主義体制 …… 41
4. ブラジルにおける官僚型権威主義体制 …… 43
5. 権威主義体制論 …… 46

第Ⅱ部　政治権力論

第4章　政治権力と近代国家　52

1. 近代国家の起源 …… 52
2. 近代市民国家の成立 …… 55
3. 近代市民国家の基本原理 …… 56
4. 立憲主義の統治原理 …… 57
5. 近代資本制国家から福祉国家へ …… 60

第5章　現代国家における権力の諸相　64

1. 現代国家の権力の諸相 …… 64
2. 現代資本主義国家における諸権力 …… 66
3. 経済的な力と政治的な力の相互力学 …… 69
4. 権力の次元 …… 73
5. 訓育と社会化 …… 76

第6章　政治的社会化　79

1. 子どもの「政治の世界」——フランスとアメリカの比較 …… 79
2. 政治的社会化 …… 83
3. 下位文化と政治的社会化 …… 86
4. 政治的社会化の仮説前提 …… 89

第Ⅲ部　政治文化論

第7章　*The Civic Culture* の世界　　94

1. 政治文化論　94
2. *The Civic Culture* の世界　96
3. 政治文化の主要素　99
4. 5か国の政治文化　101
5. イタリア南部の政治文化　103
6. *The Civic Culture* と civic culture（市民文化）　105

第8章　*The Civic Culture Revisited* の前後　　108

1. *The Civic Culture* に対する批判　108
2. *The Civic Culture Revisited*　111
3. 政策文化としての政治文化　114
4. 新しい政治文化　116

第9章　社会資本　　120

1. 「社会資本」という地平　120
2. 『哲学する民主主義』のイタリア分析　122
3. 『孤独なボウリング』とアメリカ社会　124
4. 社会的ネットワークと信頼　129
5. 社会資本の効用の展望——市民的媒介制度の創出に向けて　131

第Ⅳ部　政治参加論

第10章　政治過程のなかの政治参加　　136

1. 政治システムと政治参加　136
2. 政治参加の構造的要因　140

	3	政治参加の心理的要因	142
	4	投票参加の変化	143

第11章　政治参加の理論的系譜　147

	1	大衆デモクラシーの展開	147
	2	草創期の投票参加研究	148
	3	新たな投票参加像の模索	152
	4	政治参加の国際比較研究	153
	5	政治参加とデモクラシー	156

第12章　新しい政治参加　159

	1	「疎外された有権者」	159
	2	参加デモクラシーへ	161
	3	参加デモクラシーからポリティカル・アクションへ	163
	4	集団ベースの政治参加	164

終　章　総括と展望　171

	1	グローバリゼーションと政治経済システムの変容	171
	2	市場グローバリゼーションの社会的インパクト	175
	3	グローバリゼーションと市民社会の拡大	177
	4	グローバリゼーションの影響下で市民社会を賦活する	179

おわりに
参考文献一覧
索　　引

本書で取り上げた主要人物の生没年

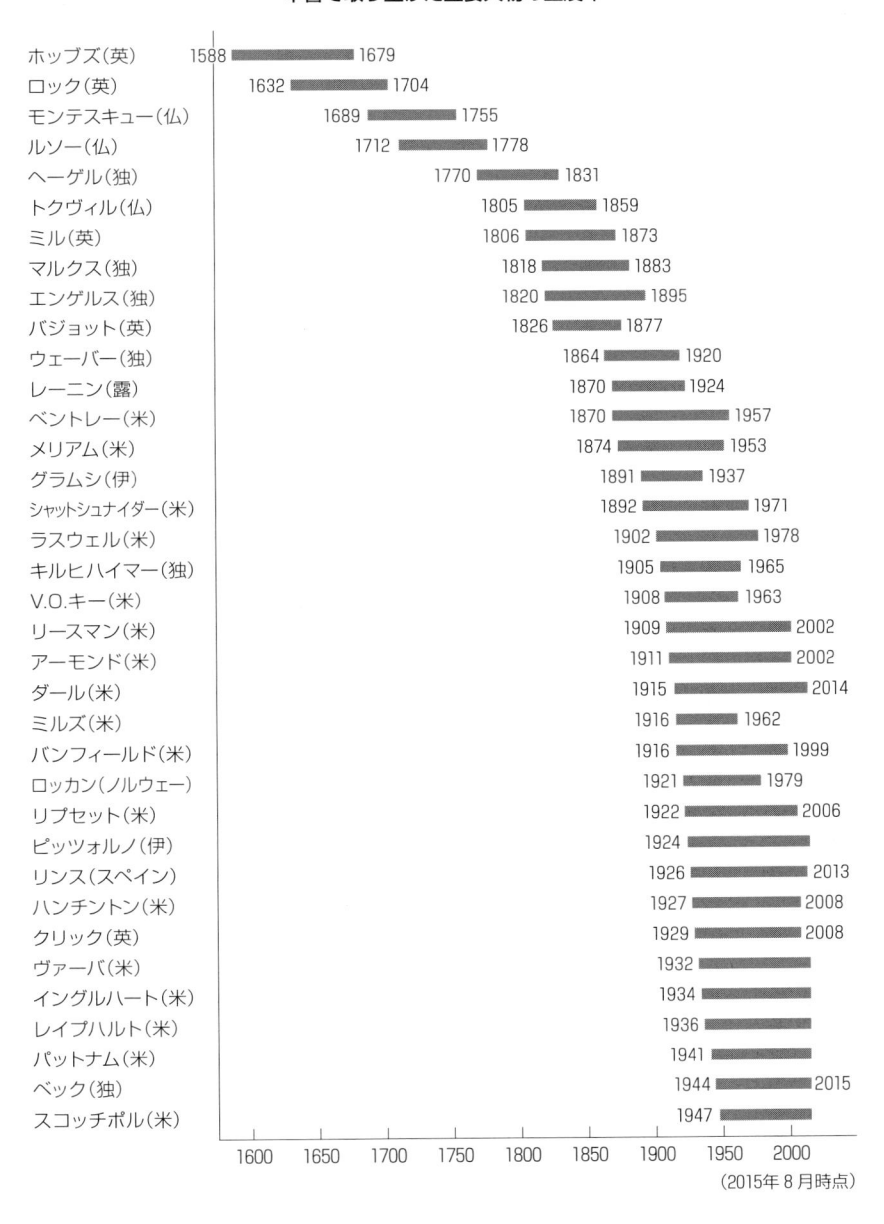

人物	生年	没年
ホッブズ（英）	1588	1679
ロック（英）	1632	1704
モンテスキュー（仏）	1689	1755
ルソー（仏）	1712	1778
ヘーゲル（独）	1770	1831
トクヴィル（仏）	1805	1859
ミル（英）	1806	1873
マルクス（独）	1818	1883
エンゲルス（独）	1820	1895
バジョット（英）	1826	1877
ウェーバー（独）	1864	1920
レーニン（露）	1870	1924
ベントレー（米）	1870	1957
メリアム（米）	1874	1953
グラムシ（伊）	1891	1937
シャットシュナイダー（米）	1892	1971
ラスウェル（米）	1902	1978
キルヒハイマー（独）	1905	1965
V.O.キー（米）	1908	1963
リースマン（米）	1909	2002
アーモンド（米）	1911	2002
ダール（米）	1915	2014
ミルズ（米）	1916	1962
バンフィールド（米）	1916	1999
ロッカン（ノルウェー）	1921	1979
リプセット（米）	1922	2006
ピッツォルノ（伊）	1924	
リンス（スペイン）	1926	2013
ハンチントン（米）	1927	2008
クリック（英）	1929	2008
ヴァーバ（米）	1932	
イングルハート（米）	1934	
レイプハルト（米）	1936	
パットナム（米）	1941	
ベック（独）	1944	2015
スコッチポル（米）	1947	

（2015年8月時点）

序章　「政治」と政治学

> 「もし諸君の主な関心がイギリスの行政と政治にあるなら、一般的にいって、〈イギリス政府論〉（British Government）と〈イギリス政治論〉（British Politics）が最初に別々に、それを統合しなければならないコースよりも、〈イギリス政府論〉の入門コースに、政治学の多くの要素が盛り込まれているコースを探すべきである」（クリック 2003: 141頁）。

1　「政治」とは何か

「政治」学の発展　アーモンド（Gabriel A. Almond, 1911-2002年）は、「政治システムの比較」（アーモンド 1982）において西欧民主主義システムをアングロ－アメリカ型（イギリス、アメリカ）、大陸ヨーロッパ型（フランス、イタリア、ドイツ）とスカンジナビア／低地諸国型に分類した。

後者2地域の政治については、ロッカンの社会的亀裂論を交えて本書の**第11章**で紹介することとして、ここではアングロ－アメリカ型に分類されたイギリスとアメリカにおける政治の捉え方の違いに注目したい。

ショー（Malcolm Shoaw）は、*Anglo-American Democracy* の序章を次のように書き出している。「アメリカの大学で〈アメリカ政府〉が教えられるとき、イギリスの例が最も引き合いに出される。また、イギリスの大学ではその逆バージョンが起こっている」。その理由は、国の根が同じだから当然でもあるが、両者で政治の捉え方がかなり違うからだと述べている（Shaw 1968: 1頁）。

イギリス政治学会（Political Studies Association）の創設は、1950年である。王立地理学協会の1830年、王立人類学研究機構の1843年、王立経済学会の1890年の設立の早さは、時代の要請という観点から納得がいく。「王立」も冠せず、political science でもない政治学会のこの時期の創設は、当時の大学進学率の低さと大きく関連があろう。それにも増して重要なのが、イギリスが長い時間を

かけて、政党政府型統合を発展させてきたことと関係しているように思われる。労働者の組織的利益、多様な職能的利益は政党が議会へと媒介し、議会での議論が内閣・官僚制を経由して執行されるという循環は、改めて学術的研究として対象化される必要がなかった。その分、議会や政党に関する重厚な歴史研究は多く蓄積され、1963年のロビンズ報告後に新設された大学に設けられた政治学部も大半が Department of Government と称した。

　これに対して、アメリカ政治学会（American Political Science Association）の創設は、1903年と早かった。アメリカでは、1880年にすでにバージェス（John W. Burgess）によってコロンビア大学に School of Political Science が設立され、その後ジョンズ・ホプキンス大学をはじめ、多くの大学に Department of Political Science が創設されていった。第二次世界大戦前までに、政治心理学、投票行動研究、政治過程・圧力団体の研究など行動論的な政治学が「科学」として発展していった。

<u>「統治」としての政治</u>　アメリカ政治学の「科学性」を批判的に検討した *The American Science of Politics*（1959年）によって国際的に注目を集めたクリック（Bernard Crick, 1929-2008年）は、主著の1つ『政治の弁証』（クリック 1969）において、「政治」を利益や価値の妥協・和解のプロセスとみ、次のように述べた。「政治」は、「一定の支配単位内の相異なる諸利害を、全共同体の福祉と生存とにめいめいが重要な程度に応じて、権力に参加させつつ調停するところの活動」（クリック 1969: 10頁）である。政治は、暴力や強制よりは調停を選ぶ。政治は、「大胆な叡智・多様な統一・武装した協議・自然な作為・創造的妥協・真剣なゲーム」（クリック 1969: 175頁）である。

　逆に、反・政治は、「妥協、調停、不確かさ、葛藤」（クリック 1969: 180頁）といった不確実性を批判しようとする。政治とは、そうした不確実性の「維持と創造の間の必然的両義性ないし緊張、さらに官僚制的匿名性と政治家的個性顕示との奇妙な運動」（クリック 1969: 180頁）であり、「討議に昇華する葛藤」とされた。

　1964年に出版された *The Reform of Parliament* は、秩序を生み出す妥協・和解を通じての統治（Government）の中心としての議会の機能刷新の提言書となっている（Crick 1964）。

権力関係としての「政治」

政治秩序の「下位部分をなし」、「政治をつくりだすのに役立つかもしれないが、その本来の行動は政治的ではない」（クリック 1969: 20頁）とクリックが考える社会集団の「統治」への圧力・影響力に注目することから、アメリカの政治過程論はスタートした。「統治」としての「政治」とは違うとしても、「統治」機構＝制度的・法律的配置の基礎をなす社会集団の政治行動への関心は、「政治」の定義を拡大させることとなった。

1930年代・40年代のシカゴ学派をリードしたラスウェル（Harold D. Lasswell, 1902-78年）は、経験科学としての政治学を、「勢力の内容とその主体に関する研究」（ラスウェル 1959: 13-14頁）と位置づけ、権力の形成と分配にあずかる「勢力」と「勢力家」、「権力」と「権力家」のもつ多様な意味を行動論的な手法を駆使して解剖しようとした。

また、戦後の政治学を代表するダール（Robert A. Dahl, 1915-2014年）も、政治システムを「コントロール（支配力）control、影響力 influence、権力 power、権威 authority をかなりな程度ふくむ人間関係の持続的なパターンである」（ダール 1999: 4頁）と捉えている。

政治の要素の1つに、決定作成に関わる活動がある。ラスウェルとカプランは、権力とはこの「決定作成への参与」であるという（ラスウェル・カプラン 2013）。政治は、社会に対する「価値の権威的配分」（イーストン 1976）である。多くの集団、人びとが諸価値の権威的配分をめぐる決定作成に影響を与えようとする。ここから、「政治」とは権力をめぐる、競争し合う集団間の闘争、という定義が得られる。あらゆる構造やプロセスは、政治システムに対してインパクトを顕在的／潜在的に有する、と考えられたのである。

2 政治学の展開

政治学の展開

「政治」と「政府」、「統治」と「権力」をめぐる政治学は、需要と供給の関係よろしく、学生数の増加といった意味ではなく、分析対象とすべき地域や国の増加とそれらを実証的に分析することに耐えうる比較政治学的分析枠組み構築への要請、大規模・大量データの

処理技術の向上、統計学の洗練などによって大きく発展していった。

政治発展論の第一人者であるアプター（David E. Apter）が作成した**表序-1**は、複雑に専門化していく政治学に一定の見取り図を与えてくれる。アプターは、学的対象を、政治哲学、制度論、行動論、多元論、構造論、発展論という6つの方法論との関連で整理している（Apter 1977: 34頁）。

それぞれについて簡単に説明しておこう。①政治哲学は、政治の起源と機能に関心を有し、公共政策を嚮導（きょうどう）する倫理的公準（自由、平等、正義等）を探究し、理想的な政治体を構想する。②制度論は、統治機構、統治行為の基礎となる基本法や立法・司法・行政機関の構造、あるいは選挙や地方政府に関する運営規則の束を研究する。③行動論は、個人や集団の政治行動、行動の選択理由、行動パターン・意味を実証的に分析する。④多元論は、政治過程を集団間の相互関係と捉え、組織的行動のいろいろな現れ方に関心を寄せる。⑤構造論は、政治体の持続と発展にとって必要な機能的・構造的要件の解明に関心があり、政治行動を政治社会学的に分析する。⑥発展論は、社会の構造分化が統治機構や公共政策にいかなる影響を与えるかに関心を有し、政治システムの国民統合能力、システム外的交通能力、参加型政治文化の創出能力、福祉・分配能力に注目する。

3 政治学の意義と効用

政治学の意義　政治は、国家＝統治現象なのか、または権力闘争現象なのか、あるいは、価値の権威的配分プロセスなのか。いずれを強調するかは、政治を語る者の知識社会学的分析を要する。

アプターは、政治を語る者を、知識人、政治家、専門家に大別し、各主体の政治的構えを以下のように説明する。

まず、知識人的構え＝知的パースペクティブは、哲学的・規範的方法に支配的であり、人類、社会が直面する最重要課題に関して、哲学的・規範的観点から、政治リーダーに提言を行い、国民には市民意識の成熟・深化をめざす政治教育の必要性を説く。権力に批判的であり、市民的政体、よき政治的行為の省察に知的パースペクティブの特徴がうかがえる。

表序-1　政治分析のアプローチと研究対象

アプローチ	強調点	研究領域
政治哲学	論理分析、よき社会の諸原理、権威の道徳的基盤	思想＝政治哲学史
制度論	法＝歴史分析、記述＝比較方法、利益集団論	アメリカ政治、比較政治、国際政治、政党、憲法
行動論	実験的方法、心理分析、学習、決定作成＝組織論	世論、投票、連合、暴力、イデオロギー
多元論	参加論、実証的方法、連合理論、利益最大化行動	政党、選挙制度、立法行動、中央政府、地域権力
構造論	交換理論、役割分析、階級分析、マルクス主義、機能主義、言語分析	階級とエリート、変動と革命、イデオロギーと社会的地位、安定と統合
発展論	体制移行論、成長、革新要因、不安定、政治体制	発展地域、革命、植民地主義、帝国主義、新興国家、ナショナリズム

出典： Apter 1977: 13頁を訳出

　次の政治家的構え＝政治的パースペクティブは、政治家の現実主義的政治観に近く、権力の実用性、実効性を重視し、支持調達に向けての有権者の手段視に特徴がある。

　また、専門家的構え＝政治科学的パースペクティブは、政治行動のパターン・症候群に専門的・職業的に関心を示し、「政治的なるもの」を、実証された科学的知識の一群として捉えるところに特徴がある。

　これら3つの構えは、現実には複雑に錯綜している。政治家が、純粋に権力追求者であることなどはなく、彼らも知的構えに配慮する知識人でもあり、また科学的知見の貪欲な活用者でもある。

　政治学の役割は、これら3つのパースペクティブを総合しつつ、事実認識、政治的推論、選択的実践のベースを市民が学習し、身につける一助となることである。

政治学の効用　プラクティカルな動機はキャリアと結びつく。アメリカ政治学会が後援した「キャリア図鑑」は、そのジョブ市場として、法曹界、公務員、利益集団、ジャーナリズム、教師、政治学者を挙げ、最後に政治学の副業的な効用を指摘しており興味深い。以下その論旨を要約しておこう。「政治学教育が、将来の職業生活にうまく役立てばそれに越し

たことはない。だが、政治学を専攻する学生は、政治学の訓練がボランタリー、あるいはパートタイムベースで非常に有益な活動に門戸を開くことができることを理解すべきである」(Curzan 1976: 24頁)。

その際、以下の4つの活動領域が挙げられている。選挙運動の手伝いなど政党に関わるボランタリー活動、環境問題・地域計画などをめぐってのコミュニティ組織・市民組織づくり、さらには公共利益集団への自発的・パートタイム的な協働、専従職ではない公選＝任命の政治職。こうした副業的な活動は、市民生活、職業生活に彩りと満足を与えるであろう。政治学を学ぶ効用の1つである。

4 本書の概要

本書は、主に民主主義論（第Ⅰ部）、政治権力論（第Ⅱ部）、政治文化論（第Ⅲ部）、政治参加論（第Ⅳ部）をめぐる基本的な諸理論を通観する。以下、本書全体の構成および見取り図について述べておこう。

第Ⅰ部「民主主義論」では、現代の先進諸国および発展途上にある国々の中心的論点である民主主義について、歴史的・比較政治学的な観点から理解を深めつつ、ダールのポリアーキー論などの概念についての基本的な理解を修得する（⇒**第1章**）。続いて、不平等解決の様式を労働勢力と福祉国家の関連のなかで知るために、民主主義と資本主義の関係が多くを規定する社会民主主義の発展を歴史的に跡づける（⇒**第2章**）。その後、全体主義やリンスの権威主義体制などの概念を比較政治学的な観点から検討し、民主化への条件をハンチントンの「第三の波」論などを手がかりに考える（⇒**第3章**）。

第Ⅱ部「政治権力論」では、権力を近代国家の誕生と関連させて説明し、社会契約論や権力抑制思想と制度、権力分立の統治構造・形態を紹介する（⇒**第4章**）。また、現代国家における権力について、国家、市民社会、企業経済、政治コミュニティの力関係のなかで理解し、とくに企業の影響力を多元主義、パワー・エリート論と絡ませて説明するとともに、バクラックとバラッツやルークスなどの代表的な論者についての理解を得、"権力政治"を超えるための方途を探る（⇒**第5章**）。続いて、その方途の1つとして考えられる脱「訓育

と社会化」戦略を構想するために、政治的社会化の産物としての子ども（将来市民）の政治意識・態度のありようを主としてアメリカ、フランスについて説明する（⇒**第6章**）。

第Ⅲ部「政治文化論」では、政治文化論の古典であるアーモンドとヴァーバの *The Civic Culture*（1963年）を紹介し（⇒**第7章**）、その後、主として1970年代の新たなデータ分析と *The Civic Culture* の理論的批判を紹介したうえで（⇒**第8章**）、社会資本の概念と市民社会について詳論する（⇒**第9章**）。社会資本は民主主義の有効な機能化条件であり、経済発展の条件でもあることから、この章は第Ⅰ部と次の第Ⅳ部での議論を橋渡しする役割も果たす。

第Ⅳ部「政治参加論」は、アクチュアリティをより高めた記述となる。誰が投票するのか？　なぜ投票するのか？　といった疑問や問いかけから始め、政治参加の様式や実際のトレンド（投票率の低下、政党の衰退など）について論じる（⇒**第10章**）。その後、政治参加が民主主義と深く関連づけられて研究されてきた系譜をふまえ、先の第Ⅰ部での議論も引き受けながら、政治参加をめぐる思想と諸理論について解説する（⇒**第11章**）。1960年代からのフェミニズムやマイノリティの権利運動など社会運動を概観した後は、社会的なパワーを政治的パワーへとたぐり上げる市民社会の現代的可能性について論じる（⇒**第12章**）。

終章は総括と展望である。爛熟しつつある資本主義と経済成長著しい「権威主義的資本主義」と苛烈なグローバリゼーションのなかにある今・ここの現代社会から未来を展望しよう。

執筆に当たっては、理論や概念のオリジナルな提示者や研究者にフォーカスし、引用文もできるだけ当該頁数を示すようにした。興味がある文に出会ったら、引用先の文献に当たってほしい。

現代の問題を考える切り口や目のつけ所は、結構早い時期に出ている。そうした作業を繰り返しているうちに、取り上げた人物や研究者、出来事がお互いに結びつき、ある形をもって1つの構造、一連のプロセスとしてみえてくるであろう。「自分でやったこと」は忘れないし、身につくので、あれやこれやと文献に当たってほしい。

第 I 部

民主主義論

第 1 章　民主主義とポリアーキー

> 「民主主義」という言葉は世界中にあふれている。人によって意味内容もイメージも結構違う。本章では、そうした多義性をもつ「民主主義」概念を、古代ギリシアのアリストテレスの統治形態の1つとして振り返ることから始め、その後、20世紀初頭にポピュラーとなったデモクラシー／民主主義概念の特質を大まかに押さえたい。その後、混乱を招きやすい「民主主義」に代わって、政治体制としてのデモクラシーを意味するダールの「ポリアーキー」論を紹介する。その後、「ポリアーキー」の先輩国である西欧を代表するイギリス、ドイツ、フランスの苦労の跡を振り返ることにしよう。

1　「デモス」(dēmos)と「クラティア」(kratia)の間に

アリストテレスの比較「統治形態」論　ギリシアの哲学者アリストテレス (Aristotelis) は、『政治学』(*Politica*) において、統治形態を倫理的に捉えることを離れて、支配者数、支配の目的・手段の組み合わせによって、実際の政体を比較体制論的に考察した。

イギリスの碩学クリックが指摘するように、アリストテレスは、統治には3つの基本形態があり、そのおのおのに理想形態と腐敗形態があると考えた。一者による支配の君主政は、君主が正しくなくなったとき、その支配は僭主政へと堕落する。「貴族政とは文字どおり賢者の支配を意味するが、それは寡頭政（強者の支配）、あるいは金権政（富者の支配）に堕落する場合があまりにも多い」（クリック 2004: 38頁）。

自由と富の担い手である市民層は寡頭政を批判し、共和政を生み出す。しかし共和政も富と自由の享受が社会の上層部に偏り出すと、民衆の間から自由より平等を求めて民主政への動きが活発になる。

ギリシアの民主政　デモクラシーの発祥地である古代ギリシアのポリス（都市国家）において、民主政は「あまり評判のよい形態で

はなかった」とクリックはいう。「政治社会のすべての構成員（といっても男性の成人市民に限られていたが）が政治に参加する民主政は、その実際においては、貧乏な人々を政治に迎え入れることを意味した。民主政は貧しい者の支配とされた」（クリック 2004: 90頁）のである。

君主政と貴族政は少数者が支配するが、「支配者の優れた質によって他から区別された」。多数者が支配し、参加者全員の実際的知恵を増進し、国全体に「幸福」を偏在させる統治形態とはどのようなものか。それは、「貴族制の知恵と民主制の強さを結合する」（エーレンバーグ 2001: 43頁）、中庸の財産のある市民が参政権にあずかる混合政体である。優れた質と多数者の支配を結合したこの政体を、アリストテレスは「ポリティア」と呼んだ。

多数者の支配を意味する民主政は多くの場合、群衆の支配、アナーキーに堕落しがちである。クリックは、「アリストテレスを『デモクラシー政治思想の父』として引き合いに出すことはできないと、主張せざるをえない」（クリック 2004: 38頁）としたのである。

「民主主義」イメージの転換と普及　あるときは群衆支配に結びつけられてきた「民主主義」という言葉が肯定的に評価されるようになったのは、ウィルソン米大統領（Thomas Woodrow Wilson, 在任1913-21年）が、第一次世界大戦後に国際連盟を創設し、民族自決主義を提唱した後のことである。

今や、「民主主義」という言葉で自国を形容しない国はほとんどない。「冷戦の終焉」以降、「自由民主主義」が「民主主義」イメージの大半を奪ったかにみえるが、シャピロがいうように、民主主義が成立したのは「数十年間における漸進的な発展（イギリスとアメリカ）、模倣（インド）、連鎖反応（1989年以降の

📖 ミニ事典①　ポリス（都市国家）

トクヴィルの都市国家アテナイ（アテネ）の説明を紹介する。「アテナイではすべての市民が公共の事務に関与していたが、35万人を超える住民に対して２万の市民しかいなかった。他のすべては奴隷であって、彼らが今日の人民の役割、あるいは中産階級の役目さえ果たしていた。それゆえ、アテナイは普通選挙制であっても、結局のところ、すべての貴族が等しい参政権を有する貴族的共和制に過ぎなかった」（トクヴィル 2008: 112頁）。

多くの東ヨーロッパ諸国)、体制崩壊 (1991年以後のロシア)、上からの変動 (チリ)、革命 (ポルトガル)、交渉による決着 (ポーランド、ニカラグアおよび南アフリカ) あるいは外からの強制 (日本とドイツ) など」(シャピロ 2010: 122-123頁) の結果で、比較的近年のことに属す。

> 分析概念としての「民主主義」

規範としての「民主主義」研究は、政治思想ないし政治哲学の主たるテーマであるが、その規範的内容は、主唱者によって異なる。他方、ある国を、それが掲げる理念や価値と切り離して、その政治体制や政府のあり方が民主的か否かを見極めようとする研究も数多くある。分析概念としての「民主主義」という次元の話である。

民主的な政治体制への唯一の道はなさそうであるし、「民主主義を生み出す条件についていかなる一般化もありえない」(シャピロ 2010: 123頁) のかもしれない。

そこで、暫定的にでも民主的な政治システムの特徴を押さえて先に話を進めるほかないことになる。その作業にとって、次のライブリーの説明は公分母を与えてくれそうである。彼はいう。民主的な政府は、「選挙における決定により解任されうること、および、選挙の決定により、別の選択肢が採用されうることである。そこで交代されるものが単なる統治者集団以上のものでなければならないことは、強調されなければならない。それには、政策上の交代も含まれなければならない。というのは、民衆の統制が確立したといえるのは、選挙における決定が政府の活動を変更できる場合だけだからである」(ライブリー 1989: 70頁) と。

このように民主的な政府は、政権交代、政策上の変更を選挙による民衆統制を通じてのみ実現され、政府のパフォーマンス (業績達成) の評価を通じてその正当性を確保する。市民の自己統治が射貫く民主的パフォーマンスを測る基準として、たとえばノードリンガーは、安定性 (議院内閣制モデルにもとづく内閣の安定性)、決定の有効性 (結果を出しうる自律的な決定力)、体制の民主的性格 (選挙で勝利した多数派が政府与党を形成。閣僚が官僚の上に立つ政策決定力をもつ) の3点を指摘している (Nordlinger 1967: 226-247頁)。

上記の諸特徴は、経済インテリジェンス・ユニットの以下5点への整理で過不足はないであろう (http://www.qog.pol.gu.su)。①選挙過程と多元主義、②市民

的自由、③有能な政府、④民主的な政治文化、⑤政治参加。

2 「ポリアーキー」論

ポリアーキーとは　アメリカの著名な政治学者ダールは、こうした「責任ある政府」と「民衆の支配」を実現しうる民主的な政治体制を「ポリアーキー」と呼び、ポリアーキー化への条件を、「自由化」（公的異議の申し立て。どの程度政治的競争があるか）と「包括化」（選挙に参加し公職に就く権利が全員にどの程度拡大されているか）に置いた。

「ポリアーキー」とは、これら両次元において高得点を得た体制、すなわち政治エリートの間で活発な自由競争が行われ、成人人口のうち政治過程に選挙を通じて参加する権利をもっている人びとが大きな比率を占める、高いレベルで民主化された政治体制とされたのであった。

『ポリアーキー』　ダールは、著書『ポリアーキー』（*Polyarchy*）において、専制政から十全な民主主義へと広がる政治的空間を、そうした「自由化」（公的異議申し立て）と「包括化」（参加の包括性のレベル）の2つの軸によって捉えるべく、**図1-1**を得た。

1969年前後の114か国を比較検討した結果、ダールは、26か国が十分に包括的な「ポリアーキー」に分類されうるとした。また、選挙制限による「準ポリアーキー」の国（当時）として、識字テストの**チリ**、女性参政権の**スイス**、人種差別の**アメリカ**を挙げている。

では、ポリアーキー体制に分類された国は、いかなる経路を辿って、自由に

✎ **ミニ事典②　ポリアーキー（polyarchy）**

政治体制としてのデモクラシーを指す用語として、規範的デモクラシーと区別するためにダールがつくった造語。ダールはこの用語を、「君主政と対比された、多数の人びとによる国家ないし都市の統治」というオクスフォード英語辞典（OED）から導き出したという。英語で一番早い時期にこの言葉が使われた例は、1609年である、とダールとタフティは『規模とデモクラシー』の脚注に注記している（ダール・タフティ 1979: 49頁）。

第Ⅰ部　民主主義論

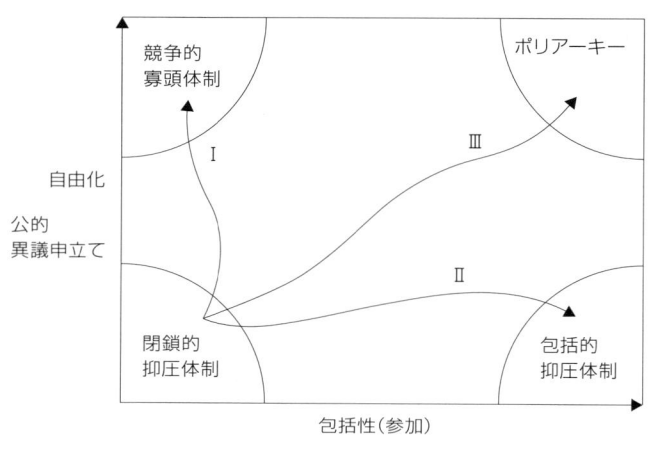

図1-1　自由化、包括性、民主化

（縦軸）自由化　公的異議申立て
（横軸）包括性（参加）

左上：競争的寡頭体制
右上：ポリアーキー
左下：閉鎖的抑圧体制
右下：包括的抑圧体制

Ⅰ、Ⅱ、Ⅲ

出典：ダール 1981: 11頁

ミニ事典③　スイス

スイスでは、女子普通選挙権の付与をめぐって1959年に国民投票が実施されたが、賛成33.1%、反対66.9%で否決された。『ポリアーキー』が出版された1971年2月に再度、男性有権者による国民投票が実施され、賛成65.7%（62万1403票）、反対34.3%（32万3591票）で、女性参政権が認められた。1993年には、自治体レベル（アッペンツェル＝インナーローデン州が最後）を含めて全レベルで女子普通選挙権が認められた。

ミニ事典④　アメリカ

南北戦争（1861-65年）後の1870年に成立した憲法修正第15条「選挙における人種差別の禁止」によって男子普通選挙制度（女子の場合、1920年の憲法修正第19条「選挙権における性差別の禁止」による）が確立した。しかし、実際には黒人への選挙差別・妨害は1960年代の公民権法、選挙法の実現後も続いた。

発言ができ、自由に異議申し立てもでき、複数政党が有権者の支持を求めて競争し合い、選挙での勝者が一定期間政府を担い、少数派・野党の声にも耳を傾け、政権を運営できるようになりえたのか。閉鎖的な抑圧体制（closed hegemonies）から一気にそうなったのか。競争的な寡頭体制（competitive oligarchies）、あるいは包括的な抑圧体制（inclusive hegemonies）を経てのことなのか。図 1-1 の効用の１つは、アリストテレスの統治形態の循環論に似て、政治的民主化の過程を辿ることを容易にした点にある。

> ポリアーキーへの
> ３つの道

ダールはポリアーキーへの可能な経路について、①自由化が包括性より先行する場合、②包括化が自由化に先行する場合、③近道——閉鎖的抑圧体制が、普通選挙と公的異議申し立ての権利を一挙に認めることによって、ポリアーキーへ急転する場合——の３つを指摘している。そして、①を代表する国としてイギリスとスウェーデン、②はおおよそ帝国期からワイマール期までのドイツ、また③は1789年から92年までのフランスの時期に相当するという。

次節以降では、イギリス、ドイツ、フランスの順にダールの指定する時期の前後を含めて、その履歴を簡単に説明しよう。

３　「自由化」の先行——イギリスの議会制民主主義

> 立憲君主制への助走

イギリスでは、1688年の名誉革命によって、ジェームズ１世が支配する絶対王政から王権の専制を牽制する議会主権が確立した。土地所有貴族層と新興勢力（ブルジョアジー）が「法の支配」にもとづき参集する議会が行政府（旧君主・王侯貴族）に対して優位に立ったのである。

こうして成立した立憲君主制の起源は、古くは征服王ウィリアム１世（すべての土地を王よりの授封とし、全土地保有者の忠誠の誓いを受けて、イギリスに封建制を確立）、ヘンリー２世（財務府を再建し、国王宮廷会議を発展させ国内行政の組織化をはかった）、ジョン王の大憲章（マグナ＝カルタ、1215年）にまで遡ることができる。

ジョン王に続くヘンリー３世は、国王が勝手に課税できないことを定めた大憲章を尊重しなかった。こうした動勢に対して、それ以前から存在していた貴

族・聖職者の会議を中心に議会がつくられ、この議会で大憲章を国王に確認させた。1265年のこの議会が最初の議会となり、その後、1295年にエドワード1世が召集した議会は、その構成がその後の模範となったことにかんがみ、「模範議会」(Model Parliament) と呼ばれた。

議会制の確立　中世ヨーロッパ最大の毛織物業地帯であったフランドルをめぐる対立に端を発する英仏間の百年戦争（1339-1453年）の頃になると、国王と貴族の間に定期的な協議の場が設けられるようになった。国王は戦費の調達の必要上、独立した財政基盤をもつ貴族に頼ろうとし始めた。こうして貴族は、「弁論」(speaking) のために政府に招集されることになる。speakingは仏語でparlerであり、「議会」(parliament) の語源となったことはよく知られている。

その後、商業革命や産業革命時の財政的成功を武器に市民層も、財政的支援を必要とする国王から譲歩を引き出す力をもつようになる。その結果、彼らも議会に参加し出した。こうしてイギリスにおける権力は、「宮廷から外に」出るようになり、実際の権力は、「王冠」の名において、政治諸機関によって行使されるようになっていく。

イギリスでは、主権は人民にではなく「王冠」として知られる法的抽象にあったが、王冠の権力は徐々に市民層の手にこうして委ねられていったのである。このようにイギリスでは、早い段階の貴族層、その後の市民層＝ミドルクラスが国王に対する財政的独立性を高めた結果、フランスのように強大な絶対王政がその後の歴史形成の主要な要因となることはなかった。

ジェームズ2世の末娘で、姉のメアリ2世と同じ新教徒であったアン王女は、旧教カトリックの復活をはかった父に敵対し、義兄ウィリアム3世を支持し、議会が制定した「権利の章典」(Bill of Rights) によって次期王位継承者となった。夫となったウィリアム3世とともに治世中には、「権利宣言」(Declaration of Rights) を承認し、議会を尊重し、立憲君主制の基礎を築いた。

当時の議会は、国王大権と国教会を重視するトーリー党と議会の権利に力点を置くホイッグ党に分かれており、有権者の数もきわめて限られたうえでの議会主権の確立であったが、いずれにせよ、その後の政党政治、議院内閣制の礎を築いたことに変わりはない。

第1章　民主主義とポリアーキー

> 立憲政治の確立

アン女王の死後、1701年の王位継承法によってイギリス王になったジョージ1世の時代には、政治の実権をホイッグ党のウォルポール卿が握り、政府の長たる首相が議会に責任を負う責任内閣制が発達した。「国王は君臨すれど統治せず」という権力状況のなか、ウォルポールは政権の基礎を議会下院の多数派に求め、その後、立憲政治が確たるものとなっていくのである。

著名なイギリスの政治学者マッケンジー（William James Millar Mackenzie）は、イギリス人の「政府」観の過去・現在・将来を検討する論文（Mackenzie 1976）において、イギリスの政府は「1860年代にバジョットが定式化したとき以来変わらない」と指摘し、内閣を最上位に、下院、選挙区の階統的構造を確認している。

また、ムーディは、戦後イギリスの政治の前提として、立憲君主制、議院内閣制（cabinet government）、責任政府、政党政治、民主的政府、多元主義、恭順的な政治文化を指摘しているが（Moodie 1964）、ポリアーキーの自由化＝「公的異議申し立て」の仕組みは、ほぼこの時期に出そろったといえよう。

4　イギリスにおける「平等化」の進展

> ポリアーキーへのイギリスの道

すでに述べたように、産業革命の展開によってミドルクラスは早くから力をもつことになった。イギリスでは、彼らミドルクラスと土地貴族の融合が進むなか、制限された政治参加のなかで議会の地位が確立していったこともすでに紹介したとおりである。

「公的異議申し立て」の制度化の後に、新たな政治参加が拡大し、与野党の政党間における政権交代のルールを日常化していったのである。貴族、ジェントリー等、バジョット（Walter Bagehot, 1826-77年）的な表現でいえば「上流一万」（upper ten thousands）が中心となって議会主義のルールが制度化し、漸次定着していく議院内閣制の下で参政権が社会階層の下方に向けて徐々に拡大していったのである。

> 第一次選挙法改正：発生期の民主主義

産業革命が最終局面を迎えた1830年代は、産業革命によって生み出された労働運動が急進派、ホイッグ党に結

集したが、地方名望家の保守党は産業革命が突きつけた諸変化への抵抗を試みた。

そうしたなか、1832年にホイッグ党のグレイ内閣は、第一次選挙法改正を実施した。人口総数1400万人のうち選挙民は22万、成人人口の3％を占めるにとどまった選挙権は下層へと拡大した。具体的には、都市にあっては10ポンド以上の家屋の所有者または借家人、地方においては10ポンド以上の土地保有者と長期借家人に選挙権が付与され、有権者数は96万人へと増え、有権者全体の4.5％になったが、その多くは都市のミドルクラスであった。

1832年のイギリス議会の改革時代の頃を捉えてダールは、「多くのホイッグ党員と自由党員は、言葉の上でも行動においても、イギリスにおいて1世紀以上の間、徐々に発展してきた公的異議申し立ての諸制度の正統性に対する信念を披瀝した」（ダール 1981: 154頁）と書いている。

第二次選挙法改正：大衆政党の芽生え　その後、労働者の普通選挙制を求める運動はチャーチスト運動となり、ホイッグ党を源流として1859年に成立した自由党が急進主義の政治的代表となる。こうした下からの圧力が強まるなか、保守党はダービー内閣の内務相ディズレーリ（Benjamin Disraeli）の表現を借りれば「暗闇に飛び込む」（Leap in the Dark）思いで、1867年に第二次選挙法改正を断行した。これによって選挙権は都市の労働者階級にまで拡大した。

「発生期の民主主義の諸要求を真剣にとりあげ、しかもそれらを鋭敏に感じとった最初の自由主義者であったという点」で、「最初の真の自由民主主義的な理論家」（マクファーソン 1978: 286-287頁）とみなされたミル（John Stuart Mill, 1806-73年）は、そこに予期されうる「群衆の支配」を危惧したが、マルクス（Karl Marx, 1818-83年）は「社会主義への第一歩」と期待した。しかし、実際は、マルクスの期待を裏切り、労働者階級の保守主義を含めた保守的国民の創出という結果になり、「自由化」のメカニズムは温存された。

普通選挙制の実現へ　その後1884年には、グラッドストーン自由党内閣の下で第三次選挙法改正が行われ、農村労働者にまで選挙権が拡大され、自由党急進派はその支持基盤を拡大させることになった。こうして、イギリスでは漸次的に選挙権が社会階級の下に向けて拡大していった。

政治的「平等化」が進行するなか保守党は主としてミドルクラスを、また自

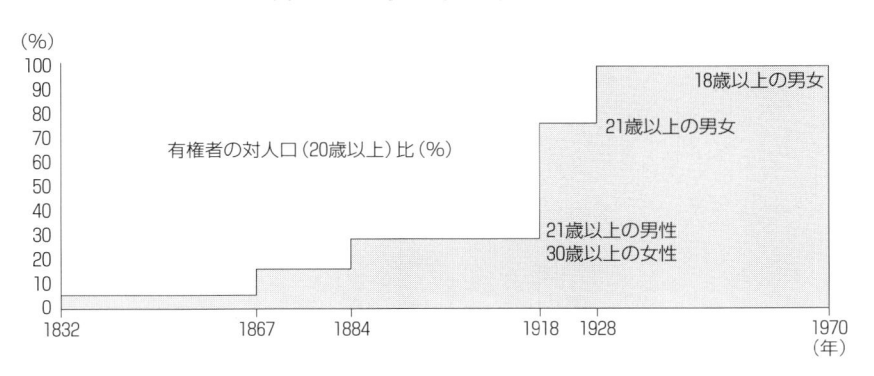

図1-2 選挙権の拡大（イギリス）

出典： Gabriel 1981: 19頁を訳出

由党は都市、労働者階級、ビジネスの利益を代表することになるが、20世紀に入ると1900年に結成された労働代表委員会（Labour Representative Committee）が1906年に労働党として結成されなおし、自由党に取って代わった。

1918年に実施された第四次選挙法改正は、21歳以上の成人男子と30歳以上の女性に選挙権を付与した。その結果、約50年に渡って上流階級とビジネス階級が中心であった保守党指導部もファーマー（通常マネージャーを指す）を含む中産階級の政党へと変化していった。

1928年には第五次選挙法改正によって21歳以上の男女普通選挙制度が確立し、政党政治、国民を代表する議会の地位は揺るぎないものとなった（図1-2）。

こうして、議院内閣制と政党内閣制が結合するなかで「自由化」の高いレベルは維持され、ポリアーキー体制へと着実に成熟していったのが、第1のルートを代表するイギリスである。

5 ポリアーキーへのドイツ、フランスの道

ドイツ帝国の成立と保守連合　ドイツは、19世紀中葉には領邦を単位とした政治権力（領邦君主）と教会（ルター派）との歴史的な結合に由来する領邦教会制の下、約30の領邦国家がドイツ統一に反対して群雄割拠していた。そうしたなか、1870年にプロイセンによるドイツ帝国の成立がなった。

ダールは、「包括化」が「自由化」に先行する事例として、ドイツ帝国の成立からワイマール共和国の成立までの時期を挙げている。帝国成立時の自由貿易政策は、1878-79年頃から保護貿易主義に転換され、またビスマルクが1890年に社会主義者鎮圧法を制定する一方で、保守党、帝国党、国民自由党、中央党などのさまざまな保守連合がみられるようになった（西川 1974: 24頁）。

とくに中央党（1879-1933年。プロイセンを中心にカトリック教徒を支持母体としたカトリック政党で、プロイセンに敵対的なカトリックに対する弾圧、いわゆるビスマルクの文化闘争による迫害に抗して小市民的・農民的社会の利益を代表した）は、1897年から1906年までの農業保護関税政策と艦隊増強政策によるユンカー（地主貴族）とブルジョアジーを連帯させる結集の要党となった。

ワイマール共和国の成立

1875年のドイツ社会民主党（⇒**第2章**）成立までの社会主義政党の動きとそれへの政府の対抗、また1848年革命を契機に支配層の利益を代表する形で成立した自由・民主派と保守党のその後の分党・統一に揺さぶられながらドイツ帝国は、1918年のドイツ革命によって崩壊し、ワイマール共和国が樹立された。

「ドイツ帝国の政治構造の立ち遅れを一挙に取り戻したのがドイツ革命であった」と西川知一は指摘している。西川によれば、「プロレタリア的手段と方法を用いたブルジョア民主主義革命」であるドイツ革命によって、「もはや時代錯誤的となっていたドイツ帝国の政治構造は、当時最も民主的といわれたワイマール共和国と取って代わられたのである」（西川 1974: 25頁）。

「自由化」に「包括化」が「一挙に」先行してポリアーキー化が進められたが、ビスマルクの遺産ともいうべき無力な議会を戴いたワイマール共和国は、まもなくヒトラーによって蹂躙されることになる。

自由と平等の軋轢

最後に第3のルートをフランスの政治的近代化の事例で例証しよう。このルートは、閉鎖的抑圧体制が、普通選挙と公的異議申し立ての権利を同時に急激に認めることによって、ポリアーキーへ急転したケースである。

ダールがその時期として指摘する1789年から92年は、具体的には1789年7月のバスティーユ監獄の襲撃から、8月の人権宣言の採択、91年10月の立法議会の成立、そして92年9月の国民公会の開会と王政廃止、第一共和政の成立にい

たる激動の革命期に相当する。

　ダールは、この時期のフランスは「投票と組織の自由にさまざまな制約があったから、正確にいえば、その到達点は、準ポリアーキーとみなしたほうがよいだろう」（ダール 1981: 45頁）という。その理由に、キャンベル（Campbell 1959: 57頁）の次の一節を正当にも引いている。「この期間のすべての選挙で、大多数の選挙民は投票しなかった。1792年には、700万人の選挙民のうち、たった70万人しか投票しなかった。引き続く憲法に関する国民投票では、選挙民の3分の1あるいは6分の5が棄権した。この共和国の下では、腐敗、不正手段、脅迫、暴力が、あらゆる党派の候補者とその支持者によって使われた。たとえば、異なる意見をもった選挙民は、投票を阻止された。またその可能性のある市民は、選挙権を剥奪された」（ダール 1981: 57頁）のである。

| 困難なポリアーキー
への道 | フランス革命は、自由と平等を抑圧しているブルボン王朝、絶対主義王政を一挙に壊そうとした。ところが、ルソー（Jean-Jacques Rousseau, 1712–78年）の人民主権論をベースに中央集権的権力機構をつくるという作業は、ポリアーキー論がいう「自由化」と「包括化」の幸 |

ミニ事典⑤　ルソー（Jean-Jacques Rousseau, 1712–78年）

フランス啓蒙期の思想家。ルソーによれば、人間は本来、「孤立と自足」のなか、自然的善性（自己愛、憐憫、自由）を享受していたが、分業の確立によって、不自然な財産私有が生み出され、社会的不平等が広まった。競争と対抗意識、利害の対立を特徴とするこの「第二自然状態」において、富者のイニシアティブによる結合契約によって政治社会が形成された。フランス絶対王政に典型なように、それは、経済的不平等を政治的不平等へ転化する市民社会と専制政の結合であった。「各構成員の身体と財産を、共同の力のすべてをあげて守り保護するような、結合の一形式を見出すこと。そうしてそれによって各人が、すべての人々と結びつきながら、しかも自分自身にしか服従せず、以前と同じように自由であること」（ルソー 1954: 29頁）を実現するためにはどうすればよいのか。主人と奴隷の関係という「幻想的共同体」としての市民社会を根底的に編成しなおすためには、個々人に対しては「主権者の構成員として、主権者に対しては国家の構成員として」「二重の関係で約束する」「社会契約」に合意し、それが生み出す「一般意志」（高い道徳性、至高性、不可譲、不可分、完璧な忠誠）への「自由への強制」を通じて、政治社会＝共和国（common wealth）を設立するほかない、と主張した。

福な結婚をもたらさず、その後の政治は激しく変転していく。

　フランス革命後も、1830年の七月革命と「七月王政」、48年の二月革命による第二共和政の樹立、ルイ・ナポレオン（Charles Louis Napoléon Bonaparte）によるクーデター（1851年）と第二帝政の成立（ナポレオン3世の誕生）、そして1870年代の普仏戦争（1870-71年）での敗北、パリ・コミューン（1871年3月）、第二帝政の崩壊、1875年の共和国憲法の制定による第三共和政の成立と、激しく「運動の政治」がはね回った。

> 強い党派対立と弱い議会主義

　二月革命が起こった1848年に男子普通選挙制度が確立するが、女性の場合はそれからおよそ100年後の1944年のことであった。その中間時点で成立したフランス第三共和政にあっても、政党は、旧貴族、カトリックを担い手とする保守的な王党派とブルジョアジーを代表する自由主義派の共和派の間で鋭い対立があり、世紀をまたいで王党派が極右とラリマン（宥和派。カトリック教会のなかからレオ13世を中心として共和派と和解しようとするグループ）に、また共和派が（自由）保守主義と急進社会主義に分かれて争った。

　政党の多枝化と議会の〈自由化〉能力の不全は、第二次世界大戦後の第四共和政（1946-58年）の政治運営の足かせとなったことはいうまでもない。

文献案内

- ▶ 篠原一（1986）『ヨーロッパの政治――歴史政治学試論』東京大学出版会
- ▶ クリック、バーナード（2002＝2004）『デモクラシー』（添谷育志・金田耕一訳）岩波書店
- ▶ ダール、ロバート（1971＝1981）『ポリアーキー』（高畠通敏・前田脩訳）三一書房

第 2 章　資本主義と民主主義

> イギリスは、18世紀末の産業革命によって世界最初の資本主義国となった。しかし、民衆、とくに都市の労働者の状況は苛酷であり、人間的な立場から彼らの救済を夢描く社会主義思想も生まれた。こうした考え方を「空想的」だと史的唯物論に立ち、資本主義の歴史的・経済構造的分析を通して批判したマルクスやエンゲルスが社会主義、労働運動に対して巨大な影響力をもつようになった。資本主義と民主主義の関係をイギリス、アメリカ、ドイツの近現代史のなかに探り、社会主義の様態について考えよう。

1 資本主義の発達

前期資本主義　イギリスは、1485年のテューダー絶対王政の成立以降、羊毛マニュファクチャーの隆盛によって、封建領主と新貴族による自営農民の追放運動が強まった。農地を羊のための牧草地に変えて農民を追い出す「第一次エンクロージャー（囲い込み運動）」が広がっていった光景をモア（Thomas More）は、「羊が人間を喰う」とその著書『ユートピア』（1516年）で表現した。

農民からの土地の収奪は、生産者と生産手段を分離し、自由な労働力を労働市場に送り込むことを可能にした。しかし、マニュファクチャーの技術的基盤は、未だ労働者の手工業的熟練にもとづき、「分業による協業」が生産様式の特徴であった。

産業革命のインパクト　1760年代、70年代になると、紡績・織布の作業機械の発明、蒸気機関の利用により、機械制大工業が本格化し出す。ますます進む資本主義的農業の、地主貴族による大農地化（第二次囲い込み）は、多くの農民から土地を奪う結果となり、彼らは農村を離れて都市に流れ込み、工場労働者となって生き延びようとした。

宗教改革（英国教会の成立）を経、はじめは貴金属（とくに銀）を中心とした貿易政策（富の本質を金銀貨幣とみる重商主義）の展開、そしてピューリタン革命を経、名誉革命以降になると毛織物業を軸に保護貿易政策を採用し、植民地経営に乗り出したイギリスは、この産業革命によって世界最初の資本主義国となっていった。

産業資本が、それまでの商業・高利貸資本を圧倒し、産業資本家の自立化に伴って、自由主義が従来の重商主義に取って代わり、自由主義者たちは、経済活動に対する国家の統制からの解放を求めた。

ユートピア社会主義　他方、都市の工場における労働者の厳しい現実、労働問題は、貧困、疾病、犯罪、人身売買などとして社会問題化され、ニュー・ハーモニー・コロニーのオーウェン（Robert Owen）、ファランジュ（社会的宮殿）のフーリエ（Charles Fourier）らのユートピア社会主義を含め多様な社会主義思想を胚胎した。

2 マルクス主義

『空想より科学へ』　マルクスの盟友エンゲルス（Friedrich Engels, 1820-95年）によれば、ユートピア社会主義者は、歴史的に生み出されてきたプロレタリアート階級の利害の代表者として登場したのではなく、啓蒙主義者と同様に、「まずある特定の階級を解放しようとはしないで、いきなり全人類を解放しようとした」（エンゲルス 1966: 35頁）。

彼らにとって「社会は悪弊に満ちており、これを除去するのが思惟する理性の任務であった。そこで、問題は、何よりも新しい完全な社会制度を発見すること、それを宣伝し、またもしできるなら模範的実験の実例をつくって、外から社会に押しつけることであった。このようにしてこれらの新社会理論が空想的であったのはさしあたりしかたのないことで、かれらがその細目を描けば描くほど、それはますます純然たる幻想となった」（エンゲルス 1966: 38-39頁）。

マルクスはエンゲルスとともに、包括的な世界観および革命思想として「科学的社会主義」を打ち立て、資本主義の高度な発展により共産主義社会への道筋を展望した。

第 2 章　資本主義と民主主義

唯物論へ　マルクスが世界を捉える方法は、「存在が意識を規定する」とする唯物論的見方である。若きマルクスは、フォイエルバッハ（Ludwig Andreas Feuerbach）が『キリスト教の本質』（1841年）で主張した、宗教は人間の自己疎外態であり、「思惟は存在から出てくるが、存在は思惟から出てこない」という唯物論に大きな影響を受けた。

　青年マルクスは、宗教と哲学の一致を認めない青年ヘーゲル学派（ヘーゲル左派）として、ヘーゲル（Georg Wilhelm Friedrich Hegel, 1770-1831年）の弁証法的観念論（世界を対立の内から弁証法的に自己発展する世界精神の無限の弁証法的発展過程と捉える）を再転倒する必要にかられていく。

「宗教」批判　その「宗教」についてマルクスは、1843年末から44年1月にかけて執筆した『ヘーゲル法哲学批判序説』において次のように批判した。「宗教上の悲惨は、現実的な悲惨の表現でもあるし、現実的な悲惨にたいする抗議でもある。宗教は、抑圧された生きものの嘆息であり、非情な世界の心情であるとともに、精神を失った状態の精神である。それは民衆の阿片である」（マルクス 1974: 72頁）と。

　こうした唯物論的な見方は、フォイエルバッハから強く影響を受けたものである。マルクスは、ヘーゲル右派の「理性的なものは現実的である」との現実主義に対峙して、「現実的なものは理性的である」を現下のものとするために、哲学的社会批判から実践＝プラクシスへと一歩踏み出し、そのことがもつ意味を次のように述べた。「民衆の幻想的な幸福である宗教を揚棄することは、民衆の現実的な幸福を要求することである。民衆が自分の状態についてもつ幻想を棄てるよう要求することは、それらの幻想を必要とするような状態を棄てるよう要求することである。したがって、宗教への批判は、宗教を後光とする涙の谷［現世］への批判の萌しをはらんでいる」（マルクス 1974: 72-73頁）と。

史的唯物論　「社会的基盤のない理性は実現しない」（エンゲルス 1966: 38-39頁）との認識の上に立つ実践は、その依って立つ社会的基盤の歴史的位置づけ抜きにはありえない。こうした立場からフォイエルバッハの非弁証法的・非歴史的な観念論的唯物論を批判したマルクスは、人間の歴史を人間の欲求の創出・充足・再創出として歴史的・唯物論的に分析することの重要性に改めて気づいたのである。

マルクスは、史的唯物論の目を通した社会構造の諸関係を次のようにいう。「人間は、その生活の社会的生産において、一定の、必然的な、かれらの意志から独立した諸関係を、つまりかれらの物質的生産諸力の一定の発展段階に対応する生産諸関係を、とりむすぶ。この生産諸関係の総体は社会の経済的機構を形づくっており、これが現実の土台となって、そのうえに、法律的、政治的上部構造がそびえたち、また、一定の社会的意識諸形態は、この現実の土台に対応している。物資的生活の生産様式は、社会的、政治的、精神的生活諸過程一般を制約する。人間の意識がその存在を規定するのではなく、逆に、人間の社会的存在がその意識を規定するのである。社会の物質的生産諸力は、その発展がある段階にたっすると、いままでそれがそのなかで動いてきた既存の生産諸関係、あるいはその法的表現にすぎない所有諸関係と矛盾するようになる。これらの諸関係は、生産諸力の発展諸形態からその桎梏へと一変する。このとき社会革命の時期がはじまるのである。経済的基礎の変化につれて、巨大な上部構造全体が、徐々にせよ急激にせよ、くつがえる」（マルクス 1956: 13頁）。

3 マルクスと資本主義

資本主義の力学　原始共産制、古代奴隷制、中世封建制を経て発達した近代資本制の特徴とはなにか。マルクスは、それを以前との強制力の性質の違いに答えを求めた。なぜ働くのか。なぜそれほどまでに苛酷な労働をするのか。「賃労働」は、その対価として理不尽な利益を得る人びとにどのように奉仕しているのか。そこで働く「強制力」とはいかなる性質を帯びるものか。

結論のみ述べれば、資本制以前は、「経済外的な強制」（土地、あるいは剣やムチなどの暴力）が働いていたがゆえに働いたが、資本制は、市場を徘徊する「商品」に切り結ばれた「賃労働と資本」に秘められる「経済内的な強制」を駆動力とすると分析された。マルクスはいう。「農奴は土地に属し、そして地主に収益をもたらす。自由な労働者はこれに反し、自分自身を、しかも断片的に売る」（マルクス 1981: 45-46頁）のである。

> **資本主義における商品**　資本家と労働者が、工場において「商品」を生産するが、資本制においては「労働」自体も１つの商品として扱われる。

　マルクスは、『資本論』のなかで、「１つの商品は、見たばかりでは自明的な平凡な物であるように見える。これを分析してみると、商品はきわめて気むずかしい物であって、形而上学的小理屈と神学的偏屈にみちたものであることがわかる」と述べ、次のように続ける。「例えば材木の形態は、もしこれで一脚の机を作るならば、変化する。それにもかかわらず、机が木であり、普通の感覚的な物であることに変わりない。しかしながら、机が商品として現われるとなると、感覚的にして超感覚的な物に転化する。机はもはやその脚で床の上に立つのみでなく、他のすべての商品にたいして頭で立つ。そしてその木頭から、狂想を展開する。それは机が自分で踊りはじめるよりはるかに不可思議なものである」（マルクス 1969:［１］129-130頁）。

> **資本主義の矛盾的性格**　本来、人間的な、すなわち個体的であると同時に共同体的性格を有する「労働」は、商品の交換関係＝過程を通じて私的労働に転化するのである。

　このような商品の交換関係（商品交換における共通の価値尺度が貨幣）を貫徹し、私的労働を収奪することによって資本家の私的所有は拡大し、資本の蓄積が行われる。人格と人格の関係は物と物との関係に転化し、その関係性が人間の現実的価値を規定する。

　価値（使用価値＋交換価値）としてのすべての「商品」は、一定分量の凝固した労働時間の以上でも以下でもない。労働者自身の価値と等しい価値の生産は、労働日の一部を必要とするのみで、それ以上に生産するものは余分な価値、すなわち「剰余価値」として資本家にもっていかれるのである。働く工場を変えても事態は変わらない。なぜなら、「経済内的強制」が働く場以外で生活の糧を稼ぐことが不可能だからである。

　このようにマルクスとエンゲルスは、18世紀後期から1880年代にかけてのいわゆる競争的資本主義の発達を「商品」が生み出す剰余価値の分析を通じて行ったのである。

4 イギリスの道

産業革命後のイギリス　産業革命が一段落ついた1830年代から40年間ほどの「産業資本の支配」の時代に、工業における技術変革、交通機関の発展はいっそう目覚ましく、農業技術の革新は中小農の没落、農村の分解を引き起こし、没落農民は都市へ移り機械制大工場の労働者になるほかなかったことはすでに述べた。

産業ブルジョアジーが力を強めるなか、1799年、1800年の団結禁止法下にある労働者の間で、たとえば1812年のノッティンガムの靴下編工や1815年のランカシャーやヨークシャー地方における機械の大量破壊や工場放火といった自然発生的な労働騒動も起こった。それを受けて労働組合が1824年法、25年法によって合法化された。

チャーチスト運動　第1章でみたように、1832年の第一次選挙法改正は、都市ミドルクラスへの選挙権の拡大で、限定されたものであった。労働者は、普通選挙制度の確立によって労働者階級による政治権力の奪取と労働者の生活状況の改善を求めてチャーチスト運動を選挙法改正の直後、1834年に始めた。

1838年の『人民憲章』には、平等の選挙区や議員候補となるために必要な財産資格の撤廃、無記名投票、議員歳費の支給などが盛り込まれた。この運動の担い手は、成長しつつあるが未熟練の労働者、没落する家内工業労働者、手工業者、農業労働者、小農、小作人、小市民層（プチ・ブル）と多様であった。

オーウェン主義、ベンサム主義、ブルジョア急進主義、プチ・ブル主義とイデオロギーが分立するなか、チャーチスト運動は衰退した。

産業資本の支配の時代　この時代の都市の光景は、後に首相となるディズレーリ（首相在任：1868年、1874-80年）が、1845年5月発表の『シヴィル』で描いた小田舎町マーニーの惨状以上のものであった。「おんぼろの家の開き戸の前の排水口は、動物の死骸や腐った野菜で詰まり、病原菌をはびこらせる、その先には、悪臭立ちこめるくぼみ、澱んだ水たまりが広がる始末であった」(Disraeli 1845)。

ディズレーリが『シヴィル』を発表した年、エンゲルスは『イギリスにおける労働者階級の状態』を出版し、ロンドン、マンチェスターを中心に労働者の生活状態について詳細に報告した。ディズレーリが「2つの国民」の出現と呼んだ、資本家と苛烈な搾取にあえぐ、「瓦礫の山と汚水に囲まれ」て生活する労働者による明確な階級社会が1850年代までに成立することになった。

> **労働者の組織化**

こうした屈辱的状況から抜け出そうと、未だ階級意識は十分に熟してはいないものの、労働者の間に組織的な運動が目立ち始め、1870年代までに労働組合主義（trade unionism）が形成されていく。しかし、職業別組合を中心に組織された労働組合運動は、資本制の既存の枠組み内での労働争議を武器に、団体交渉を通じて労働条件の改善を求め、政治運動と距離を置いた。

民主主義との関連でいえば、「非社会主義者集団によってたたかわれた」（シュンペーター 1962:［下］602頁）とされる1867年第二次選挙法改正によって、労働者はWorking Class Toriesとしてトーリー・デモクラシーの重要な一部となっていった（⇒第1章）。

参政権の拡大に対応して、保守党と自由党は各地に政党支部組織を設立し、党規律を強化し、大衆政党化していった。この動きは、第一次選挙法改正から続いた「議会黄金時代」の黄昏を意味した。

1879年には、大恐慌がイギリスを襲った。イギリス資本主義の構造変動と、米独の世界市場への進出を否が応でも認めざるをえない時代をイギリスは迎えたのである。

1888年のマッチ女工のスト、89年のドック労働者のストにおける勝利は、それまでの経済主義的な労働組合運動を新組合主義（New Unionism）に交代させる原動力となった。この新労働組合主義は、未熟練労働者、産業別・一般合同組合の組織化に力を入れ、また政治運動への関わりも重視した。

こうした動きときびすを接するように、1881年にはイギリス最古の社会主義政党である民主連盟（Democratic Federation, DF）が結成された。84年には、DFは社会民主連盟と改称し、また漸進的な社会主義をめざす知識階級を中心としたフェビアン協会（Fabian Society）の創設、第三次選挙法改正をみた。また1893年には、自由党から分かれた労働者出身議員と労働組合を重視する独立労働党

(Independent Labour Party) も結成された。

「労働者階級の利益は、労働者が投票権をもち、議会に登院するのでなければ、正当に考慮されえない」という「利益」という視点のみならず、労働者も「他の人々と同じように人間である」との観点から、「公的生活において他の人々に劣らない地位と機会を与えられるに値する」という訴えも強まった。1820年代に始まり、1900年の労働代表委員会の創設で最高潮に達した、労働者の代表をもとうとする要求は、「単なる階級的利益の擁護としてでなく、階級の尊厳の主張としても力説されたのである」（ライブリー 1989: 216-217頁）。

> イギリス労働党

1868年に結成された労働運動の総本山である労働組合会議（Trade Union Congress）と社会民主連盟、独立労働党、フェビアン協会によって結成された労働代表委員会は、1906年に労働党と改称した。

第一次世界大戦後、労働党は自由党に代わって保守党に対抗する2大政党の一翼へと成長していく。改良主義的立法を社会主義プランとして掲げた労働党は、1942年には『旧世界と新社会』（*The Old World and New Society*）をまとめ上げ、主要生産の公有化、最低賃金制、完全雇用の実現、医療の社会化、社会保障制度の実施等を訴えた。

戦後、1945年に労働党は初の単独多数のアトリー内閣（1945-51年）を形成した。1951年から64年の保守党政権は、戦後に労働党が実施した政策に歩み寄り、福祉国家の充実に努めた。しかし60年代後半になると、「社会的デモクラシー」をめざす労働党と「財産の所有をこととするデモクラシー」（ライブリー 1989: 7頁）を目標とする保守党は対立を深めていくことになる。

5 アメリカの道

> 「機会の国」アメリカ

原住民が住む広大な大地に英国人が入植し、その後もアメリカにはヨーロッパから大量の移民が押し寄せた。アメリカ人は新しい機会を求めて、19世紀末に「フロンティアの消滅」（ターナー 1973）が宣言された後も、西への移動（西漸運動）を止めなかった。

「生まれながらにして平等な国」＝アメリカという信念と結びついた強い個人主義と高い社会的流動性は、近代ヨーロッパ社会に特徴的に現れた社会的亀

裂にもとづく政治、とくに階級政治を生み出しにくくした。

　アメリカにおける資本主義の頂点は、北東部の製鉄業などを中心に世紀転換期に訪れた。カーネギー（Andrew Carnegie）やロックフェラー（John D. Rockfeller）、モルガン（John P. Morgan）といった独占資本家は、瞬く間に巨大トラストを生み出し、製鉄業、鉄道事業、金融業を牛耳った。鉄道による作物運送賃の値上がりに苦しむ中西部の小農、鉄道火夫、石炭鉱夫らから「泥棒貴族」（robber baron）とも呼ばれた彼ら億万長者らの旺盛な企業活動は、アメリカ合衆国に急速な消費社会を生み出し、大量生産方式がそれを支えた。

> アメリカに社会主義は存在しない？

制度派経済学の開拓者ヴェブレン（Thorstein B. Veblen）は、1898年に公刊した『有閑階級の理論』（*The Theory of the Leisure Class*）において、この大衆消費に注目し、そのなかでも、ブルジョア的家族の間での富を見せびらかすかのような「消費のための消費」を「これ見よがしの消費」（conspicuous consumption）として、「階級なき社会」の競争を分析した。

　この議論と前後して、ドイツの経済学者ゾンバルト（Werner Sombart）は、1906年に公刊した『なぜアメリカに社会主義は存在しないのか』（*Why is there no Socialism in the United States?*）において、アメリカにおける社会主義の未成の要因を分析した。

　シャピロは「アメリカ合衆国にはなぜ社会主義が存在しないのかという陳腐な話をするつもりはない」（シャピロ 2010: 175頁）というが、ヨーロッパ諸国との対比で資本主義と民主主義の関係からこの問題を整理しておくことはさほど無駄とは思わない。

> 弱い社会主義の要因

以下、主な要因と思われるものをいくつか指摘しておきたい。

　①政治的民主主義が資本主義の発展に先行した点。1830年代には、白人男子成人労働者の半数から7割程度が選挙権を有しており、結社を通じた社会参加も盛んであった。社会的不満は、集合的に解決される前に個々人の政治参加によって解決されようとした。

　②南北戦争後の白人自由労働の保護が人種的敵意を増大させ、さらには、新移民が労働市場に流れ込み、労働者がプロテスタントとカトリック、熟練工と

未熟練工に分断された。

③職場に「小福祉」を埋め込んだ企業が牽引する南北戦争後の好況時代（1865-90年）における急速な生産性の向上が労働者を〈アップル・パイ〉の上で頓挫させ、全米的な労働組合や社会主義の発達を阻害した。

労働者も、1877年の鉄道大ストライキや熟練工中心ではあるが86年の米国労働総同盟（AFL）の結成など、怒り、また団結もした。1893年には全米鉄道組合（ARU）が結成され、93年から94年にかけては、米国史上、最大・最悪と評されるプルマン・ストライキが起こり、全米26州で軍隊とスト参加者の間で激しい闘争が展開した。レーニン（Vladimir Ilyich Lenin, 1870-1924年）やトロツキー（Lev Trostky）、カウツキー（Karl Kautsky）らは、アメリカの労働者階級の間に階級意識が現れつつあるとしたが、その期待は徐々に裏切られていく。

> 革新主義の時代

20世紀に入ってのいっそうの都市化・工業化の進展は、19世紀アメリカ政治文化の中核を担った小農を排除しながら、都市住民をアトム化していった。

アメリカでは選挙過程への参加と不可分な形で億万長者が誕生し、選挙権を通して貧しい新移民は都市の政党マシーン（たとえば、タマニー・ホール）に統合されていった。「泥棒貴族」、汚職政治など、民主主義が生み出した資本主義の矛盾への対応は、小資産家、都市中間層の知的・職能的エリートの社会実験的な改革運動に託されることとなった。

1910年代、20年代のアメリカは、資本主義の自己矛盾を「より多くの民主政を」とのスローガンでプラグマティックに改善しようとする「革新主義」（Progressivism）時代を迎えた。

> ニューディール型福祉国家

「ジャズ・エイジ」とも称された好況の1920年代は、1929年の世界大恐慌で終止符を打たれる。政治への個人的代表は集団的代表に席を譲り、圧力政治が一般化する。大統領の地位は飛躍的に高まり、行政府・官僚制を通じて大衆は受益化の度合いを深めることとなった。

本格的な「豊かな社会」は、ニューディール期を経て第二次世界大戦後に到来する。組織労組を含む巨大ビジネス・業界団体がロビー活動を通して政治に圧力をかける「利益集団自由主義」（⇒**第12章**）が本格化していくことになる。

他方、こうした圧力団体政治の枠外に取り残された貧困あるいは人種差別の問題は、西側の盟主となったアメリカ合衆国の「恥部」と認識され出し、60年代のケネディ、ジョンソン両政権（民主党）は本腰を入れ、ニューディール型福祉国家を前に進めようとした。

6 ドイツの道

後発の産業革命とビスマルク体制　ドイツの産業革命はイギリスからかなり遅れ、1820年代に開始した。労働者の反抗は、1844年にシュレジェン織物工の蜂起などにみられ、1848年に大きな山場を迎えた。しかし、労働勢力は、封建的貴族、ユンカー（地主）と手を組んだ資本家の前に敗北し、1854年の団体禁止法の施行を許した。しかし、同法は労働運動の激しい反発を受け、1860年代に撤廃された。

こうした混乱に輪をかけるように、保守派と自由派との間でビスマルク（Otto von Bismark）によるドイツ統一をめぐる対立が表面化する。しかし、普仏戦争にプロイセンが勝利したことで、プロイセン王国宰相・北ドイツ連邦宰相であったビスマルクは1871年にドイツ帝国宰相となった。

「鉄血宰相」（Eiserner Kanzler）の異名をとるビスマルクは、後進国ドイツの工業化・大国化をはかるためにナショナリズムを喚起しつつ、社会主義者鎮圧法を1878年に成立させることによって社会主義者、労働者に監視の目を光らせた。その一方で、1871年に成年男子普通選挙を成立させ、社会政策を実施し、労働者を合法的議会闘争の枠内に閉じ込め、「帝国建設のセメント」にしようともした。

ドイツ社会民主党の成立　新生ドイツ帝国では1875年に、ラッサール（Ferdinand Lassalle）が指導する全ドイツ労働者同盟（Allgemeiner Deutscher Arbeiterverein、1863年結党、国家社会主義（賃金鉄則説、国家補助による生産協同組合）による労働組合運動の否定）とベーベル（August Bebel）、リープクネヒト（Wilhelm Liebknecht）が指導するアイゼナッハ派の社会民主労働党（Sozialdemokratischen Arbeiterpartei、1869年結党、労働組合を階級闘争の学校へ、とよりマルクス主義的）の合同によってドイツ社会主義労働党（Sozialistische Arbeiterpartei Deutschlands, SAD）

が結成され、ゴータ綱領が採択された。

SADは、ラッサール主義とプロレタリアート国際主義を主張するマルクス主義の折衷・妥協の産物であった。1890年にSADはドイツ社会民主党（Sozialdemokratische Partei Deutschlands, SPD）と党名を変更し、翌年にラッサール主義の要素を排除し、マルクス主義に徹するエルフルト綱領を制定した。

> **SPDの修正主義化**

すでに述べたように、ドイツ帝国の建設と同時にビスマルクは普通選挙制を実施した。政治的民主主義を拡大すると同時に、社会主義者鎮圧法によって労働者を抑圧したのであった。

しかし、こうした状況のなかにあっても社会主義者の国会議席は増加し、ウィルヘルム2世は1890年に社会主義者鎮圧法を撤廃せざるをえなくなった。いわゆる「社会王制」がスタートする1890年代にドイツは、資本主義の帝国主義段階に入り、ブルジョアジーの超過利潤がプロレタリアートにも配分されるようになった。その結果、労働者の上層部は労働貴族化し、下層部も階級闘争を緩和していくことになる。

こうしてプロレタリアートの分解が進むなか、ドイツ社会民主党（SPD）は、ユンカー帝政に対する政治闘争の焦点（共和主義／議会主義）を曖昧にしたまま、エルフルト綱領の補遺を行ったベルンシュタイン（Eduard Bernstein）によってマルクス主義の修正を提起することになる。

> **修正マルクス主義とSPDの死**

ベルンシュタインは、1899年に公表した『社会主義の諸前提と社会民主主義の任務』において、漸進的な議会主義的・民主主義的実践による社会主義の実現、改良主義的諸改革による労働者階級の経済的条件の改善を主張した。

戦争防止、革命推進、反帝国主義を党是として発足したSPDは、1917年8月4日の帝国議会において、全員一致で政府の第一次世界大戦への戦争政策に協力し、戦争予算に協力することを決定した。これに対して、ロシア革命の指導者レーニンは、「ドイツ社会民主党は死んだ」と宣告した。

> **社会民主主義と共産主義への分枝化**

ソビエト共産党の発意にもとづき1919年3月にモスクワで開催された共産主義インターナショナル（コミンテルン、1919-43年）は、資本主義体制内での漸進主義的な修正主義を「社会民主主義」と同定し、共産主義の敵対者とみなしていく。これに対して、カウツキーは、

ソビエトを一党独裁と批判し、民主主義による社会主義の実現を主張した。

こうして、それまでの「社会民主主義」＝社会主義は、ソビエト共産党を中心とする共産主義と社会民主主義（social democracy）に分かれていくことになる。社会民主主義は、「少数派が不正手段で得た利得とみられるものを、多数派が投票箱を通じて奪い取ることによって実現する、『議会を通じて社会主義を実現する道』を選んだ」（シャピロ 2010: 30頁）と表現してもよかろう。

SPDの政策転換　戦後西ドイツの社会民主党（SPD）は、1959年にバート・ゴーデスベルグ綱領を採択し、19世紀半ばのラッサール、マルクス主義を源流とする階級政党（Arbeiterpartei）から国民政党（Volkspartei）への転換をはかった。

その主張のポイントは、①社会主義は民主主義を通じてのみ実現され、民主主義は社会主義を通じて達成される、②生産手段の私有制は、社会の正しい秩序を妨げない限り保護と奨励を受ける、③国家は、個々人が自由な自己責任を社会的義務のなかで、自己を発展させるための前提条件を創出すべき、の3点に要約できよう。

新綱領への転換が功を奏した結果、60年代中葉以降党勢を回復したSPDは、その後キリスト教民主・社会同盟（CDU/CSU）との大連立時代を経て、1969年から自由民主党（FDP）と小連立内閣を組み、**包括政党化**を進めるなかで、西ドイツの福祉国家づくりを主導していった。

> **🖉 ミニ事典⑥　包括政党（catch-all party）**
>
> ドイツの偉大な憲法・政治学者キルヒハイマー（Otto Kirchheimer, 1905-65年）によれば、第二次世界大戦後の西欧の政党は、イデオロギーや宗教などをベースとした統合政党から、できるだけ多くの有権者を選挙で獲得しようとする政党に変化した。「包括政党」概念は、キルヒハイマーの政党変容に関する包括的な理論の一部であり、研究のスタート地点にあったナチズムや権威主義国家の成全性志向への危惧がその背景にあった（Kirchheimer 1966）。

📄 文献案内

- 岩永健吉郎（1983）『西欧の政治社会〔第 2 版〕』東京大学出版会
- エスピン＝アンデルセン、イエスタ（1990＝2001）『福祉資本主義の三つの世界——比較福祉国家の理論と動態』（岡沢憲芙・宮本太郎監訳）ミネルヴァ書房
- リヒトハイム、ジョージ（1961＝1974）『マルクス主義——歴史的・批判的研究』（奥山次良・田村一郎・八木橋貢訳）みすず書房

第3章 民主化論

> 1980年代は、民主主義の勝利の10年であるように思えた。ハンチントンが「第三の波」と呼んだ民主化が中東欧諸国、ラテンアメリカの国々で次々と目撃されたからである。しかし、これらの国々は民主主義の安定化と存続に関わる難問にも直面してきた。本章では、民主化の「波と逆転」のダイナミズムを理解するために、民主化が乗り越えなければならない独裁、全体主義、あるいは権威主義的な政治体制の特徴を、ナチズム、あるいはスペインやブラジルの事例を検討することによって考えたい。

1 『第三の波』の周辺

民主化の「第一の波」 　米国ハーバード大学の著名な政治学者ハンチントン（Samuel P. Huntington, 1927-2008年）は、1991年の著作『第三の波』（*The Third Wave*）において、近代以降における体制の民主化の動きを国際比較した。

ハンチントンがいう「第一の波」は、米仏の革命を契機として、欧米が1828年から1926年にかけて経験した民主主義を指す。

「第一の波」の「民主主義」基準はミニマムなもので、①成年男子の半数が投票権を有し、②議会で過半数を得た集団が責任ある政府を形成する、の2点である。普通選挙制度は、「第一の波」の完了時にはこのグループに属する大半の国で達成された（⇒第1章）。また、後者の条件に関しては、選挙による平和裡の政権交代の数を最低2回とした。シャピロは、この「2回の政権交代」ルールは、基準としては「かなり厳しいものである」（シャピロ 2010: 90頁）と述べている。

「第一の逆転」から「第三の波」へ 　民主化の「第一の逆転」（1922-42年）は、ドイツ、イタリア、日本などが、1920年代、30年代のファシズムや軍国主義によって民主主義から後退した事例が示される。戦後占領によって民主

37

化されたこれら3国や植民地から解放された新興諸国が、民主化の「第二の波」(1943-62年) を形成する。

しかし、国や地域によっては、外挿された民主主義の定着不足や、経済開発を急ぐ国家による民衆セクター (労働者、下層中間層) の強圧的排除体制へ変質する国も珍しくなかった (「第二の逆転」1958-75年)。

「第三の波」　1970年代中葉から、「第二の逆転」を「逆転」しようとする民主化の動きが、南欧、ラテンアメリカ、東アジアを中心に現れた。

まず、南欧地域であるが、1974年にポルトガルでは無血の「カーネーション革命」によってサラザール「新国家」(Estado Novo) 体制が崩壊し、また1968年以降のギリシャの軍事独裁政権も軍内部の対立によって崩壊した。それに、1975年のフランコの死去に伴うスペインの民主化が続いた。

1980年代前半には南米諸国 (1978年エクアドル、80年ペルー、ボリビア、83年アルゼンチン (1966年6月の軍事クーデターによるイリア大統領の追放以降、1983年に民政移管され、アルフォンシン政権が発足)、84年ウルグアイ、85年ブラジル、86年グアテマラ) が、そして80年代後半には、アジア諸国 (1983年トルコ、86年フィリピン、87年韓国、88年台湾) にも民主化の波が襲った。

さらに民主化の波は、ソ連・東欧諸国にも及んだ。1989年には東西冷戦の象徴であった「ベルリンの壁」が崩壊し、最終的には1991年のソビエト崩壊、東欧諸国の民主化へと続いた。

ハンチントンの『第三の波』は冷戦の終焉を予言するかのようにまさにこの時期に出版された。以下では、民主化の「波と逆転」のダイナミズムを理解するために、民主化が乗り越えなければならなかった、全体主義、あるいは権威主義的な政治体制の議論を紹介したい。

2 ファシズムと全体主義

ワイマール共和国の瓦解　まず、ナチズムの成立までを整理しておこう。1918年秋のキール軍港での反戦スト、ベルリンでの武装労働者のデモへと続くドイツ革命によって皇帝ウィルヘルム2世はオランダに亡命し

た。その結果誕生したワイマール共和国（1919年8月11日）は、多数派SPD（社会民主党）、中央党、民主党の3党によって資本主義的共和制を運営していったが、世界恐慌の発生による労働運動の急進化に対応できず、共産党、ナチスの台頭を許すこととなった。ひ弱な議会主義は機能麻痺に陥った。

　ミューラー（SPD）大連立内閣の後を受けたブリューニング（中央党）少数連立内閣（1930-32年）は、ヒンデンブルク大統領の大統領緊急令（憲法第48条）にもとづくものであった。秩序維持のために議会に諮ることなくとられた緊急措置によって成立したブリューニング内閣も、政局が混迷するなか多くの緊急立法を発し、議会を軽視した。

> **ヒトラーの政権獲得**

その議会与党のワイマール3党（多数派SPD・中央党・民主党）の支持を受けて大統領に再選したヒンデンブルク（在任：1925-34年）はその後も大統領緊急令によって1932年にパーペン（中央党右派）内閣、シュライヒャー内閣を成立させた。しかし、同年7月総選挙で230議席を獲得し第一党に躍り出た（11月選挙では196議席に後退）ナチス（Nazis、国家社会主義ドイツ労働者党）のヒトラー（Adolf Hitler）を首相に任命し、1933年1月30日についにヒトラー政権が誕生した。

　ナチスは、1933年3月5日の総選挙で288議席へと勢力を伸ばし、ドイツ国権党と連立を組み、総議席647議席中、340議席の過半数を占めた。選挙を受けて首相となったヒトラーは、3月の授権法（人民および国家の艱難を排する法律）、7月の新政党結成禁止法、34年1月の国家新建設法、そして8月の「ドイツ国元首に関する法律」と矢継ぎ早に一党体制の基盤を固め、ヒトラーは総統兼共和国宰相（Führer und Reichskanzler）となった。

> **ナチズム体制**

ヒトラーは、ナチス一党体制の下、突撃隊（SA）・親衛隊（SS）によるテロル体系を組織し、メディア独占・政治宣伝を通じて文化的統制を強化し、支配人種の神話と反ユダヤ主義を徹底させた。トラヴェルソは、ナチズムの恐怖は、「つねに外に向けられて」おり、とくに1939年以降の暴力は、「『生存空間』の獲得と『ユダヤ＝ボルシェビズム』の打倒、つまりスラブ世界の植民地化とユダヤ人の虐殺という2つの目標をもつ戦争であった」（トラヴェルソ 2010: 171頁）と述べている。

　この「生存空間」＝「レーベンスラウム（生存圏）の理論は、恐慌と恐慌の

経済学に照らせば、合理的な経済分析に基づいているように思えた」（ジェイムズ 2002: 256頁）としても、「指導者原理」（Führerprinzip）にもとづく弾力性のない戦略は、ヒトラーが「イデオロギーの戦争」「殲滅戦争」と位置づけた、自然条件も異なる対ソ戦での敗北を呼び、ナチズム体制の崩壊を招くことになる。

> **ファシズム期の
> ファシズム解釈**

ムッソリーニ（Benito Mussolni）が、イタリア戦闘者ファッシを結成した3か月後の1919年6月に首相に就任（1920年6月まで）し、ムッソリーニ政権の誕生とともに外国亡命をしたイタリアの政治家ニッティ（Francesco S. Nitti）は、1927年に公刊した『ボルシェビズム、ファシズム、民主主義』（*Bolscevisomo, fascism e democrazia*）において、イタリアとロシアの独裁は、「自由および秩序の同一の公理――1789年の公理――の否定を意味し」、「それらは、近代文明の否定であり、専制君主政治の道徳および戦争を、国家の自明な行動と考える見解への復帰である」と述べた。近代啓蒙主義を普遍的前提に、ファシズムとロシアのボルシェビズムはともに自由主義に対立するものである、と考えられたのである。

ソ連邦側からは、1935年の第7回コミンテルンにおいてディミトロフ（戦後ブルガリア首相）が、「金融資本の最も反動的な最も排外的な最も帝国主義的な公然たる暴力的独裁である」とのテーゼを打ち出しはしたが、ファシズムとスターリニズムの類似性を求める議論は続いた。

たとえば、タルモンは、両者を左翼、右翼の極端な「全体主義的デモクラシー」とみた（Talmon 1952）。彼は、両者に共通した特徴を、①急進的・革命的な新秩序の制度化による近代の諸問題の最終解決を約束するイデオロギー、②暴力の独占、③国家による経済統制、④エリート主導の単一政党、⑤カリスマ的リーダー、⑥ユートピア実現のための帝国主義的征服、として要約した。

> **全体主義の
> 6点症候群**

これと似た議論が、第二次世界大戦後、冷戦が進むなか米国＝「自由世界を防衛」するとの立場からスターリン独裁とナチズムの類似性を指摘する保守的な議論がアメリカで有力になった。

時まさにマッカーシズム（1950年から54年までアメリカニズムと反共産主義を結合して全米を席捲した）のなか、1953年3月6日から8日にかけて米国ボストンにおいて、米国芸術科学アカデミー（American Academy of Arts & Sciences）主催の会議が開催され、ハーバード大学教授のフリードリッヒ（Carl J. Friedrich）が議

長を務めた。

　その成果をフリードリッヒは、1954年に編著『全体主義』（*Totalitalianism*）、また56年には高弟のブレジンスキー（Zbigniew K. Brzezinski）との共著『全体主義的独裁と独裁政治』（*Totalitarian Dictatorship and Autocracy*）を著し、「全体主義」の特徴として以下の6点を指摘した。①首尾一貫した完成したイデオロギー（至福千年のビジョン）、②単一の大衆政党（独裁者が君臨するピラミッド構造の唯一の党）、③物理的ないし心理的なテロルの体系（秘密警察による恐怖）、④党と政府の手中へのマス・コミュニケーションの手段の独占（ラジオ、新聞、映画などのメディアの独占）、⑤武力闘争のために有効なすべての武器の独占（さまざまな様式による暴力の独占）、⑥同業組合的公社の官僚統制を通じての全経済の集中管理と指導（中央による計画経済）。

　フリードリッヒにとっては、イデオロギーをエンジンとする全体主義的政党は、20世紀に出現した全体主義運動の産物であり、「全体主義イデオロギーは、批判と改革という2つを統合している点でユニーク」（フリードリッヒ 1977: 180頁）である、とされた。

3　スペインにおける権威主義体制

> フランコ体制成立以前

スペインは、1873年に国王アマデオ1世が退位して第一共和政が成立したのも束の間、翌年には王政復古をみた。放置された貧民層の疲弊は、第一次世界大戦後の経済停滞でいっそうひどくなり、各地で反政府運動が激化した。

　そうしたなか、1921年7月に国難の打開をめざしてプリモ・デ・リベーラ将軍（Miguel Primo de Rivera y Orbaneja）がクーデターを起こし、1923年から死去する30年まで独裁的な統治を行った。

　しかし、リベーラ将軍を「余のムッソリーニ」と呼んだアルフォンソ13世も、1931年4月12日の地方選挙の結果を受けて退位し、自由主義的な臨時政府、第二共和政が成立した。しかし、その後も社会的混乱や政情不安は収まらず、社会労働党、共和派連合、共産党など左翼諸勢力は結集して人民戦線（Frente Popular）を結成し、1936年2月の総選挙で右派、保守派の反革命国民戦線を破り、

社会主義連合政権を成立させた。

フランコ体制の成立　この動きに対して、当時カナリア諸島の守備隊長であったフランコ（Francisco Franco）は、モロッコで共和政打倒の反乱軍を組織し、1936年7月に内戦（スペイン市民戦争）が始まった。

その2か月後、国防評議会布告は全政党の廃止を宣言し、10月1日にフランコ将軍は、国家首長兼3軍の総統に任命された。翌年4月には政党統一令が発布され、王党派と旧ファランフェ党が統合したファランフェ（FET y de las JONS）が翼賛政党として結成され、フランコは党首に就任した。

フランコは、1938年3月には労働者への家父長的な保護、官製の労働組合をつくる労働憲章を制定した。また4月には、出版法が制定され、新聞の統制と厳格な検閲体制が敷かれ、警察国家的色彩が強められた。

スペイン内戦は、1939年4月1日にフランコ派の勝利で終わった。同年7月には政令によりファランフェ党に単一政党の地位が与えられた。そして、8月には「国家元首法」が公布され、フランコに緊急立法権も与えられ、フランコ体制は確固としたものとなった。

権威主義体制としてのフランコ体制　1938年から1947年までの一連の基本法によって形づくられた「新国家」は、カトリック・社会的・代表的な「有機的民主主義」を実践した。1942年に再開されたコルテス（議会）は、政府を統制する権限をもたない助言機関であった。議員566人中、25人はフランコが任命した。残りの多くは、専門的団体（23人）、地方団体（115人）、労働組合（150人）、ファランフェ党全国会議（102人）など地理的・機能的な代表によって占められた。第二次世界大戦後、1947年7月には「元首継承法」が国民投票によって成立し、王国が宣言された。そして、フランコは終身国家主席となった。

1958年5月には、「国民運動原則法」が発布された。ファランフェ党は「国民運動」（Movimiento Nacional）と改称され、権威主義的・「社会的協同体主義」的な王政国家を唯一の政党として支えていくことになった。

国際社会への復帰　だが、戦後スペインの経済状態は大戦中に引き続き未だ困窮状態にあった。マーシャル・プラン編入を拒否されていたスペインはようやく1950年11月に、アメリカからマーシャル・プランの枠外で6250万ドルの借款供与を受けることとなった。1953年9月にアメリカに

海軍基地、空軍基地の提供を行う「米西相互防衛・経済援助・基地貸与協定」を締結し、その見返りに経済支援を受け、1955年12月には国際連合に、その後、欧州経済協力機構（OEEC）、経済復興開発銀行（IBRD）、国際通貨基金（IMF）などの国際経済機関にも次々と加盟し、59年7月には「経済安定4か年計画」を発表するにいたった。

また、アメリカは第二次世界大戦の敗戦国ではなかったスペイン国内に米軍基地の設置を認めさせ、70年代に入る頃までには、スペインは欧州で最重要な米海軍基地の提供国となっていた。アメリカとの関係の改善、外資導入、さらには観光客の急増によって、スペインは経済的停滞をようやく脱することが可能となった。

フランコ体制の終焉　スペインは、1963年には世界銀行の調査をベースとして経済計画を開始することができた。しかし、経済成長の進展とは裏腹に、学生や労働者、あるいはETA（バスクの祖国と自由、1959年7月末結成）など地域主義から反フランコ運動が台頭した。こうした抵抗運動を受ける形で、1966年には憲法改革が実施され、国家元首と首相の職務が分離された。

翌年の1967年には、国家組織法が国民投票で承認された。1969年には、78歳のフランコは31歳のファン・カルロス王子（アルフォンソ12世の孫）を王位継承者に指名し、73年6月には首相の座をカレロ・ブランコに譲った。

フランコは1975年11月20日に死去し、11月22日にはファン・カルロス王子が新国王に即位し、スペインは王政に復帰した。1978年12月6日、国民の圧倒的支持を得て、スペインを立憲君主国と規定する新憲法が承認され、ここにフランコ体制は最終的に解体することとなった。

4　ブラジルにおける官僚型権威主義体制

第一帝政から第一共和政へ　ブラジルは、1822年にポルトガルから独立し、ブラガンサ王朝の摂政皇太子ドン・ペドロは、立憲皇帝ペドロ1世として即位し、1824年にブラジル初の憲法が発布され、第一帝政がスタートした。1850年には奴隷貿易が禁止され、土地法も成立し、大土地所有制が強化された。他方、製鉄や造船業を中心に工業化も進み、都市の勃興、移民労働者

の流入によって国内市場も拡大していった。

　利益の多元化は、新大陸アメリカで唯一帝政をとる支配層内部に激しい権力争いを起こしていく。教会とならんで軍、とくに共和主義に影響を受けた軍人が、帝政批判の急先鋒となった。奴隷制廃止運動と共和主義思想が錯綜するなか、1888年には奴隷制が廃止され、1889年11月の陸軍の反乱によってペドロ2世は追放され、ここに第一共和政の樹立が宣言された。

連邦共和国の誕生　ラテンアメリカ諸国は、1880年代から世紀転換期にかけ、輸出入の増大を始めた。商業セクターや新専門職業層が出現する一方で、統合型独裁政治や寡頭的民主政が目撃されるようになった。

　ブラジルでは、1891年に新憲法の発布に伴いブラジル連邦共和国が誕生した。大統領は直接公選で選ばれるものの、支配の実態はリオデジャネイロの商業セクターと地方エリートの利益連合的な統合型独裁政であった。

　20世紀に入ると輸出入のいっそうの拡大により中間諸階層が出現し、また工場労働者階級も現れ、彼らの体制内取り込みを目論む抱き込み型民主政が展開した。

ヴァルガス体制　1930年代になるとラテンアメリカの大国は、輸入代替工業化政策（国産品を増やすために輸入を抑制し、国内での製品の工業化をめざす政策）に転じ、その結果、企業エリートが形成され、また労働者階級もボリュームアップした。

　この段階に登場するのがヴァルガス（Getúlio Vargas, 大統領在任：1930-45年、1951-54年）であった。リオ・グランデ・ド・スルの大牧場主であり、州知事であったヴァルガスは、その地で1930年に武装蜂起を成功させ、臨時大統領に就任した。軍事クーデターで権力の座に就いたヴァルガスは、1937年11月に秩序回復の名目で「新国家」（Estado Novo）体制を樹立し、新憲法を発布した。また、同年12月にヴァルガスは、全政党の廃止を決定し、議会機能の大幅な縮小を通じて寡頭支配勢力の国政への影響力の行使を封じ込めようとした。

　ポルトガルのサラザール体制（1932年成立）にちなんだ「新国家」という権威主義的な独裁体制は、ブラジルの地方ボスのコロネリズモ（家父長主義）なる伝統的エートスに叶い、世界恐慌がもたらした国民の心理的不安を吸収することができた。

　「新国家」体制は、国家、官僚、軍部を後ろ盾として上からもたらすさまざ

まな恩恵にあずかった生産財工業・重工業ブルジョアジー、中産階級の幅広い支持を得ることができた。また、労働者保護政策によってヴァルガスは「貧しい者の父」(pai do povo) として人気を博しもした。そういう意味ではポピュリズム的側面も見受けられたが、ヴァルガス体制は、「あくまでも支配階級に軸足をおく権威主義体制とみなすべきだろう」(金七 2009: 180頁)。

軍事クーデターで手に入れた、「有力知事の政治、コロネリズム、カフェ・コン・レイテ支配（café come leite）」としてスタートしたヴァルガスの権威主義的「新国家」は、皮肉にも、1945年10月に軍事クーデターによって崩壊することとなる。

民主主義の復活

ヴァルガスが推し進めた輸入代替工業化は、都市の労働者の地位を向上させ、彼の在任期間（15年間）中に有権者数は7.5倍に増えた。有権者の急増は、ブラジル労働党や社会民主党にとって有利に働く環境を生んでいた。

戦後直後に下からの民主化の要求や軍部の圧力のなかで1945年12月に実施された大統領選挙では、保守支配層のヴァルガス派政党である社会民主党のドゥトラが大統領に当選し、ヴァルガス自身は制憲議会選挙で上院議員に当選した。社会民主党、ヴァルガス派の労働党と反ヴァルガス派地主グループの国民民主連合による集権的議会制民主政を探ろうとするドゥトラであったが、大統領就任直後からストライキの頻発、激しい労組対立に直面することとなった。これに対してドゥトラ政権は、労働党、労働組合に厳しい態度をとり、1947年には共産党を非合法化してしまう。

ヴァルガスの復帰

ドゥトラ政権の社会・経済政策の失政は、1951年の大統領選挙におけるヴァルガスの復活を許した。工業発展を最大の政治課題とするヴァルガス新政権は、技術官僚テクノクラートを重用し、従来の南東部中心主義から南部、北東部、中西部の開発へ乗り出し、アメリカから外資を導入した。

「労働者の団結と支持」を訴えることで、「権威主義的独裁者から民主主義的ポピュリスト政治家へとイメージを転換することに成功した」(金七 2009: 199頁)かにみえたヴァルガスであったが、「工業化推進にともなう大量の通貨発行は激しいインフレを引き起こし、ヴァルガス体制を支えていた労働者階級の生活

を直撃した」(金七 2009: 201頁)。左右からの激しい攻撃はついにヴァルガスを自殺(1954年8月24日)へと追い込むことになる。

| 焦る経済開発と政治の混乱 | 後継者クビジェッキ大統領(Juscekino Kubitschek, 在任：1956-61年)は、「50年の進歩を5年で」をスローガンに、「メタス計画」(経済開発5か年計画)を策定し、自動車、製鉄を中心とした工業化、地方(とくに北東部)の開発をめざした。

新首都ブラジリアへの遷都はその象徴ではあったが、積極的な外資導入はここでも激しいインフレをもたらし、労働者の生活を直撃した。高インフレと経済停滞がもたらす社会的・政治的不安は、1961年に大統領となった国家労働党のクアドロス(Jânio Quadros)、社会民主党のマジーリ(Pascoal Ranierri Mazzilli)もわずか数か月で辞任に追い込み、それを引き継いだ労働党のグラール(Joao Goulart)大統領も軍首脳・保守層に左翼視され、軍事クーデターによって1964年4月に失脚させられた。

| 軍事独裁体制の樹立 | ここに国家革新連盟(ARENA)による軍事独裁政権が始まったのである。1960年代に始まった軍政は、政情不安に軍が一時的に介入し政治的安定が回復すれば兵舎に戻る従来型とは対照的に、組織としての軍部による国家の長期的支配であった。

ブラジルの場合、1985年3月に民政移管されるまで、ブランコ(Humberto de Alencar Castelo Branco, 在任：1965-67年)以下5人の大統領が生まれるが、あくまで軍政のなかでの政権のタライ回しにしか過ぎず、軍部が技術官僚テクノクラートの力を利用して経済開発を主導し、国民の政治参加、とくに労働運動に対する抑圧を徹底した。

5 権威主義体制論

| 「全体主義」概念の崩壊 | 本章第2節で紹介した「ファシズム」概念は、スターリン主義の崩壊、冷戦の緩和によって左翼の専売特許ではなくなり、「全体主義」概念も崩壊した。

ファシズムと共産主義のイデオロギーの中味の違いは明白であった。ナチズムのイデオロギーの非一貫性は、国家社会主義ドイツ労働者党という矛盾した

党名にも現れている。中央による計画経済の徹底の程度をとってみても、ソビエト共産党、政府、軍、秘密警察の４つの組織的柱を束ねるスターリン全体主義とアウタルキー経済を掲げるナチズムのそれとの違いは明白であった。

全体主義論は、ナチズムのユダヤ人殲滅思想とスターリンの「進歩」・「文明化」計画（鉄道の敷設距離、石炭と鉄のトン数、工場の数、トラクターの数で成果を計測）の違いなどに鈍感であり過ぎた。

リンスと権威主義体制論

ドイツのボンに生まれ、マドリード大学を卒業したスペイン国籍をもつリンス（Juan J. Linz, 1926-2013年）は、1959年に米国コロンビア大学に博士論文「西ドイツ政治の社会的基盤」（*The Social Bases of West German Politics*）を提出した。論文指導を行ったリプセット（Seymour Martin Lipset, 1922-2006年）やロッカンの社会的亀裂論、さらには『ドイツの独裁』（1969年）の著者ブラッハーらの強い影響を受けた政治社会学は、ドイツの過去との対話においても、あるいは因縁浅からぬスペインのフランコ体制も、「全体主義」や「民主主義」概念で単純に割り切れるものではなかった。

そもそも、ライブリーがいうように、全体主義と民主主義との対比の根本的難点は、民主主義は、「本質的には権力の所在に関わることであり、全体主義は権力の広がりに関わる」ところにあり、「ゆえに、この２つを対置することは混乱につながらざるをえない」（ライブリー 1989: 94頁）可能性がある。

リンスは、「権力の所在」と「権力の広がり」を意識した「権威主義体制」（Authoritarian Regime）概念を持ち出して、両体制の間に広く散見できる中間域の政治体制を分析しようとした。AR概念そのものは、新資料にもとづく新たなファシズム解釈が進んだ1950年代後半から60年代にかけて他の研究者も使っていたが、リンスは自らの非常によく知るフランコ体制スペインを素材に「権威主義体制」論を彫琢していったのである。

リンスによれば、権威主義体制は、「限定的かつ責任制でない政治的多元主義をとり、（特殊なメンタリティはもつが）精緻かつ指導的なイデオロギーはもたず、政治的動員は（その発展の若干の時点を除けば）強度でも広範囲でもなく、かつその指導者（ないし場合によっては小集団）の権力は、公的には明確に限定されていないが、現実にはまったく予測しうる範囲内で行使される政治体制である」（リンス 1973: 177-178頁）。

> **権威主義体制としての**
> **フランコ体制の特徴**

リンスの権威主義体制論とフランコ体制についてはすでに高橋進の優れた「権威主義体制の研究」(高橋 1997) があるが、以下に、高橋論文に大きく学びつつ、フランコ体制の権威主義的次元を整理しておきたい。

まず、政策形成に関わる主体が全体主義の場合、前衛的政党、民主主義の場合、多元主義であるのに対して、限定的多元主義 (limited pluralism) を特徴とする。フランコ体制の場合、ファランヘを継承する国民運動諮問委員会 (Consejo Nacional del Movimiento) が変革を封じる大政翼賛的組織として存在した。軍隊、教会、産業組合が体制派を形成するが、全体主義と違って、反体制派も政府・体制批判を一定の範囲内で認められた。

第2の特徴は、権力行使が一部指導者の気紛れに任されるのではなく、1961年に新設された経済発展計画委員会や経済専門家によって、たとえば経済政策が編成・主導されたように一定の予測可能性を示した点である。

第3の特徴は、全体主義体制のような徹底的な国民動員は不可能で、大政翼賛的な「国民運動」は、軍部と教会に依存しながら政体に対する「考え方」を提供しており、1960年代後半の地域主義や学生・知識人、共産党や社会労働党などの非合法政党、反体制的労組の反乱を抑えることができなかった。

「考え方」の基本はナショナリズムであり、教会や君主制の階統主義や伝統主義に親和的な協同体思想にもとづく「統一」理念、リンスがいう「メンタリティ」が第4の特徴であった。

リンスはスペイン・フランコ体制の研究を皮切りに、その分析を南欧、ラテンアメリカ諸国へと広げていく。この作業は、後にイェール大学で同僚となるダールのポリアーキー論と接点を見出し、安定的デモクラシーの可能性の増減の条件を比較政治社会学的に解明する共同研究に向かわせる。そのなかで多くの研究者と交流することになる。そのひとりがオドンネル (Guillermo A. O'Donnell) であった。

> **オドンネルの**
> **官僚型権威主義論**

オドンネルは、その著『近代化と官僚型権威主義』(*Modernization and Bureaucratic-Authoritarianism*) において、1964年以降のブラジル軍事独裁体制を「官僚型権威主義体制」(Bureaucratic-Authoritarianism) として分析した (O'Donnell 1973)。

ブラジルやアルゼンチンといった南米の近代化レベルが高い国で軍事政権が生まれたのはなぜか。オドンネルの説明はこうである。これら「先進国」は、ポスト輸入代替工業化段階に入り、消費財生産から生産財・中間財の高度な工業化をめざし、外資の融資量も増大させた。この経済政策を安定的に実施するために、政府にはインフレ抑制が求められるが、そのために実施せざるをえない緊縮財政、公共料金の値上げ、賃金抑制は、労働者や下層中間層の生活を直撃した。彼らの不満や抗議が政治不安を増幅するのを恐れる政府は、民衆セクターを暴力的に排除しながら、軍・官僚のテクノクラティックな同盟によって経済発展への要請に応えようとした（Stepan 1971）。

　近代化の水準がそれなりに高いが、世界経済システムにあって依然として従属的な地位にとどまる国において官僚型権威主義体制が成立する、とオドンネルは主張した。彼の議論に対しては、たとえばリンスによって政治と経済の関係を密接に関係させ過ぎであるとか、政治的工学の可能性を過小評価しているとの批判があったりしたが、**リプセット仮説**に典型的な近代化論的な政治社会学に強い反省を迫り、社会的・経済的発展と政治的近代化のリニアな関係を問いなおす政治経済学、比較政治経済システム論などに影響を与え、また民主化

🖉 ミニ事典⑦　リプセット仮説

安定的なデモクラシー、民主主義の原則の受け入れは、政治的価値よりも経済的な価値パターン、経済発展の程度に関係がある、という仮説。リプセットらが提唱した。経済発展の指標としては、富、工業化、教育、都市化などが取り上げられている。中間層の増大とコミュニケーションが重視される。

🖉 ミニ事典⑧　体制移行論（transitology）

『第三の波』公刊の1990年代以降、世界中で民主化が加速したが、国、地域によっては、選挙民主主義さえおぼつかなく、政治汚職、脆弱な市民社会等、克服すべき課題を抱えている。国際的な民主化支援も含めて、民主化の「定着」をどうはかるかなど、民主化の「移行」（transition）をめぐる議論が活発に行われている。

の「**体制移行論**」にも影響を与えた点は重要である。

📰 **文献案内**

- ▶ 山口定（1976）『現代ファシズム論の諸潮流』有斐閣
- ▶ トラヴェルソ、エンツォ（2002＝2010）『全体主義』（柱本元彦訳）平凡社
- ▶ ハンチントン、サミュエル（1991＝1995）『第三の波——20世紀後半の民主化』（坪郷實・中道寿一・藪野祐三訳）三嶺書房
- ▶ リンス、ホアン（1964＝1973）「権威主義的政治体制——スペイン」『現代政党論』（宮沢健訳）而立書房

第 II 部

政治権力論

第4章 政治権力と近代国家

> 本章は、近代国家の成立と発展を思想と制度を通して概観する。それ以前のたとえばヨーロッパの封建制においては、剰余生産物は城と教会を除いては、主たる公的事業用には集権化されておらず、地域の政治的なイノベーションも貴族の合意にもとづく領主の意志と能力に依存した。近代国家は、絶対主義王政から市民国家へと変化していくが、いずれも君主や国民への帰属意識・愛着感の醸成と統治機関・組織の制度化を高め、新しい統合能力を国家はもつ必要があった。ここではマキャヴェッリ、社会契約論、立憲主義の統治原理なども紹介したい。

1 近代国家の起源

国家と国家権力

国家とは、政治権力の維持、すなわち権力組織の維持を目的とし、一定の地域社会の上に成立する統治機構である。こうした国家形成への動員を、ストレイヤーは、本質的にホッブズ主義的であると論じる(ストレイヤー 1975)。

レーニンによれば、国家の本質は、「今日では周知のごとく、武装せる軍隊の諸組織、監獄、その他の意志を権力に服従せしめるための諸手段」、「統治するための強制装置」(レーニン 1970)である、としている。

このように国家権力の本質とは、国家の抑圧装置(軍隊・警察)を基礎に法的に組織された国家機関(官僚機構)が形成した規範秩序を維持し、社会全域にわたり住民を支配・統制する権力である。

統治技術としての政治

小国が分立する15-16世紀のイタリア・ルネッサンス期の外交官・政治家・歴史家であったマキャヴェッリ(Niccolò di Bernardo Machiavelli)は、1498年フィレンツェ共和国政府の「10人委員会」の書記長に就任した。彼は、政治の実務に携わるなかで、当時の政治的な分裂、政治的・社会的腐敗に直面した。政治的・社会的不満は至るところに蔓延し、

衰弱する都市国家は常に外国の侵略にさらされていた。

党派争い、派閥対立のなか、政治についてリアルな政治的思惟を深めざるをえなかったマキャヴェッリは、レオ13世の弟であるメディチ家のジュリアーノに献呈するために、『君主論』（1532年）を1512年から13年にかけて執筆した。

そのなかでマキャヴェッリは、君主は、「ライオンと狐」の勇猛さと狡猾さをもつ「武装せる予言者」であり、祖国の都市防衛に備える傭兵ではなく愛国心に溢れる市民軍を増強しなければならず、そのために君主が兼ね備えるべきは、人間の善性にもとづく「有徳さ」よりは、国家が生存しうるための統治技術である、と説いた。

権力維持の力量（ヴィルトゥ）をもつ身分（stato）＝君主には、「慈悲深く、信義に厚く、人情に溢れ、信心深く、公正であるようにみえること、そして実際にそうでありながらも、そうでない必要が生じればその逆に変われること、その術を知りうる心がまえが求められる」。

こうしたローマ的価値＝ヴィルトゥの復興による国家的統一を君主に期待したマキャヴェッリは、権力の集中の必要性と同時に、「国家を長期にわたって維持するためには、権力を複数の人間のあいだで分かちもち、国家を市民による共和国へとつくりなおさなければならない」（クリック 2003: 64頁）と主張した。政治のみが、公的場で対案を浮上させ、運動を操作し前進させる開けた可能性を生み出す、とマキャヴェッリは考えたのである。

近代絶対主義国家の成立　資本主義的経済制度の発生は商品・貨幣経済を発達させ、農村部では領主の財政が圧迫され、農民への封建的収奪が強化された。その結果、各地で農民戦争が激しくなり、農奴は独立自営

> **ミニ事典⑨　ヴィルトゥ（virtù）**
>
> マキャヴェッリの徳（virtue）の概念について、フリードリッヒは、ローマ人とギリシア人の概念は同じであり、「virtue（徳）という言葉の語源であるラテン語のvirtus は vir（男）という第一音節の意味を強くもっていた。virtus は闘士と戦士の資質、すなわち雄々しい（virile）個人の資質を含意」し、マキャヴェッリの偉大な指導者は、「とび抜けてすぐれた virtù つまり力量（virtue）を兼ね備えたユニークな人間」である、と論じている（フリードリッヒ 1977: 166頁）。

農民化した。一方、都市部では特権商人・金融家などの新興ブルジョアジーが台頭し、国民的な市場の形成を求めるようになった。

16世紀初頭のヨーロッパには、約1500の政治的実体（entity）が存在していたが、こうした市場拡大の要請は従来の分散的な封建権力に代えて１つの中央集権的な国家権力を要請した。繰り返される分裂と同盟が引き起こす不安定な地域秩序、領主の恣意的な「正義」と正義の原則を普遍的に主張する教会人の亀裂・衝突を養土に、封建諸侯のなかの有力者が他の領地を併呑して一元的権力の下に近代国家を形成していく。

17世紀前後に、主としてイギリス、フランスに現れたチューダー王朝、スチュアート王朝、ブルボン王朝は、国王が新興ブルジョアジーの財政的支援を受けながら官僚制（「国王の官吏」）、常備軍（封建騎士団の解体に代わる国王直属の常備軍隊）に担保された権力、領土支配、民族形成を推し進めていった。

国家権力は、いずれの時代にも観察できたが、近代にあっては正統化の問題は避けて通れないようになった。国王は選挙で選出された政治的代表ではないため、その正統性は人民に由来する必要はないが、支配地域を狭い「都市国家」から地方に拡大し、同時に権力を中央に集権化した絶対王政の時代になると、「国王の官吏」としての官僚制、対外的には貿易・戦争、国内的には旧貴族や農民の反乱への武力行使を任務とする常備軍が統一的権力の国家権力の中心を担う。近代絶対主義国家は、従来の教会と神聖ローマ皇帝の権威が崩れるなか、社会的諸構造と政治・行政機能の混合の分離が進み、また私的領域と公的領域が分化するなか、統一的王朝を樹立したのである。

それゆえに、他者に向けて、自己の正統性を主張する必要があった。フランスの法学者ボダン（Jean Bodin）は、主権を「国家の絶対的かつ恒久的な権力」とし、すべての国家には主権があり、主権のない国家は国家ではないという主権国家論を展開し、その主権を国王が体現するとする王権神授説を主唱した。

スチュアート王朝のジェームズ１世（在任：1603-25年（イングランド王）、1567-1625年（ジェームズ６世スコットランド王））は、「王はまさしく神と同一である」と述べた。この王権神授説は、「1594年以後フランスで展開され、ジェームズ１世によってイングランドに導入された。それは、力のある者の目的に全能者たる神の承認をあたえることで、17世紀の近代化推進者たちの目的に見事

に役立った。それは『中世の政治と近代の政治との間の』必要な『移行段階であった』」（ハンチントン 1972：[上] 103頁）。

2 近代市民国家の成立

自然法的主権国家　ホッブズ（Thomas Hobbes, 1588-1679年）は、ジェームズ1世、チャールズ1世（在任：1625-49年）治世下、ブリテン諸島を襲う諸内戦をみるにつけ、マキャヴェッリに「さらに輪をかけるほどに」「権力の問題を中心に追求した」（フリードリッヒ 1977: 173頁）。

ホッブズは、「歴史的には、イギリスの立憲主義的伝統に対するピューリタンの挑戦と、これと時を同じくしてこの伝統を変えようとする国王側の努力というコンテキストの中で著作活動を行った」（フリードリッヒ 1977: 172頁）。その主著が1651年の『リヴァイアサン』（*Leviathan*）であった。

そのなかでホッブズは、「自然状態」を「万人の万人に対する闘争」（bellum omnium contra omnes）であり、「人は人にとって極悪の狼」（homo homni lupus）である、と主張した。人間はこうした苛酷な「自然状態」から抜け出すために、自らの自然的自由（各人が自分の自然すなわち生命の維持のために、欲するとおりに自分の力を用いる自由）を絶対的主権者、すなわち国家（コモンウェルス）に譲渡し、国家が保障する法と秩序に依存するしか共存の道はない。こうした「社会契約」の核としての「法」は、「本質的には権威であって、合理主義的＝法治国的な法概念のごとく真理あるいは正義を表わすものではない」（シュミット 1972: 58頁）。ホッブズにとって「法」は、人民から授権されたものであるが、単なる「協議ではなく命令」であった。

信託による市民政府　同じく、ピューリタン革命（1640-49年）下に生きた哲学者ロック（John Locke, 1632-1704年）は、初期重商主義的保護主義下において台頭する新興ミドルクラスの権利（自由・平等）を主張し、それを確保するための政治機構を、旧支配体制を打破する形で樹立することを思念した。

ロックは、主著『市民政府論』（*Two Treaties of Civil Government*）において、「自然権」は、社会契約によって、それが「自然状態」に放置されているときよりも

安定した基礎の上に据えることができる、その理論的根拠を示した。この点についてロックは、次のように述べている。人間は「本来、万人が自由平等独立であるから、何人も、自己の同意なしにこの状態を離れて他人の政治的権力に服従させられることはない。人が自分の自然の自由を棄て市民的社会の羈絆のもとにおかれるようになる唯一の道は、他の人と結んで協同体をつくることに同意することによってである」（ロック 1968: 100頁）。

3 近代市民国家の基本原理

> **自由主義**

ホッブズとロックは「社会契約」によって政治的な社会を創設しようとした。国家あるいは政府の任務は、国内の命令違反者の処罰、外敵の排除、平和・秩序の保障を基本とするものと考えられた。

個人の自己実現の機会の保障と個人の権利の最大化という「自由主義的な構想」のためにホッブズとロックは、「政府の強制的な権力には制限を加え、他方で、同意にもとづき一般的利害を推し進めるという限りにおいて政府の権威に訴えるというもの」（ルークス 1989: 73頁）であった。

ホッブズは、自由主義的な政体モデルの先駆者であったが、権威主義的な政府を提唱し、王政復古の専制政治を弁護する結果になった。ロックは、「自然権」のなかでもとくに私有財産を守るために市民政府を形成する必要を唱えた。ロックはホッブズとは違い、「主権」は市民政府、すなわち有産者の代表からなる議会によって条件つきで与えられる、と考えた。この意味での主権者が「自然権」を侵す場合には革命によって主権者を交代しうる、とピューリタン革命を理論づけた。

> **立憲政治**

資本主義経済の発展は、民営マニュファクチャーを成長させ、そこから産業ブルジョアジーが多く生まれた。また、残存する領主制の廃棄を求める独立自営農民の一部は、農業資本家へと変貌し出す。フランス革命に代表される近代市民革命は、彼ら産業ブルジョアジーと独立自営農民、さらには手工業者や小商人、労働者が、絶対主義権力（貿易の独占権をもつ特権商人や特権的マニュファクチャー）を打ち破る一連の運動であっ

た。

　近代市民革命は、フランス「人権宣言」を実効化する統治機構の樹立、主権者を国民とする憲法にもとづく政治、すなわち立憲政治（constitutional government）を推し進めることとなる。

　近代市民社会における指導者と立憲主義との関係をフリードリッヒは次のように説明している。「指導者は彼につき従うものとの直接的な力動的関係にある者である。彼はほとんど強制力をもたない。彼の権力は、彼につき従うものを説得する能力の所産であるからである。支配者ははるかに政治権力の形式的な（フォーマル）行使者である。これは支配者がその王国を支配する際、組織され、構造化された権力を行使するという事実によるのである。そのような権力は、近代社会では、通常、法律すなわち憲法典（constitutional order）によって組織される」（フリードリッヒ 1977: 154-155頁）。

4 立憲主義の統治原理

　法治主義　近代政治の基本原理としての立憲主義は、基本的人権の保障を目的とし、法治主義、権力分立を内容とする。

　近代市民革命は、支配者の行為の正統性を人民・国民の権利に依拠させる。権威の源泉が人民・国民となったとはいえ、否なったからこそ、人民あるいは国民の代表としての議員は、その階級性やイデオロギー性を疑われる。

　普遍的形式が特殊的内容と結合する国民国家であっても、「選出された政府を国民が軽蔑することは自由」であるが、「政府であることの正当性を軽蔑してはならない」（シャピロ 2010: 2頁）。政府の形成と運用は、一定の法規の規定する権限にもとづいて「合法的」に行われるからである。こうした支配様式をウェーバー（Max Weber, 1864-1920年）は、**支配の諸類型**の１つとして合法的支配（legale Herrschaft）と呼んだ。

　権力分立　フランス人権宣言第16条には、「権利の保障が確保されず、権力の分立が定められていない社会は、憲法を欠くものである」と書かれている。近代国家の統治機構は、「権利の章典」による基本的人権の保障と**権力分立**制に立つ。

ロックにとって、「万人が自由平等独立」である人格に関わる権利が自然権であり、私有財産（property）もそれが労働を通して人格の延長であるがゆえに権利をもつものであった。自然のなかから取り出され、「彼の身体の労働とその手の働き」と混合することによって得られた財産は、相互不可侵であり、侵した場合には賠償と刑罰をもって侵犯者にのぞむことができる、そうした財産にもとづいて自由に生きることが自然法である。

自然状態でもっていた自分の自然法執行権を同意と信託を通じて公共権力に委ねようとする約束が、ロックがいう社会契約であることを今一度確認しておきたい。

こうした論理を通じて公共的裁判権が樹立され、個人的な自然法解釈の相違は消滅する。人間の善意ではなく、政府が自然法の擁護者となる。絶対主義権力（権力の集中）への不信を背景に国家権力から市民的自由を確保する市民政府

> **✐ ミニ事典⑩　支配の諸類型（Die Typen der Herrschaft）**
>
> ウェーバーは、政治結社や制度的秩序における支配（権威と服従）の正統性（legitimacy）の根拠を3つに類型化し、近代国家の官僚制のような非人格的・客観的秩序への服従を「合法的支配」と呼んだ。残りの2つは、伝統に対する習慣的なものの領域への恭順ゆえの服従を指す伝統的支配（traditionale Herrschaft、封建社会、中世の荘園を背景とした家長制支配・家産的君主）、素質や風貌などの非日常的・超人的な資質への啓示的な帰依＝カリスマ的支配（charismatische Herrschaft、過渡期の共同体の予言者、扇動家）である。参照、ウェーバー『支配の諸類型』（世良晃志郎訳）創文社、1970年。

> **✐ ミニ事典⑪　権力分立（separation of powers）**
>
> モンテスキュー（Charles de Secondat, Baron de Montesquieu, 1689-1755年）も、『法の精神』（*De l'Esprit des Lois*）において権力を立法権、執行権（万民法に関する事項の執行権）、司法権（市民法に関する事項の執行権）に区分し、立法権を貴族、国民代表のために選出された一団に、また執行権を君主に、司法権を陪審制の裁判所に分離し、立法権と執行権の調整を貴族院に期待した。

（civil government）は、立法権（財産の保存のために刑罰規定（＝法律）を制定する権力。最高権力としての議会（貴族層の貴族院、市民層の庶民院））、執行権（法律の適用・判決のための権力（司法権も含む）、君主）、連合権（外政（戦争・講和・連盟・同盟）の権力）の３つの機能の抑制と均衡（権力分立）によって国家（コモンウェルス）が個人の自由を擁護することを保障させる。社会契約を裏切った国家＝政治社会に対しては、市民に革命権が認められることもすでに示唆しておいたところである。

代議制度　近代の代議制度は、11～13世紀の家臣会議（行政・司法・軍事などに関する組織は、封建的主従関係にもとづく人的な結合関係によって代置され、これら３つの権力は知行（Lehen）として各階層の家臣（Vassall）によって分有されるなか、家臣会議は、主君への封建的義務を基盤とする宮廷諮問会として機能）に淵源をもつ。

その後、家臣会議は、等族議会・身分制議会（Standeparlament）に引き継がれていった。それらは、13世紀以降強大化する最強の封建領主の近代的国家権力の担い手としての君主の出現と、君主の王領地収入、封建法上の役務を超えて貴族・僧侶・市民に財政負担を要求することに対する各身分の牽制装置として機能することが予定されたが、フランスの三部会（États-généraux）のように1614年から1798年まで開催されないなど不定期召集が絶えず、また議会構成者と選出者の関係は、命令的委任（imperatives Mandat）であった。

イギリスでは、貴族層が議会を足場に絶対王政と戦い、その後、ジェントリー、都市商工業者、ヨーマンら近代的な諸階級が議会に進出する。君主の権力の制限と分割、議会の立法権と君主の執行権の優位争いであるイギリス市民革命を経験するなかで、英国議会は国民の意志の代表機関となり、国民主権を代表する議員は、「国民代表」として、自由委任（freies Mandat）原理に立って議会活動を展開するなかで、「公開の討論の原理」（対立同意の原則、多数決の原則、妥協の原則）、行政監督の原理を身体化していくことになった。

議院内閣制　権力分立制は、立法部と行政部の不信・対立関係を前提に、もう１つの原理である「行政監督の原理」を議会の重要な機能としたが、イギリスでは、「内閣」が立法権と行政権を密接に結合させる連絡委員会的な役割を果たした。

第Ⅱ部　政治権力論

　バジョットがいう国家構造の実践的部分は、内閣がこうして国民代表機関である議会（下院）の政党勢力を反映し（＝「多数党の反映」）、内閣メンバーの政治的意見の同質性（＝「政党内閣制」）を前提に、議会に対して連帯して責任を負い（＝「連帯責任制」）、議会（下院）の信頼がある限りその地位にとどまりうるという議院内閣制を発達させていった。

> 大統領制

　フランスでは、「身分制議会は開会早々に分裂し、平民を代表する第三部会は国民議会と名を改め、国民主権を宣言」（河合 2001: 22頁）し、ロベスピエール（Maximilien Robespierre）は、これを拠点として封建制の完全撤廃、全国家統治機構の変革を試みた。

　ここに象徴的に現れる反民主的・反貴族的代表理論はルソーの影響下にあって、理想とする小生産者の共和国の実現をめざすものであった。しかし、その後のフランスの展開は**第1章**でみたように、ポリアーキー論がいう「自由化」と「包括化」をうまく接合できなかった。革命・反革命による共和政・独裁、クーデター・帝政へと激動を続け、1875年以降、元首・大統領を直接あるいは間接に人民が定期的に選挙で選ぶ共和制の道を歩むことになった。

　アメリカでは、立法権と執行権は国民による別々の選挙で形成し、両者の間に問責関係をもたない大統領制を採用し、司法権は独立して裁判所が担うこととなった。また、連邦制の下、地域代表は委任代表的性格をもった。こうした均衡政府の考えは、第4代大統領マディソン（James Madison）に影響を受けたものである。

5　近代資本制国家から福祉国家へ

> 近代市民国家の周辺

　「社会契約は基本的に領域的に規定された国家との関係で定義されてきたが、国家は立憲君主制から近代国民国家へ、さらに20世紀の戦争国家／福祉国家へと、契約の変化する性質を反映してさまざまな段階を経てきたように、異なった形態をとってきた」（カルドー 2007: 67頁）。

　フランス人権宣言（Déclaration des droits du l'homme et des citoyen）は、字義どおり読めば、「男性と男性市民の諸権利の宣言」となる。「人は生まれながらにし

て自由平等」であり、これらの諸権利は「天賦人権」であるゆえに、何の立証の必要もない普遍的なものである。

しかし、この「天賦人権」がナポレオン法典とワンセットで動き出すと、人権の享受者は男性有産者に限定される、との見方も説得力をもつ。

男性無産者や女性の「人権」は、その後、社会主義や急進主義の思想と実践に汲み上げられていくことになる。

> 階級国家論

エンゲルスは、国家の起源について、最晩年の著作『家族・私有財産・国家の起源』(1884年)において、次のように論じている。国家は、「一定の発展段階における社会の産物である。それは、この社会が、解決できない自己矛盾にまきこまれて、自分では取り除く力のない、融和しがたい対立物に分裂したことの告白である。しかし、これらの対立物が、すなわち抗争しあう経済的利害をもつ諸階級が、無益な闘争のうちに自分自身と社会とを消尽させないためには、外見上社会の上に立ってこの抗争を和らげ、これを『秩序』の枠内に保つべき権力が必要となった。そして、社会からでてきながらも、社会の上に立ち、社会からますます疎外してゆくこの権力が、国家なのである」(エンゲルス 1965: 225頁)。こうして、「古代国家は、なによりもまず奴隷を抑制するための奴隷所有者の国家であったし、同様に封建国家は、農奴・隷農的農民を抑制するための貴族の機関であったし、近代的代議制国家は、資本による賃労働の搾取の道具である」(エンゲルス 1965: 227-228頁)と認識されたのである。

若きマルクスは、「ヘーゲル国法論の批判」(1843年)において、ヘーゲルの普遍と特殊の統一態としての倫理的国家論を、普遍的形式は備えはするがブルジョア社会における搾取や差別を温存する特殊的内容をもつと批判した。『ドイツ・イデオロギー』(1845-46年)における、近代国家は階級国家であるがゆえに普遍性を身にまとわなければならないブルジョア国家の幻想共同態であるとの認識は、1848年の『共産党宣言』においても強調されている。「近代的国家権力は、単に全ブルジョア階級の共通の事務をつかさどる委員会にすぎない」との認識は、後のエンゲルスの階級国家論に結実する。国家とは、支配階級と被支配階級との間の階級的支配・抑圧の道具である。

またレーニンにとっても、「国家は、階級対立の非和解性の産物であり、そ

の現れである。国家は階級対立が、客観的に和解させることができないところに、またその限りで発生する」。こうした国家を死滅させるためには、プロレタリアートの独裁、すなわち共産党の独裁が必要であり（レーニン 1977）、議会制度に代わるソビエト制度の採用が急務であると主張したのであった。

租税国家　ドラッカーの言い回しを使えば、「今世紀の2つの大戦が、国民国家を『租税国家』に変えた」（ドラッカー 1993: 216頁）。ドラッカーによれば、第一次世界大戦前までは、政府は戦時においてすら自国の国民所得のごくわずかしか国民から得ることはできず、その上限は、国民所得の5％ないし6％程度であった。

しかし第一次世界大戦の勃発によって、すべての交戦国の国民経済が貨幣化され、交戦国は最貧国でさえ、「政府が国民から搾り取れるものには、実質上いかなる制限もないということを知った」。最貧国のオーストリア＝ハンガリー帝国とロシアは、「大戦中の数か年において、それぞれの国の総国民所得を超えて課税し、あるいは借り入れ」、「それまでの数世紀とは言わないまでも、数十年にわたって蓄積してきた資本を換金し、戦費として使った」。

ドラッカーによれば、当時まだオーストリアに住んでいたシュンペーターはただちに何が起こったかを理解したが、他の経済学者と大半の国の政府には、「第二次大戦というもう1つの経験が必要だった」という。そして続けて、「第二次大戦後において、ついに先進国のすべてと、多くの途上国が、『租税国家』となった。その結果、政府の課税と借入には経済的な限界はいっさいなく、したがって政府の支出にも経済的な限界はいっさいない、という考えが確信されるにいたった」（ドラッカー 1993: 217頁）と述べている。

課税形態が人頭税や土地税から所得税・法人税へと変化するなかで、国家の徴税能力は高まっていった。しかし、その能力は国によって差があり、たとえば第一次石油ショックが起こった1973年で、政府税収入の対 GNP（国民総生産）比でみると日本で21.6％、スウェーデンで51.7％であるのに対して、ネパールでは5.6％、最貧国のマリでは1.5％に過ぎなかった。

Wohlfahrstaat から welfare state へ　18世紀後半のプロイセンにおけるフリードリヒ2世（大王、在任：1740-86年）は、産業の振興や農民の状況の改善等に取り組んだ開明的専制君主であったが、初期重商主義政策を推進し、富

国強兵による国家の繁栄を官房学（カメラリズム）的に遂行する警察国家（Polizeistaat）の推進者であったとも評される。こうした開明性と警察国家の結合は、Wohlfahrtstaat（福祉国家）と称された。

　ドイツ帝国成立後は、「ビスマルク保険」と呼ばれるように、健康保険（1883年）、労災保険（1884年）、老齢・廃疾年金保険（1889年）と社会保険に力を入れていく。また、労働運動、労働組合の活動が活発であったイギリスでは、20世紀の初頭になると自由党が主導して一連の社会改革に取り組んだ。学校給食法（1906年）、老齢年金法（1908年）、賃金委員会法（1909年）、国民健康法（1911年）等、社会保障にも力を入れていく。

　マーシャルがいう「社会権」（Marshall 1950）の思想が広がり、従来の財の配分を修正させるイデオロギー的・道徳的要求が高まるなか、第二次世界大戦によって「租税国家」化が進んだ戦後イギリスは、チャーチル率いる戦時内閣下で作成された『ベヴァリッジ報告』（1942年）を「福祉国家」（welfare state）の基本的指針としていく。公営医療サービス、児童手当、年金、各種社会保険の整備充実は、国民の「生存権」のみならず「社会権」として、税制による所得の再配分機能を推し進めるものとなったのである。

文献案内

▶ 福田歓一（1970）『近代の政治思想―その現実的・理論的諸前提』岩波新書
▶ ストレイヤー、ジョセフ（1970＝1975）『近代国家の起源』（鷲見誠一訳）岩波新書
▶ マーシャル／ボットモア（1992＝1993）『シティズンシップと社会的階級―近現代を総括するマニフェスト』（岩崎信彦・中村健吾訳）法律文化社

第5章 現代国家における権力の諸相

> 政治発展論は、国民国家の発展が直面する危機＝課題として、国家建設、国民建設、参加、福祉を挙げる。欧米先進諸国は、資本主義がもたらす高レベルの社会的分化・分業、技術的・文化的・構造的イノベーションを推し進めた。都市化、教育の普及はナショナルなコミュニケーション・システムを広げるが、地域の不均等発展は体制に対して緊張を生み出すことが多い。本章は、現代国家の主領域（国家、企業経済、市民社会、政治コミュニティ）の相互作用を資本主義、官僚制、デモクラシーの論理のなかで検討し、権力のいくつかの見方を理解することによって"権力政治"を超える方途を探ろう。

1 現代国家の権力の諸相

国民国家の「危機＝課題」

現代の資本主義諸国においては、福祉を中心とした公共部門の支出が国民総支出の30〜40％にも達し、政府は経済運営の責任を多方面から問われる。

絶対主義国家は、多くの場合、その地理的広がりにおいてすでに国民国家と同様の規模に達していたが、近代市民革命を通じてナショナリティ（国民意識）が自覚されるにいたり、国民国家として形式上完成する。国民国家を、ラパロンバラは「ある一定の範囲に適用される法体系をもつ主観的な政治体である。一定の範囲とは、1つの国民であることを自己確認させる言語的・文化的・歴史的遺産を共有する人びとからなる」(LaPalombara 1974: 39頁)と定義した。

政治発展論を牽引したアーモンドは、ヨーロッパの国民国家形成のパターンについての知識を非西欧世界の政治発展が取り組まざるをえない危機＝課題に適用しようと努めた（アーモンド 1982: 22頁）。ヨーロッパの政治発展は、国家建設（集権化と浸透）、国民建設（国民的アイデンティティと凝集性）、参加、福祉へと連続する危機＝課題の克服過程であった。

> ネイションの難儀さ

国家と国民の結びつき方は、ヨーロッパの国々でも一様とは遠かったが、非西欧諸国はさらに複雑なものとなった。帝国の解体を機に出帆した東欧諸国、アラブ諸国、バルカン諸国、イギリス植民地から「断片化」(Hartz 1964) してできたアメリカ合衆国、カナダ、オーストラリア、第二次世界大戦後に植民地から解放されたアフリカ、アジア、中東、カリブ海地域諸国も国民（民族）国家の形成をめざした。

「危機＝課題」モデルとなった西欧諸国は、1960年代、70年代に中央政府あるいは支配的「国民」と対峙するエスノ・ナショナリズムや地域主義の台頭を目撃した (Foster 1980)。それは、周辺部の〈自然性〉〈土着性〉の持続性の強さを再認識させることにもなった（スミス 1998; スミス 1999）。また、21世紀の初頭に私たちが目撃しているテロリズムに代表されるネットワーク化した排他的コミットメントは、民主化の難しさと同時に One Nation＝One State 論の難しさを改めてみせつけている。

> 福祉をめぐる危機

「福祉」の危機は、大衆デモクラシーの進展と戦争国家 (warfare state) をくぐるなかで対応が迫られた。

「揺りかごから墓場まで」の戦後イギリス福祉国家は、戦時中に策定されたベヴァリッジ報告（⇒第4章）の理念が、戦後労働党内閣下で、国民年金保険制度、国民保健サービス、地域個人福祉制度として推進され、その後の保守党政権（1951-64年）でも継承された。

しかし、1960年代後半からのイギリス経済の不調の進行に伴い、保守・労働2大政党の「合意の政治」(consensus politics) に亀裂が走り出した。70年代初頭の石油ショックに対して、イギリス政府は、従来の政労使協議システムに乗っかった所得政策で対応しようとしたが、インフレと失業を克服することはできず、また、協議システム自体への一般組合員からの反発も強かった。

そうしたなか、1979年にケインズ主義、政府の経済への介入、「国家の中の国家」としての労働組合、高水準の公共支出などを批判するサッチャー (Margaret Thatcher) 政権（1979-90年）が登場し、70年代初頭には表面化していた「敵対の政治」(adversary politics) に拍車をかけることとなった。

石油ショック以降、各国は財政が悪化するなか、政府支出に対する縮減圧力がかかり、自助イデオロギー、受益者負担論の巧みな言説政治もあって福祉の

削減に切り込もうとした。それがどの程度成功したかは、評者によって分かれるところである。

いずれにせよ、戦後の各国の福祉国家が70年代の危機にどう対応できたのか。その対応は、各国における歴史的に形成されてきた資本と労働の関係に大きく影響を受けるものであった。

福祉国家と資本主義の多様性 すなわち福祉国家の多様な対応は、「資本主義の多様性」のなかでみる必要がある、ということである。こうした政治経済学的研究は数多くあるが、ここではホールの議論を紹介しておきたい。彼は、労働と資本の編成の多様性を労働組合の組織化の様態と、労組と左派政党との関連でみようと、イギリス、ドイツ、フランスを比較検討した。

ホールによれば、ドイツは「労働市場が集中的に組織されていることと、団体交渉制度が非常に精密に調整されている」(ホール 2000: 75-76頁) ところに特徴があるという。

これに対してイギリスは、「112の個別労組が労働組合会議に加盟しており、その多くは依然として職能別に組織されている。これら加盟労組の多くにおいて、しばしば専制的になる組合指導者と影響力をもった職場委員たちのネットワークとの間で、組合の政策をめぐる闘争が続いている」(ホール 2000: 96頁)。こうした組合運動内部の派閥主義が、危機への対応としての政労使間の調整、労使交渉を難しくした、と分析されている。

では、フランスの場合はどうか。フランスはイタリアと同様に、労働組合は長年政党にその存在を負い、とくにフランス共産党は、労働組合の政治的立場に強い影響を与えてきた。その結果、「組合運動内部の派閥主義が強く、総じて労働者階級は労働市場で比較的弱い立場に置かれた。こうした弱さは政治的レヴェルでは、労組の大半が左翼政党と結びついていたことによって、いっそう強められた」(ホール 2000: 86頁) と指摘されている。

2 現代資本主義国家における諸権力

「集団の噴出」と諸権力 1908年に『統治過程論』(*The Process of Government*) を著した在野の政治学者ベントレー (Arthur F. Bentley, 1870-1957年)

は、非統治的社会集団が政治過程に与える影響力の重要性について指摘し、その後のアカデミックな政治過程論の地平を密かに切り開いた。伝統的な機構・制度論としての政治学を「死せる政治学」と論難し、無限に交差する社会的諸集団の利益代表システムをリアルに分析することがめざされたのである。

　20世紀における先進諸国の政治的な権力は、もはや国家や統治機構、あるいは政党に限定しては考えられない。資本主義の急速な発展は、社会の機能・システム分化を促進し、それに対応するがごとく、企業、労働組合、さまざまな職能団体、消費者団体、市民団体、メディア等が、顕在的、潜在的に政治過程に影響を与えるようになったのである。

| 資本主義・官僚制・民主主義 | アルフォードとフリードランド（Alford & Friedland 1985）は、これら諸団体の影響力行使を資本主義、官僚制、民主主義の間の相互依存・反発として次のように説明している。

　資本主義は、資本の蓄積または企業の利潤追求のための諸条件、環境を整備、保護する国家に依存する。それでいて国家が経済に干渉し過ぎたり、資本の自律性を制約することは嫌う。資本主義は、民主的諸制度によっても維持される。資本家は、民主主義によって自らの権力を隠蔽し、資本主義それ自体が民主主義によって正当化される。現代資本主義国家においては、国家は資本家の資本蓄積に依存する。国民の福祉確保・充実は企業経済の好不調に左右されるからである。

　民主主義は、国家と資本主義を正当化する政治参加のチャネルを形成するが、チャネルの様態しだいでは、「強い」国家と利潤最大化をめざす企業経済の効率的な運営を阻害しかねない。民主主義は、官僚制（国家）、資本主義（企業経済）との軋轢のなかで、その真価を試し続けられていく。

| 国家・政治・企業・社会の相互関係 | 次に、フリードマンが作成した**図5-1**（フリードマン1995）を紹介することで、これら諸制度の力関係を全体的な見取り図のなかに整理しておこう。この図には、4つの互いにオーバーラップし合う社会行動の領域、すなわち、国家、市民社会、企業経済、政治コミュニティが示されている。

　図5-1が示すように、国家の核は行政府および司法機関からなっており、以下、市民社会の核は世帯、企業経済の核は企業、政治コミュニティの核は独

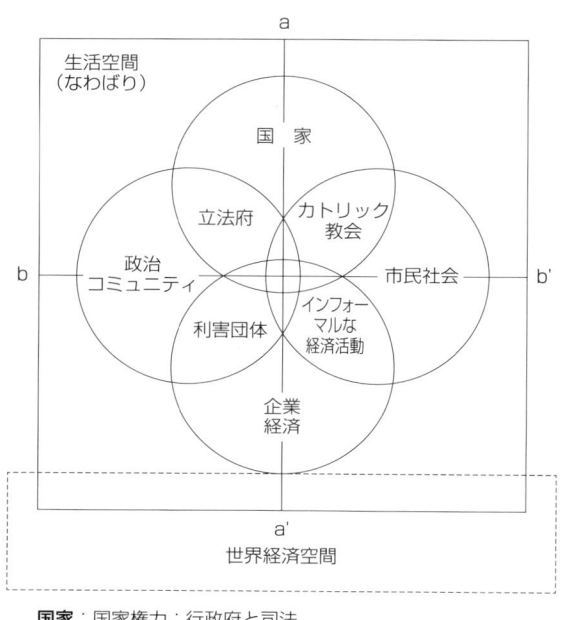

図 5-1 社会行動における 4 つの領域

```
                          a
    ┌─────────────────────┼─────────────────────┐
    │ 生活空間             │                     │
    │ (なわばり)           │                     │
    │          ╭──────────┼──────────╮          │
    │        ╱     国  家  │           ╲        │
    │       │              │            │       │
    │    ╭──┼──╮ 立法府    │ カトリック ╭──╮    │
    │   ╱   │   ╲          │  教会     ╱    ╲   │
    │  │ 政治│    ╲────────┼────────╱       │  │
  b │  │コミュ│ニティ       │                │  │ b'
 ───┼──┤     │             │          市民社会├──┼───
    │  │     │    利害団体 │インフォー        │  │
    │   ╲   │   ╱          │ マルな    ╲    ╱   │
    │    ╰──┼──╯           │ 経済活動   ╰──╯    │
    │       │              │            │       │
    │        ╲     企 業   │           ╱        │
    │          ╲   経 済   │         ╱          │
    │            ╰─────────┼───────╯            │
    │                      │                    │
    └──────────────────────┼────────────────────┘
                           a'
    ┌─────────────────────────────────────────┐
    │            世界経済空間                   │
    └─────────────────────────────────────────┘
```

国　家：国家権力：行政府と司法
市民社会：社会的な力：個人と世帯と市民的協会
　　　　　　（文化と社会的構造における領域）
企業経済：経済的な力：企業と金融機関（法人）
政治コミュニティ：政治的な力：政治組織と社会運動
出典：　フリードマン 1995: 66頁

立した政治組織および社会運動によって形づくられる。「これら 1 つ 1 つの領域でそれぞれの行為者がどのような資源を用いることができるかによって、他と明確に区別される権力の形が認められる。すなわち、国家権力、社会的な力、経済的な力、そして政治的な力である」（フリードマン 1995: 65-66頁）。先に紹介したアルフォードとフリードランドの領域設定とさほど変わらない。

　また**図 5-1** は、特定の国々でそれぞれの領域がもつ相対的な重要性を教えてくれる。たとえば、1980年代末の東欧諸国の民主化は次のように説明されている。「東欧の全体主義政権下にあっては、最近まで国家が他の領域をすっかり飲み込んでいたのであるが、突如として革新的な市民社会がその地下の隠れ家から復活し、嫌われ者の政府を倒し、今や企業経済と政治コミュニティが新

しい花を咲かせているのである」(フリードマン 1995: 67頁)。

> 市民社会

EU 研究者でもあるシュミッターも、諸力の相互関係といった視点を「市民社会」の定義に反映させて、次のようにいっている。市民社会とは、「資本主義、都市化、識字率の向上、あるいは社会的流動化の自動的あるいは非反省的な産物ではない(それらに刺激を受けるとしても)。むしろ、市民社会は、公的権威による明示的な政策と民間(再)生産者による暗黙的なプラクティスを要求する、次の4つの特徴を有する自己組織化された媒介集団のセット/システムである」。

その4つの要素とは、①二重の自律性(公的権威と民間の生産・再生産単位(企業、家族)の両方から相対的に独立していること)、②集合行為(メンバーの利益と熱意を守り、促進するために集合行為を慎重に考え、行動する点)、③地位、権力などの非強奪性(国家諸制度、あるいは民間(再)生産者に代替されたり、政治体を治める責任を引き受けようとしたりしない点)、④市民性(「市民的」性格(相互尊敬の伝達)を有するあらかじめ確立されたルールのなかで行動することに同意する点)、である(Schmitter 1997: 240頁)。

先進諸国において「参加の爆発」が叫ばれてすでに久しい。1960年代、70年代は、市民の政治への直接的な参加が生まれ、代議制デモクラシーの機能不全が告発されもした。急進的な「参加デモクラシー論」はその後の社会・国家関係の大きな変容のなかでしだいに影を薄めていったが、民主化の「第三の波」、冷戦の崩壊以降、東欧発のそれも含めて「市民社会」論は活発に議論されている。

3 経済的な力と政治的な力の相互力学

> 多元主義理論と
> パワー・エリート論

では、国家、民主主義、市民社会との関係のなかで、企業経済はどのような影響を有し、またどのようにみられてきたのであろうか。

1950年代にアメリカの社会学者ミルズ(Charles Wright Mills, 1916-62年)によって強力にアピールされたパワー・エリート論は、権力構造に経済エリート、政治エリート、軍事エリートの集塊を見出し、彼ら構造的なエリートが種々の権

力資源を利用し、国家の中枢を制御している、と分析した。

　彼ら権力エリートは、「相互に重複し合い錯綜した関係に立つ一群の派閥として、少なくとも国家的影響をおよぼすような決定に参与している政治的・経済的・軍事的グループをいう。国家的事件の決定に関する限り、権力エリートは、それらを決定する人々なのである」（ミルズ 1969: [上] 26-27頁）。

　パワー・エリート論に対して、ダールに代表される多元主義者は、パワー・エリート論が主張する政治幹部、会社富豪、軍部が主宰する膨大な集中化された制度の支配という考えを退け、公的政策決定に与える政治的影響力としての権力は、社会のさまざまな集団に広く分散しており、単一の同質的な権力エリートは存在しない、と論じた。

> 社会民主主義者としてのダール

戦後初期の「企業と政治」研究は、パワー・エリート論のように企業経済・財界を中心とした恒常的権力構造を指摘するものではなかったが、圧力集団として企業経済、大企業の力を例外視するのにやぶさかではなかった（たとえば、Bauer, Pool & Dexter 1963; McConnell 1967; Redford & Hagan 1965）。

　こうした企業権力を民主主義論のなかに位置づける作業は、「社会民主主義者」ダールにとっては研究の初発からの重大な関心事であった。ミルズがマルクス主義に近接しながら資本主義を「構造化」させるパワー・エリートの存在を厳しく批判したのとは違って、ダールは同僚のリンドブルムとともに、企業経済の統制の可能性と様態を政治経済学的に問いただそうとした。1953年公刊の共著『政治・経済・厚生』（*Politics, Economics and Welfare*）は、その最初の共同研究の成果であった。

> 対企業コントロール

ダールとリンドブルムは、対企業（ビジネス）コントロールには根本的なものと補足的なものがある、とする。根本的統制は、①生産物がいろいろあり、相互に代替されうること、②資源・労働の購入企業が複数あり競争していることを条件として成り立つ。補足的統制は、価格メカニズム（このなかには、労働組合などによる非競争的価格交渉メカニズムや、階序制的価格メカニズム（反トラスト法や最低賃金制の制定、政府による農産物価格支持など政府の命令や場の操縦）などサブ・カテゴリーも設定されている）を通じてのコントロールである。

ダールとリンドブルムによれば、根本的コントロールと価格メカニズムを組み合わせることを通じて、企業経済のコントロールは維持・確保されると見通された。

ビジネスの特権的地位 しかし、こうした理論的見通しは、その後のアメリカ社会で進行する現実の前に再検討を迫られる。ケネディ亡き後のジョンソン政権（1963-69年）は、「偉大な社会」づくりを掲げて、人種差別や貧困、医療や福祉の問題に積極的に取り組んだが、一朝一夕に前に進むものではなかった。また、70年代にはスタグフレーションがアメリカを捕え、インフレ率・失業率が高まり、所得格差も広がった。

こうした政治・経済・社会の現実を前にして、ダールとリンドブルムは、その均衡論的企業統制論に自己修正をはかった。『政治・経済・厚生』の「1976年序文」は、著者自らがする均衡論的多元主義の自己批判であった。

リンドブルムも、1977年刊行の『政治と市場』（*Politics and Markets*）において、「ビジネスの特権的地位」（previledged position of business）をめぐる議論を深めようとした。彼は、「生産・配分の決定力の大半は大企業に委任されており、その裁量幅も大きい」と改めて指摘した。社会における最重要な決定を行う大企業は、「一種の公職者」であり、企業幹部は国家の産業技術、労働力の組織化パターン、産業立地、資源の配分等において大幅な白紙委任を受けている、と企業コントロールのいっそうの重要性を主張した。

「政治的秩序」モデル ダールは1959年の論文において、ビジネス自体を1つの「政治的秩序」（political orders）として研究する必要性を主張していた（Dahl 1959）。圧力団体論からする企業経済・財界の政治的影響力の研究に比して、企業を政治的実体として捉える研究がほとんどないなか、ダールの視座は先見的であった。

1960年代に入ると、消費者運動の台頭や環境問題の浮上などによって、地域社会や社会一般に与える企業の負の影響力に注目する研究が増え出す。また、70年代の「帝王化」する大統領と企業の癒着関係（たとえば、ニクソンとITT）の表面化は、「企業権力と政治」に関連する分析を増やした。

ネイデルが「書評」として取り上げた、70年代前半の**4つの研究書**に共通するところが多いとしている視点（Nadel 1973）は、ダールがいう「政治的秩序」

としての企業論と多く重なり合う。70年代の研究は、巨大化した企業と市場競争、欠陥・危険商品と市民・消費者、企業と政治献金・腐敗、寡占化したメディア産業と世論、あるいは環境破壊といった外部不経済を主として取り上げ、検討した。そのなかで、企業幹部の選抜メカニズムや企業権力の政治的資源への接近・利用の方法なども分析された。

「ビジネスの特権的地位」の優越度、対企業統制の方法などは、時代潮流や環境、景気の波によって左右されるのは当然として、〈企業＝政治的秩序〉論は、企業活動を環境や外部アクターに拘束的な帰結をもたらす準公共的政策（quasi-public policy）の視点で捉えることを可能にしたといえる。

> ヨーロッパ社会経済モデル

篠原一は、「ヨーロッパではアメリカ流の市場主義ではなく、社会的市場経済の流れが強く、保守主義をふくめて『社会的な』ヨーロッパを目指しているので、社会民主主義が正統的な流れとして自己主張できる状態にある」（篠原 2005: 20頁）という。

エイジンジャーとギュジャーは、次のようなヨーロッパ社会経済モデルを提起している。この社会経済モデルは、社会的責任、社会的規制、再配分政策を基本原理に、生産、雇用と生産性、そして成長と競争といった経済政策のあらゆる目標に影響を与えるだけでなく、社会的関係性、文化的な組織や行動、学習、知識の創造と拡散に影響を及ぼすものである（Aiginger & Guger 2006: 125-127頁）。

労働者の組合組織率が比較的高く、組合・左翼政党が社会民主主義に一本化していた国々では、1970年代の石油危機を労資協調システムをもって対応しようとした。こうしたネオ・コーポラティズム的調整システムは、アメリカの「社会民主主義者」ダールが〈企業＝政治的秩序〉論で、あるいはロウィが「政治」

✐ ミニ事典⑫　4つの研究書

以下の4冊である。Richrad J. Barber (1970), *The American Corporation: Its Power, Its Money, Its Politics*, New York: E. P. Dutton; Morton Mintz & Jerry S. Cohen (1971), *America, Inc.: Who Owns and Operates the United States*, New York: Dial Press; Robert L. Heilbroner et al. (1972), *In the Name of Profit*, New York: Doubleday; Ralph Nader & Mark J. Green, eds. (1973), *Corporate Power in America*, New York: Grossman.

の復権によって「利益集団自由主義」を乗り越えようとした知的営為（ロウィ 1981）と、大西洋をはさんで一脈通じるところがあった。

> ネオ・コーポラティズム論

ネオ・コーポラティズム現象にいち早く着目したのはロッカン（⇒**第8章**）である。ロッカンは、自国ノルウェーの経済政策の舞台を次のように説明している。「経済政策に関する重要な決定は、政党や議会のなかではなされていない。その決定の中心的な場は、政府が労働組合、農民、経営者団体の代表と直接に話し合う取引のテーブルである」（Rokkan 1966: 107頁）と。

ヨーロッパにあっても、共産党が労働組合を握っていたフランスやイタリアではコーポラティズムは発達しなかった。「政党は君臨すれども統治せず」といわれる時代において、社会民主主義は、「代表と支配の議会主義的形態とコーポラティズム的形態を融合し、これらの諸形態を条件の変化に適合させる格好の手段を提供」（ジェソップ 1984: 230頁）したのである。

4 権力の次元

> 「一次元的」権力観

ダールによれば、ミルズらのパワー・エリート論は経験的な実証に難点がある。彼らがいう権力グループの存在を経験的に検証するためには、①複数の重要な争点領域において、②主張・利害の対立・紛争が生じており、③そこにおいてある集団が団結して同一の選好を示し、最終決定においてはその集団の選好が採択されるという現象が確認される必要がある、と批判された（ダール 1961）。

「ほとんどすべての成人が投票はするが、知識、富、社会的地位、役職への接近および他の資源は不平等にしか配分されていない政治制度にあっては、誰が実際に統治しているのだろうか」（ダール 1988: 13頁）。ダールは、この『統治するのはだれか』（*Who Governs?*）という問いに、米国コネチカット州ニューヘイブン市の地域権力構造の歴史的・行動論的分析をもって応えようとした。

ダールは、「（主観的な）利害対立——それは政治参加を通じて表明された明白な政策的選好として把握される——が観察可能である場合、この利害対立に関する（核になる）問題をめぐって、どのような形で政策決定がなされているか、

という点に焦点」を合わせる争点分析法を駆使して、都市再開発、政党立候補者指名、社会教育というニューヘイブン市の3つの争点領域における影響力行使者を、それぞれ435名、497名、131名と特定したのである。

ダールにとって重要なのは、彼らリーダー層の重なりの具合であった。もし「社会教育」領域のリーダーが同時に他の2領域のリーダーでもあれば、パワー・エリート論が正しいことになる。しかし、実際には、3つの争点領域すべてに名を連ねたリーダー数は2に過ぎなかった。勝者と敗者は争点領域ごとにカウントでき、政策決定に与える影響力としての権力はさまざまな集団に分散していることが実証されたのである。

そのダールは、権力を「Aの働きかけがなければBはそうしなかったであろうことをBにさせうる限りにおいて、AはBに権力をもつ」と定義する。AとBの権力行使は「行動」として観察しうる。こうした行動主義的な視座からする権力論をルークスは「一次元的」な権力観と呼んだ（ルークス 1995: 126頁）。

「二次元的」権力観　バクラックとバラッツによれば、権力にはダール的な側面以外に、「公共」という名の下に権力的地位にある集団が、無力な個人や集団に現行システムを疑問視させない「一組の支配的な価値・信念・儀礼・制度的な手続」、シャットシュナイダー（⇒第11章）にいわせれば「偏見の動員」（mobilization of bias）を作動させ、「他者の犠牲の上に特定の個人や集団の利益」（Bachrach & Baratz 1970: 43頁）を体系的かつ一貫してはかろうとする側面がある。

「偏見の動員」や権力的地位にある人間・集団が自分たちに都合の悪い政策選択肢を意図的に操作しうる「議題設定権力」（agenda-setting power）は、行動主義的な「一次元的」権力観からはみえてこない。

アメリカの政治学者クレンソンは、権力のこうした「二次元的」な側面を、「大気汚染」条例制定の政治過程分析によって明らかにした。彼は、1971年の野心作『大気汚染の非政治』（*The Un-Politics of Air Pollution*）のなかで、「行動」として観察可能な政治活動ではなく、目にみえない「政治活動の不在」（political inactivity）に注目した。

調査地として取り上げたインディアナ州ゲーリーとイースト・シカゴは、ミシガン湖岸に面する隣接した工業都市である。いずれも、製鉄業を中心産業と

しているが、ゲーリーはUSスチールの企業城下町であった。

大気汚染に悩まされる住民の声は、5、6社の製鉄会社で生きるイースト・シカゴでは1948年に大気汚染を争点化でき、翌年には汚染条例を成立させた。これに対して1社体制のゲーリーでは争点化自体が遅れ、56年には条例化のチャンスが訪れたが、失敗し、その後59年の再争点化の後、ようやく62年になって大気汚染防止条例が成立した。

クレンソンによれば、ゲーリーにはUSスチールが、いわば町の「空気」まで支配しており、現行の体制に文句がいえない状態が続いた。「非決定の決定」（non-decisionmaking）が日常化し、重要な争点が議題に上がり決定がその都度行われてきた「感」が長く住民を支配していた。

「一次元的」権力観からは、「政治活動の不在」は不参加とみられ、みえない権力を通じての抑圧は放置される。

「三次元的」権力観　　「三次元的権力観のある要素とともに、二次元的権力観を経験的に適用しようとする真剣な試み」である「非決定の決定」論についてルークスは、「二次元的権力観と三次元的権力観の境界線上に横たわって」おり、「起こらないこと（の意味）」を明らかにする方法である、と評価している（ルークス 1995: 76-77頁）。

ルークスの*Power*（1974年）の訳者・中島吉弘の解説によれば、「三次元的権力とは社会的諸力とか制度上の慣行の操作をとおして、あるいは個人の決定をとおして紛争や争点が政治過程から意識的、無意識的に排除される種々さまざまな方途についての考察を可能ならしめるような視座である。それでは、そのようなラディカルな視座によって捉えられる権力行使の形態とはどんなものか。それは、マス・メディアや社会化の諸過程といった日常のありふれた形態をとおして、人々の知覚や認識、選好そのものを造形し支配することなのだ。ルークスは、ここに権力の第三の側面、つまり権力の至高の行使形態をみている」（中島 1995: 141頁）。

「三次元的」権力観は、資本主義的ヘゲモニーの基盤の解明に資するネオ・グラムシ派が重視する文化的ヘゲモニー概念と似通っているところが多い（Jessop 1974）。

5 訓育と社会化

グラムシのヘゲモニー論　獄中で執筆活動を行ったイタリアのマルクス主義者グラムシ（Antonio Gramsci, 1891-1937年）は、イタリア社会の構造的改革の戦略を念頭に、西欧を東欧と次のように対比した。東方では、「国家がすべてであり、市民社会は原初的でゼラチン状」であるのに対して西方では、「国家と市民社会の間に適正な関係があって、国家の動揺に際してはたちまち強固な市民社会構造が姿を現した」。20世紀の西方では、国家とも市場とも区別される社会交流の形態として強い市民社会が生まれていた。グラムシによると、「経済構造」自体ではなく、「その解釈」が政治行動を規定するのである。

それゆえ、西方では、イデオロギー・文化闘争の帰結としてのヘゲモニック（覇権的）な「支配的諸観念」を、権力獲得の直接的な革命的強襲である「機動戦」ではなく、教育・メディア・市民社会を主戦場とした「陣地戦」によって構造的に変革してゆく必要があると考えられた。

マルクスとエンゲルスにとって支配階級が被支配階級に対して行使する本質的に不均衡な階級権力は、グラムシにとっては多様な形態をもち、「その形態は、あらゆる種類の誘導、説得、影響力、統制によるイデオロギー的な神話化——これらは、家族システム、教育システム、法システム、さらに労働市場を通じて行われる——から始まって、典型的には国家によって行使される強制と暴力にまで至る」（ルークス 1989: 89-90頁）と考えられたのである。

訓育的統制　東方における教育システムをリンドブルムは、少数の人間が教育を通じて社会をコントロールする「訓育」（preceptral）モデルと呼んだ。ウィーヴァーの著書『レーニンの孫たち』（Weaver 1970）では、その副題「ソ連における就学前教育」にソビエト共産党が国家・政府を支配する「訓育」的教育システムが的確に表現されている。

全体主義体制における教育は、党・国家権力の維持・拡大のための有効な道具と位置づけられた。ナチス帝国の内相フリック（Wilhelm Frick）は1933年5月の演説のなかで次のように述べた。「ドイツの学校は、次のような政治的人間をつくり出さねばならない。すなわちいっさいの思考と行動とにおいて奉仕的

かつ献身的であり、みずからの民族に根ざし、その国家の歴史と運命とに全面的かつ不可分的に深く結びついた政治的人間をつくりださねばならない」（宮田 1991: 317-318頁）。国家のイデオロギーは、あらゆる行為の公式的基礎となり、「新しい人間」は国家のイデオロギー装置である学校教育を通じて生み出される必要がある、としたのである。

　リンドブルムによれば問題解決を、市場志向型ポリアーキーは政治や市場における相互作用（私有財産、立憲主義、三者協議会、委員会、立法府、裁判所、利益集団、政党政治等）を通じて達成しようとするが、共産主義システムは、意図的な知的デザインと「新しい人間」の「訓育」的再生産によってはかろうとした。

> 社会化

西方のさらに西に位置する市場志向型ポリアーキーの国アメリカ合衆国は、「古い人間」の市民教育的再生産によって、機会の平等、不要な拘束からの自由、デモクラシー・豊かさ・進歩への信念のみならず、外向的で人付き合いが良く、体制信従的な「理想的なアメリカの少年」（Spindler 1963）を再生産してきた。

　国家の統制から相当に自由なアメリカの学校教育について、ドーソンとプルウィットは次のように述べている。「服従や競争についての態度と同じように、業績、変化、フェア・プレー、環境の操作可能性、協力などに対する態度も、教室のカルチュアによって形成しうるということである。……個人の世界のこうした要素は重要な『付加的』効果をもち、政治的考え方を形成するのである」（ドーソン・プルウィット 1971: 215頁）と。

> 政治的社会化と
> 政治文化

アメリカ合衆国が、反共産主義を市民教育と称して「訓育」的に教えることも珍しいことではなかった。「アメリカ人のわれわれは、ソビエトの政治教育を『教化』（indoctrination）と非難し、『市民訓練』（citizen training）に対する自国の努力を称賛しているが、どちらの政府もそれらをそれぞれの社会の中心的な価値・信条・行動を教育する重要な機能の1つとみなしている」（Greenberg 1970: 5頁）点では変わりがない。

　社会は教育によって個人をその社会に特殊な時代的制約が要請する理想へと同化・編入しようとする。政治も、その権力、あるいはシステムを維持するために政治社会に支配的な価値観を成員の間に培養し、支配秩序にとって有利な恒常的因子に変換しようとする。こうした「政治」本来に内在する論理は、歴

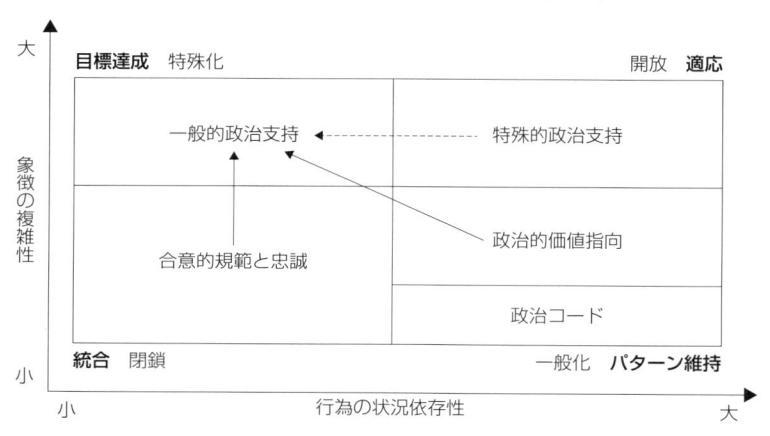

図5-2 政治文化の構成要素（システム枠組み）

```
大 ↑
   │ 目標達成  特殊化            開放  適応
象 │
徴 │         一般的政治支持 ◀------ 特殊的政治支持
の │              ▲ ↖
複 │              │    ↖
雑 │                     ↖
性 │         合意的規範と忠誠    政治的価値指向
   │
   │                          政治コード
   │
   │ 統合  閉鎖                  一般化  パターン維持
小 │
   └─────────────────────────────────▶
   小          行為の状況依存性           大
```

出典： Pappi 1986: 283頁を訳出

史的状況と構造に制約されつつ政治的社会化のメカニズムを通じて政治文化を再生産していく。

図5-2は、政治システムに対する「一般的支持」、経済システムへの特殊的支持、コミュニティ・システムに対する合意的規範、政治コード（意味と解釈）と政治的価値指向の相互関係を示す「政治文化」の再生産過程の見取り図を提供している。

📖 文献案内

- ▶ 大嶽秀夫（1979）『現代日本の政治権力経済権力』三一書房
- ▶ 新川敏光（1985）「権力論の再構成にむけて」『法学』第49巻、121-154頁
- ▶ ホール／ソスキス編（2001＝2007）『資本主義の多様性——比較優位の制度的基礎』（遠山弘徳ほか訳）ナカニシヤ出版
- ▶ ルークス、スティーヴン（1974＝1995）『現代権力論批判』（中島吉弘訳）未來社

第 6 章　政治的社会化

> 「価値の権威的配分」という権力作用の一定の様式を含み、その作用結果として政治的権威の儀礼性・正統性・説得行為のレパートリーと作法を形づくる「政治のことば」の機能を、フランスとアメリカの子どもを対象にした実証研究を通して検討する。そこから浮かび上がる〈政治の世界〉は、先行する政治文化の再生産過程の結果でもある。こうした未成年層の政治的社会化の様相を党派心の形成を中心に比較政治学的に概観し、社会化の担い手がもつ機能も簡単に紹介する。

1　子どもの「政治の世界」——フランスとアメリカの比較

アメリカの子どもの「政治の世界」　河田（Kawata 1986）は、1980年に、**図6-1**に掲げる50の語彙に対するアメリカの子どもたちの反応を、各語彙についての認知度（「知らない」度）と好悪感（「嫌い」度）を測ることによって、彼ら将来のアメリカ市民が織り上げる「政治の世界」を知ろうとした。

図6-1は、それら50語に対する「嫌い」度を因子分析にかけた結果である。そこには、5つの分散群を見出すことができる。1つは、〈アメリカ〉〈自由〉〈ネイション〉〈国旗〉群と、この群と対をなすようにY軸の上方に分散する〈共産主義〉〈ソビエト〉〈貧困〉〈過激主義者〉〈社会主義〉からなる第2の分散群である。これら2つの群が対となって、「祖国・アメリカニズム」言説を構成する。

第2の分散群の下方へは、〈非合法の〉〈暴力的〉〈スト〉〈急進的左翼〉〈急進的右翼〉〈革命〉が連なる。さらには、この群に反発するように、〈ミドルクラス〉〈平和〉〈秩序〉〈軍隊〉〈警察〉が分散している。一体として、「法と秩序」言説と命名しえよう。

「祖国・アメリカニズム」言説との関連で興味深いのは、〈平等〉のポジションである。〈平等〉は第1群から外れ、曖昧な位置にある。後に紹介するペルシュ

第Ⅱ部　政治権力論

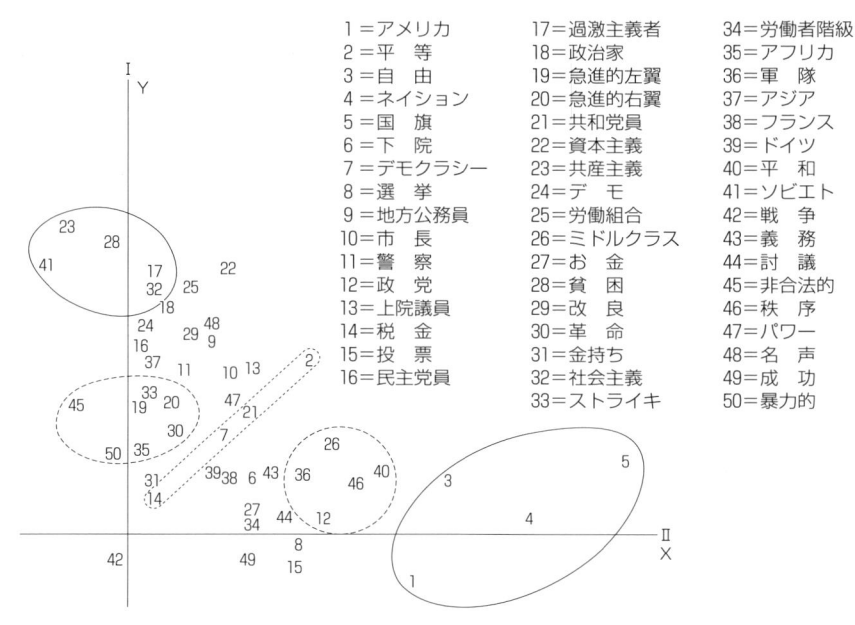

図6-1　アメリカの子どもがつくる〈政治の世界〉

1＝アメリカ	17＝過激主義者	34＝労働者階級
2＝平　等	18＝政治家	35＝アフリカ
3＝自　由	19＝急進的左翼	36＝軍　隊
4＝ネイション	20＝急進的右翼	37＝アジア
5＝国　旗	21＝共和党員	38＝フランス
6＝下　院	22＝資本主義	39＝ドイツ
7＝デモクラシー	23＝共産主義	40＝平　和
8＝選　挙	24＝デ　モ	41＝ソビエト
9＝地方公務員	25＝労働組合	42＝戦　争
10＝市　長	26＝ミドルクラス	43＝義　務
11＝警　察	27＝お　金	44＝討　議
12＝政　党	28＝貧　困	45＝非合法的
13＝上院議員	29＝改　良	46＝秩　序
14＝税　金	30＝革　命	47＝パワー
15＝投　票	31＝金持ち	48＝名　声
16＝民主党員	32＝社会主義	49＝成　功
	33＝ストライキ	50＝暴力的

注：　調査は、1980年4月から10月にかけて、米国コネチカット州ニューヘイブン市とスタンフォード大学近郊の2つの学区において、教室で質問用紙を配布、回収する方法によって行った。調査対象は、5年生から12年生までの835名（有効回答数）であった。同調査は、多肢選択法による質問紙法で実質所要時間は平均約40分であった。

出典：　河田 2012：10頁

　ロンらのフランスの子どもたちを対象とした研究では、〈平等〉は小さな子どもでも知っており、「嫌い」度も極端に低かった。ところが、アメリカでは、最年少グループ（9-12歳）で約30％がその言葉を知らず、16歳以上でも10％近くが「知らない」。言葉を知っている子どものうちで「好き」と答えた子どもの割合は、最年少グループで54％にとどまり、16歳以上でようやく80％を超えることもわかった。アメリカの子どもは、〈自由〉に比べ〈平等〉という言葉を遅れて認知し始めるのである。

　「祖国・アメリカニズム」言説のコアとなる〈アメリカ〉〈ネイション〉〈国旗〉と〈平等〉の相関もまた、〈自由〉と比較していずれも低い（相関係数は、〈自由〉でそれぞれ順に、0.254、0.399、0.382、〈平等〉で0.165、0.240、0.227）。〈平等〉へ

第 6 章　政治的社会化

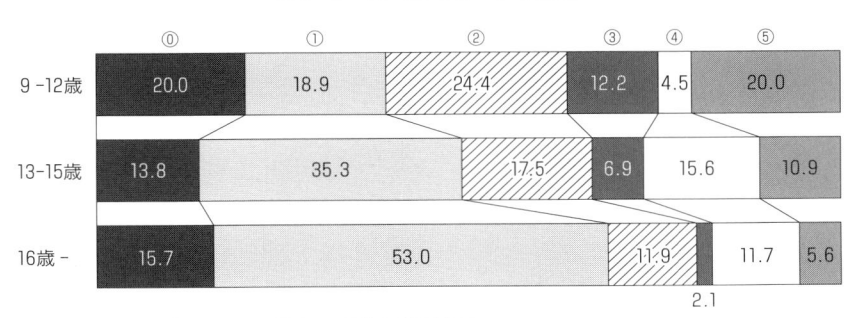

図 6-2　〈デモクラシー〉の意味

年齢	⓪	①	②	③	④	⑤
9-12歳	20.0	18.9	24.4	12.2	4.5	20.0
13-15歳	13.8	35.3	17.5	6.9	15.6	10.9
16歳-	15.7	53.0	11.9	2.1	11.7	5.6

注：　図中の⓪から⑤は、以下の質問への回答の番号を示す。
[質問] What is the best way of describing DEMOCRACY? Please check one of the following?
① Where everyone can have a say about what the government does.
② Where everyone is treated the same socially and economically.
③ Where there are no bosses to tell people what to do.
④ Where everyone can vote.
⑤ Where everyone can get a good job and make money.
⓪ ……NA/DK
出典：　河田 2012：12頁

の「嫌い」度分散は、X＝Y線上に位置し、因子負荷量は異なるが、〈税金〉〈金持ち〉〈デモクラシー〉〈パワー〉と同列を占めていることがわかる。これらの言葉は、アメリカにおける保守とリベラルを区分する稜線となる遂行的（performative）な「政治のことば」となる。

　〈平等〉への態度は、〈デモクラシー〉観にも反映している。**図 6-2** が示すように、子どもは年齢が高くなるにつれて、〈デモクラシー〉を〈平等〉（社会的・経済的）の実現の手段から、〈自由〉な政治参加へと移動させることがわかる。アメリカでは〈平等〉は、フランスのように有無を言わさぬ価値を含んだ言葉ではない。アメリカ人にとっては個人の〈自由〉が最優先され、〈デモクラシー〉も、個人の〈自由〉を守るために、人民（ピープル）が、「政治の決定に参加することを最大の特徴」（本間 1991: 273頁）とするのである。

フランスの子どもの「政治の世界」　国立科学調査センターを主導したペルシュロンらのフランス調査のうち、以下では、フランスの子どもたちが政治の入力＝参加側面をどう捉えているかのみをみていきたい。

　まず、ペルシュロンの数次の調査から明らかなのは、政治参加の手続きや手

段を表す〈投票〉や〈選挙〉は小さな子どもでも非常によく耳にする言葉だ、ということである。1969年パリ近郊調査（10-14歳対象）では、10-12歳児の86％が〈選挙〉を、また82％が〈投票〉という言葉を知っていた（Percheron 1969: 37-38頁）。

では、〈投票〉と〈選挙〉を媒介する〈政党〉についての認知度はどうであったか。調査結果によれば、〈政党〉という言葉はあまり知られてはおらず、政党帰属意識（party identification）、政党所属意識（party affiliation）が顕著な英米と比較して、〈政党〉認知度はフランスの場合かなり低い。ロワとビヨン＝グランは、フランスにおけるこうした特徴を、「政党の媒介によらない政治的な社会化」（Roig et Billon-Grand 1968: 100頁）と直接に表現したことがある。

そればかりか、〈政党〉に対しては「嫌い」度も高い。1969・70年パリ近郊調査の〈政党〉「嫌い」は66％であった。また、ペルシュロンが主導したフランス世論調査協会の1978年全国調査（8-12歳対象）でも、74％が〈政党〉を「嫌い」と感じ、〈国旗〉〈選挙〉〈政治家〉〈デモ〉〈紛争〉など他の22の語彙を抑えて、「嫌い」度トップであった。10歳前後から急速に意識される〈政党〉への否定的な態度は、1980年全国調査（18-24歳対象）でもはっきりと確認されている（Donegani & Percheron 1980: 7 - 8頁）。

グリーンスタインらは、英米の子どもは、〈政党〉を「選挙」や「政治指導者の選出」、「統治」に継起的に結びつけて認識する（イギリスの子どもにとって政党は、「政府を組織する基本的・中心的構成単位」、またアメリカの子どもにとっては、「相互に競争し合うチーム」と認識される）のに対して、フランスの子どもは、〈政党〉を「闘争」や「論争」の源泉としてイメージする、と報告している（Caldeira & Greenstein 1978: 43-46頁）。

こうした事情を反映してか、フランスの子どもの〈デモクラシー〉への反応はどっちつかずで、「知らない」度は57％、「嫌い」度は51％であった。似た回答構成を示すものとして、〈議会〉（58％／62％）、〈下院〉（58％／51％）、〈上院議員〉（55％／51％）が挙げられる。〈デモクラシー〉という言葉は、14歳でも45％の子どもが知らない、と回答している点は興味深い。

そうした彼らにもかかわらず、否そうだからこそ、共和国の価値を表現する〈自由〉や〈平等〉の認知度はきわめて高く、また、誰によっても愛される言

葉でもある。ペルシュロンの1969・70年調査における「知らない」度、「嫌い」度は、〈自由〉でそれぞれ1％、1％、〈平等〉で3％、3％であった。ちなみに、〈友愛〉の数値は、それぞれ16％、2％であった（Percheron 1974）。

　　「言葉」と〈政治〉　　人は生まれながらにして何らかの集団に同一化する。集団に沈潜した直感的知識を身体化させ、人は他者あるいは他集団の成員と交話的な接触をもつことになる。そうした過程を通して、直感的知識を制御しつつ〈現実〉を解釈する能力を能動的に身につけ、第一次言語としての明示的意味を他者と相互に理解し合い、言語の関説的機能を高め、メタ言語（言語について考える言語）的機能も修得する。

　その際、「政治のことば」は、〈社会的現実〉として構成されるがゆえに、〈政治〉領域の理解や判断には、ペルシュロンもいうように「政治的な直接的経験を必ずしも必要とするものではない」（Percheron 1974）。直接的経験ではなく主観の関与によって〈政治〉領域が立ち現れるとすれば、言葉や用語の単なる辞書的定義よりも、諸言葉が相互規制し合いつつ組織化する言葉間の有意な関係＝意味を秩序づける「ことばの世界」が重要となる、というのが河田とペルシュロンらに共通する問題意識である。

2　政治的社会化

　　政治態度の先有傾向の獲得　　人は、このように他者やメディアが社会的に構成する〈現実〉と、そこに投企されたり、望んで帰属した言語圏の言語活動を介して「価値の権威的配分」という〈政治〉領域を認識し出す。そういった意味で、〈政治〉の観念・連想を立ち上げる「政治のことば」は、人を政治社会へと挿入／離脱させる様式の表象でもあり、人が何を〈政治的〉とみなし、それをどう感じ、どう評価するかを規定もする。

　こうして、社会の新たな成員は、家族や学校、メディア等を通じて、その社会に特徴的に分布している政治指向、政治行動の様式を発展的に学習、獲得し、政治的自我を段階的に形成していくのである。

　　政治的社会化とは　　子どもは、政治的に社会化されることを通じて、自らが属する社会に適合的な政治的なものの考え方や価値観、

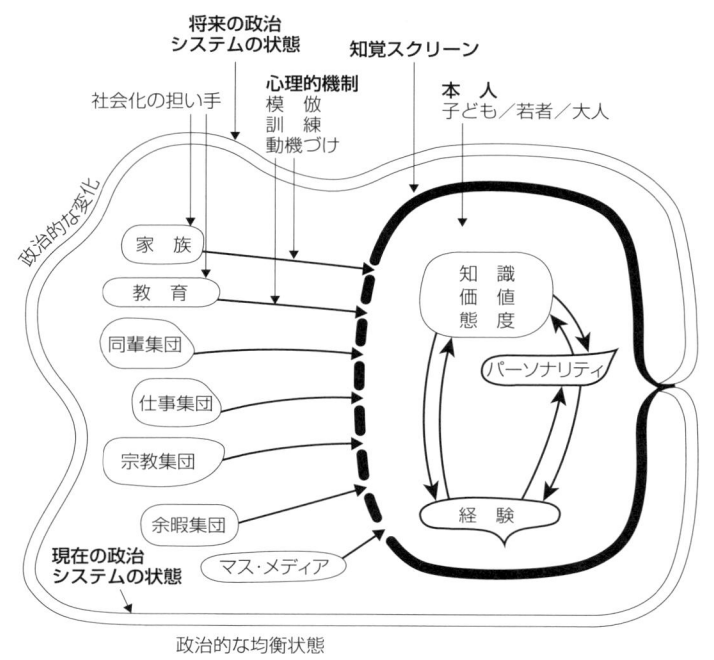

図6-3 政治的社会化のダイナミズム

出典： Rush & Althoff 1972: 22頁を訳出

政治的な行動の様式、すなわち政治文化を獲得するようになる。

　小さな子どもも、自らの遺伝形質、基本的パーソナリティをベースに、自分たちを取り巻く環境と相互作用を繰り返しながら一定の政治的作法を身に付けていくのである（**図6-3**）。こうした政治的意味を色濃く有する価値や規範、象徴などの獲得過程を政治的社会化（political socialization）と呼ぶ。

政治的社会化研究の展開　「政治的社会化」という用語が広く知られる契機となったのは、1959年に公刊されたハイマンの *Political Socialization* であった。彼は、1920年代から50年代にかけてアメリカで発展してきた投票行動や政治態度研究、あるいは政治的イデオロギーや党派心研究のなかでとくに幼少青年期に関連したデータを個人の政治的発達という視点から整理し、その後の研究枠組みを提示した。

第 6 章　政治的社会化

　ハイマンの研究と前後して、本格的な調査が準備され、その成果が公刊された。リットのボストン市研究（Litt 1963）、グリーンスタインのニューヘイブン市研究（Greenstein 1965）、ジャロスらのノックス郡（ケンタッキー州）研究（Jaros, Hirsch & Fleron 1968）、ジェニングスらのミシガン大学データの分析（Langton & Jennings 1968）などはその代表例である。

　また、シカゴ大学グループは、心理学者のヘスや政治学者のイーストンを中心に大規模な全国調査を実施した。その成果は、ヘスとトーニーの *The Development of Political Attitudes in Children*（1967年）、イーストンとデニスの *Children in the Political System*（1969年）として公刊された。

　子どもの政治的発達プロセス　ヘスとトーニーは、政治態度の発達と家族や学校など担い手の機能、さらには IQ や社会階級など、子どもの個人的属性との関連にとくに注意を払い、彼らの政治的発達の過程を探究し、またイーストンとデニスは政治システム論によりながら、政治的共同体や政治体制、あるいは政府に対する支持、とくに**一般的支持**の調達メカニズムの解明に力を注いだ。

　これらの調査からわかってきたことは、子どもは、かなり早い段階で自らが所属する政治的共同体に対して肯定的な愛着心を示し始め、またワシントンや具体的な大統領像を通じて〈政治の世界〉を認識し出し、少し遅れて大統領制を認識したり、議会や投票といった政治制度・手続きを理解し出す（人格化から制度化へ）。また、10代前半頃ともなると、かなり多くの子どもが政党に心理的な一体感を持ち始める、という事実であった。

　担い手の機能　ところで、党派心の形成に家族の影響が大きいことはほぼどこの国にも共通している（Hyman 1959）。子どもは、「両親の会話を聞くともなく耳にしたり、広い意味での政治的権威や特定の党

◈ ミニ事典⑬　一般的支持（diffuse support）

各社会の人びとは、その歴史的な文脈において、政治や政府、政治制度に対する正当性の支持につながる一連の信念や象徴、価値について学習し、内面化すると同時に、自らの政治を革新するためにそれらに批判的に反応もする。

85

派に対する親の態度を感じとったり、それとなく聞かされたりするものである」（グリーンスタイン 1972: 73頁）。

　また、学校は、〈児童期と成人期の連結手〉として、「家族によって規定された子どもの社会化を補充したり矯正したりする」（Neidhardt 1967: 31頁）体系的・組織的な社会化媒体である。アメリカでは、建国当初から超越的宗教を「**市民宗教**」（civil religion）で埋め合わす必要が大きかった分、学校は市民宗教を培養する公民教育の制度として明確に位置づけられてきた。公民教育には、民主主義の意義（基本的人権、国民主権など）、政治制度（大統領制、三権分立、制限政府など）、政治過程（政策決定過程、政党、利益集団など）を教えることが期待されるのであるが、こうした学習内容はどこの国でもよく似たものである。

　さらには、メディアが果たす影響も大きい。チャフィら（Chaffee, Ward & Tipton 1970）は、ウィスコンシン州内の5つの市の中学生を対象に行ったパネル調査（1968年5月、11月）において、次のようなメディア効果を確認している。①メディア（とくに新聞、テレビ）は子どもの重要な政治的情報源である。②メディアの影響力は年齢や社会経済的地位によって異なる。③メディアは政治的な物の考え方にもかなりの影響を及ぼす。④子どもは親のメディア規範を採用せず、政治的情報源として親が新聞を重視するのに対して、子どもはテレビを重視する。これもなにも米国ウィスコンシンだけの話ではない。

3　下位文化と政治的社会化

下位文化のなかの子ども　子どもは、半ば非選択的に家族を通して一定の社会的関係へと社会化される。したがって、階級意識、人種偏見、民族蔑視、権威主義的態度などは、その多くが家族を通して獲得される。イギリスでも党派心は家族を通じて獲得されていることが多くの研究によって確認されているが、問題は、家族が「その文化内の大多数のそれと非常に重大な差異を示すか、あるいは少なくともその社会に支配的な文化的指向と異なる人々の集合体」（Rosenbaum 1975: 151頁）の一角を占めるかどうかである。

　たとえば、階級意識についてのシアリングらの英米比較研究（Stern & Searing 1976）は、家族における社会化経験を通じて、アメリカよりもイギリスの子ど

ものほうが「社会階級」という言葉を多用するようになり、社会的・経済的差異により敏感になる、と報告している。他方で、「機会の平等」神話を信じるアメリカの子どものほうが、出世、地位の不安定性、競争意識を強く意識するようになる。

重畳的な社会化の機能 　社会的亀裂によって分裂した社会は、社会階級を含めて民族性、地域性、宗教性によって個人を切断・統合する政治的下位文化の織物という視点を政治的社会化研究に要求する。こうした社会では、個人は同一亀裂に包含される諸レベルの社会集団（家族など第一次集団、学校、教会、結社など第二次集団、間接的集団統制システムとしての環境）に包絡線的に取り込まれる傾向が強い。

たとえば、かつてのイギリスでは、イレブン・プラス型公立学校（他方でのエリート校パブリック・スクール）は、職業選択の予備的社会化機関といった性格を帯び、党派性を帯びた地域社会で生きることが多かった。総合制学校型の公立学校には、多くの労働者階級の子どもが通う。彼らは、親の階級を脱出するため業績主義に挑んだ。しかし、ミドルクラス的標準の学校文化に適合できず、管理や権威の支配に、「おちこぼれ」として自らの労働者階級文化を対抗させる子どもたちも多かった。ウィリスは、そうした抵抗文化を明らかにすると同時に、それが既存の階級的不平等の再生産につながるメカニズムを『ハマータウンの野郎ども』（*Learning to Labour*）で活写したことがある。

亀裂社会における政治的社会化 　ヨーロッパ諸国はアメリカに比較して、こうした下位文化の再生産メカニズム、あるいはヘゲモニー的文化への対抗や反抗、あるいは家族や学校も政党や教会、青年組織などの諸制度との構

ミニ事典⑭　市民宗教（civil religion）

アメリカでは、建国当時に各宗派がほぼ互角の勢力を有していたので、政府はこの状態を尊重し「政権分離」を憲法に規定した。フランス革命後の教会と国家の対立的分離とは違った「友愛的分離」の下、「宗教の精神」と「自由の精神」の結合が公的生活を非宗教化し、「宗教の平穏な支配」（トクヴィル）をもたらした。特定の宗派を超えた国民統合を果たす宗教的・政治的文化をベラーは「市民宗教」と名づけた（ベラー 1983）。

造的・制度的な関連を問われることが多い。

　フランス人にとって、政治〈入力〉をめぐる「政治のことば」は、英米のように親の政党支持をよく知っており、世代間伝達度も比較的高い国とは違って、個人が左翼・右翼といった「政治家系」(famille politique) に腑分けされる階級や宗教、あるいは地域の下位文化と深く結びついてきた。それらに連なる諸派、諸運動、諸政党の分裂、と大人でもフォローしきれない複雑な展開をみせ、政治的社会化研究も、党派心の世代間伝達の非能性や政党を媒介にしない非慣習的参加の分析に力点を置いてきた。

> 年がら年中デモやスト

　ペルシュロンらの1969年調査によれば、非慣習的参加様式の〈スト〉〈デモ〉さらには〈革命〉という言葉を知らないと回答した子どもの割合は、10-11歳児においてわずかに2-3％で、「嫌い」度のほうも年齢とともに低下している。具体的には、11-12歳、12-13歳、14歳以上の年齢グループで、〈スト〉では85％→71％→57％、〈デモ〉では86％→78％→69％、〈革命〉でも98％→83％→62％といった下がりようである。ペルシュロンらは、こうした傾向を、「自分たちがもつ多様な考えの豊かさと複数性が、政党や投票によって2つのイデオロギー系列をめぐる単純かつ曖昧な選択に矮小化されることを拒否するものである」(Donegani & Percheron 1980: 8頁) と評している。

　こうした診断は、「政党によって制度化・媒介された政治」への反発が、「街頭の政治」という直接行動に連結しやすいことを予想させる。フィレンツェ大学政治社会学センターが主導した、フランス、イタリア、スペイン3か国の1997-2000年比較調査 (18-30歳の4723名を対象) でも、フランス (909名対象) の場合、ストやデモといった抗議的な参加経験をした割合は非常に多く、90％が非日常的な抗議活動 (暴力的デモ、家屋の占拠、学校の占拠) に「かなり抗議的」(48％)、「非常に抗議的」(42％) に参加したと回答している (ちなみに、イタリア (1946名)、スペイン (1418名) は、それぞれ43％・16％、56％・23％であった (Muxel 2001: 484頁))。

> 比較のなかの党派心

　家族と党派心形成の関係を比較政治学的に考える際、ペルシュロンの仕事は大いに役立つ (Percheron 1974)。彼女は、家族と下位文化の関係から次の4つのタイプを考えた。

①政党の立場を弁えたうえでの親の支持政党への心理的な一体化に特徴があるアメリカのようなケース。②政党のイデオロギー的特徴の理解を伴った親の支持政党への正確で明瞭な一体化で、イギリスに典型。③フランスのように政党よりもむしろ「政治家系」への明確だがルースな一体化。政党所属よりもむしろ共有価値・象徴によって構成される下位文化への一体化（Muxel 2001）。④家族を含む広い社会的文脈に支配的な下位文化へのルースで無意識的な一体化。ペルシュロンは具体的な国を挙げていないが、オランダやベルギーのような**多極社会**に特徴的といえよう。

アメリカでは、繰り返しになるが、高い社会的流動性のなかで個人を政治の世界に心理的につなげる機能を政党帰属意識が果たす。イギリスでは、居住地、地域に歴史的に堆積した下位文化に埋め込まれた家族が政党の政策の前提を子どもに伝達する。フランスでは、共和主義／教権主義によって軸化された左翼／右翼の政治家系に子どもが分化していく。オランダやベルギーでは、「列柱」（zuilen）社会や「霊の家族」（famille spirituelle）が亀裂型政党への支持を子どもの心に積み上げていく。

4 政治的社会化の仮説前提

政治的先有傾向の形成　個人の政治社会への挿入と離脱の様式を用意する言語活動としての「言葉」は、ある国、あるいは地域に固有な〈政治の世界〉の意味秩序を整序する。そうした意味論リソースとして登録された「政治のことば」が、それぞれの地域、国に特有の「価値の権威的配分」

> ✎ **ミニ事典⑮　多極社会（plural societies）**
>
> 列柱化（verzuiling）現象は、1960年代初期までのオランダなどに典型的にみられた。当時のオランダは、カルヴァン派、カトリック、世俗派に宗派的に分かれ、世俗派は自由主義陣営と社会主義陣営に分かれていた。それぞれの「列柱」は、それぞれに対応する政党を形成しており、学校、メディア、労働組合、スポーツ協会などもそうした宗派ブロックごとに人びとの社会生活を囲い込む「多極社会」（plural societies）を形づくっていた。参照、Lijphart (1968)。

という権力作用の様式を発動させ、その作用結果として、政治的権威の儀礼性・正統性・説得行為のレパートリーと作法を形づくる。

政治的社会化研究は、子どもの政治態度への単なるのぞき趣味から来るものではない。それは、子どもの頃に学習した態度がたとえ「非－態度」(non-attitude)だとしても、権力作用の様式、権威の正統性等の作法を規定する、と考えるからである。そこには2つの仮説前提が想定されている。

> 初期優先原則

「大人の政治的行動の重要な側面が、子どもの初期の政治的学習をその基礎にしている」(グリーンスタイン 1972: 214頁)。初期に獲得された〈政治〉への基本的な態度ほど将来にわたって持続的で変容しにくいと想定されるのである。愛国心や国への誇り、政治システムの基本的前提への態度は人生の初期に学習され、長続きし、時間の経過とともに強化される。そうした初期学習に大きな影響を与えるのが親であり、親子の態度は類似している、と主張されたのである。

こうした「初期優先原則」(primacy principle) に対して、シアリングらは批判的である (Searing, Wright & Rabinowitz 1976)。彼らは学習の「否定」「忘却」を強調し、とくに特殊争点やプログラムへの態度（アーモンドらがいう政策文化⇒第8章）にこの原則は当てはまらない、と主張する。

> 構造化原則

「構造化原則」(structuring principle) は、基本的な政治態度と特殊争点への態度との関係を、前者が後者を決定したり統合したりする、と主張する。政党帰属意識にそうした力があることはすでに述べた。政党帰属意識は、争点評価や党派的諸態度を構造化し、政治世界を認識するスクリーンの役割を果たす、というのがミシガン学派（⇒第11章）の知見である。

こうした構造化原則にもシアリングらは批判的である (Searing, Schwartz & Lind 1973)。彼らは、「子ども時代の経験は、大人の知的・道徳的能力にほとんど影響しない」と次のようにいう。①社会化によって獲得した政治指向は後の政治態度を規定しない、②政党帰属意識は争点に関する信念構造に大きな関係性を有しない。

初期に学習した政治態度は、より後の特殊な争点に関する信念や態度に影響を与えないとすれば、マーシュが強調するように (Marsh 1972)、重要なのは青

年期、とくに青年後期であるのかもしれない。

問われるべきは、これらの仮説前提、すなわち子ども時代に獲得された政治的態度の変化と持続の問題である。

文献案内
- グリーンスタイン、フレッド（1966＝1972）『子どもと政治——その政治的社会化』（松原治郎・高橋均訳）福村出版
- ドーソン／プルウィット（1969＝1971）『政治教育の科学——政治的社会化』（菊池章夫訳）読売新聞社
- ラントン、ケネス（1969＝1978）『政治意識の形成過程』（山口晃訳）勁草書房

第Ⅲ部

政治文化論

第 7 章　*The Civic Culture* の世界

本章では、政治文化論の古典である、アーモンドとヴァーバの *The Civic Culture*（1963年）の内容をやや詳しく紹介する。政治文化論が生まれる歴史的、社会的コンテクストに触れた後、政治文化の類型や構成要素、そして調査対象となったイギリス、アメリカ、西ドイツ、イタリア、メキシコの政治文化の特徴を整理する。市民文化（civic culture）の点で対照的とされた英米とイタリアを調査当時の他の調査も紹介しつつ、「市民文化」論の課題を探る。

1 政治文化論

近代化論

戦後冷戦下、ソビエト・東側の「平等」「抑圧からの解放」イデオロギーは、西側の盟主たらんとするアメリカ合衆国が新興の国々に勢力拡大をはかるのに障害となった。

アメリカ発の「自由」は、未だ貧しい、不平等が激しい新興国、いわゆる「第三世界」の政治指導者のハートを捕えるには抽象的であり、また物質主義的に過ぎもした。

アメリカ合衆国は、そうした国に接近するためにも、まずは敵情視察よろしく、国や地域の実情をアメリカの政治的近代化のルートに引き寄せて解釈する近代化論に力を込めることになった。伝統的社会の人びとは、近隣の血縁関係を超えてまでの人との交流を嫌がる場合が多い。ラーナーによれば、都市化や工業化の過程が読み書き能力を高め、マス・メディアの普及が経済的な参加（1人当たりの所得）、政治参加（投票）を拡大し、伝統主義を打ち破り、彼らの視野を広める、とされた（Lerner 1958）。

民主的発展のコミュニケーション理論

図 7-1 は、リプセットの民主主義の定義とラーナーの進化的仮説を結合したマクローンとケヌド（McCrone & Cnudde 1967）の因果的な民主的発展のコミュニケーション仮説として有名で

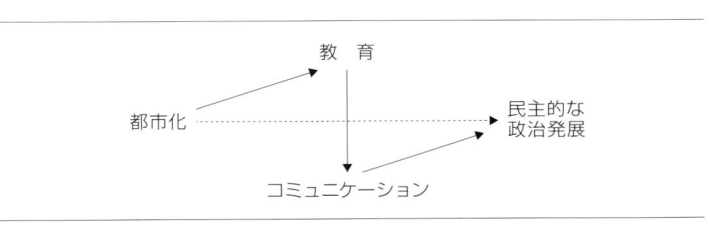

図7-1　民主的政治発展の因果モデル

```
              教　育
               ↑ ↓
都市化 ·············→ 民主的な
               ↓ ↑   政治発展
          コミュニケーション
```

出典：McCrone & Cnudde 1967: 72頁を訳出

ある。そこでは、都市化→教育→コミュニケーションの拡大が、社会と政治の近代化を政治指導者に約束することが期待された。

　しかし、実際には、そうした国々において社会的近代化がそのまま安定した政治発展に結びつくことはなかった。都市化が進み、教育程度も上昇し、部族的コミュニケーションが標準化しても、社会の利益媒介機能が政治的な代表の応答性と答責性をもたらし、正当で有効な立法・行政過程を生み出すことは、理論が考えるほど単純なものでもなければ、容易なものでもなかった。

比較政治学と政治発展論　こうした理論と実際の矛盾を、近代化論が想定するように、社会的属性の変化の継起的な自動的な発現の帰結として民主的政治発展を考えるのではなく、民主的な政治発展が逆に社会を近代化させ、幸福の最大化をもたらす政治システムの課題解決能力の解明に本格的に比較政治学者が取り組み出したのは、1960年代に入ってからである。

　米国社会科学研究評議会比較政治委員会（1954年3月設立）に集まった、アーモンド、パイ、コールマンらが中心となって、近代の国民国家の歴史的な展開が、国家形成、国民形成、勢力浸透、参加、福祉といった問題に直面してきたことに注目した。これらの課題にぶつかり、それらを順次解決していく過程は「政治発展」（political development）と称された。

政治発展と政治文化　パイは、平等への一般的な態度の広がり、政治システムの能力の向上、政治構造の分化と特殊化を政治発展の3つの症候群として整理し（Pye 1965a）、そのうえで、ヴァーバ（Sidney Verba, 1932年-）との共編著 *Political Culture and Political Development*（1965年）の序論「政治文化と政治発展」において、政治文化を「個々人は、自らの歴史的文脈のなかで、

自国民と自らが属するコミュニティの政治についての知識と感情を、自らのパーソナリティに学び取り、組み込まなければならない。逆にいえば、ある社会の政治文化は、動態的な心理の基礎をなす諸要因によって制限されるのであるが、それと同時に、強固な構造を与えられていることを意味する」(Pye 1965b: 7頁) と説明している。

> 政治文化とは

政治文化をこのように個人心理とマクロ社会構造を媒介するものとして捉えたパイの定義は、アーモンドの「あらゆる政治システムは、政治行為にたいする志向のある特定の型を組み入れている」(アーモンド 1982: 38頁) との認識をベースにしたものである。

パイは、こうした性質を帯びる政治的な行為への特定の指向パターンを組み込んでいる政治システムの発展の動態をより十全に理解するために、「政治体を比較したければ、人びとが政治的行為の基礎を発達・維持・変革させる様式、および態度と信条の様々な集まり(コンステレーション)の集合的な安定性と不安定性の点から分析する必要がある」(Pye 1965b: 6頁) とし、政治文化論の比較政治学への貢献の可能性を示唆したのである。

2　*The Civic Culture* の世界

> 政治文化の比較研究

アーモンドとヴァーバの *The Civic Culture: Political Attitudes and Democracy in Five Nations* は、1959・60年にイギリス、アメリカ、イタリア、西ドイツ、メキシコの5か国で行ったサーベイ調査 (各

🖉 ミニ事典⑯　政治発展 (political development)

諸課題はこの順序で、課題解決に十分な時間間隔をあけて生じるわけではない。その間隔が短かったり、またはこれらの課題が、順序を逆にして、あるいは全課題がほぼ同時に一国を襲うことも起こりうる。試されるのは、政治システムが新しい課題に対処する力である。その力は、歴史的に発達させ、蓄積してきた平等の原理への感受性、分化 (構造分化の拡大、機能の限定化の促進、すべての所属制度や組織の統合の進行)、統治能力 (公共の事柄の処理、紛争管理、人びとの要求に応える能力) の原理の拡大に依存する、と考えられた。

国1000名前後を対象）にもとづく政治文化の国家交差的比較研究の古典である。

政治文化は、政治システムに意味を、制度に規律を、そして個々人の行為や集団行動に社会的な意味連関を与え、政治的な決定諸単位の活動や機能への態度、政治生活の望ましい目的に関する価値の体系を発達させる。「人々の態度が彼らの行動に影響を与えるように、ある国の政治文化は政治システムのすみからすみまでその市民やリーダーの行為に影響を与えるのである」(Almond & Powell 1984: 37頁)。

「政治的な活動が行われる状況を規定する経験的な信条、表出的なシンボル、価値の体系からなる」(Verba 1965: 513頁) 政治文化は、*The Civic Culture* では、政治システムのさまざまな部分（一般的対象としてのシステム、インプット対象、アウトプット対象）に向かう個人の指向（対象や関心の内面化された局面）とシステムにおける自己の役割についての態度に関わるものとして扱われる。

その「指向」(orientation) は、対象への知識と信条（＝認知的要素）、知っていた場合、その対象への感情はどうか（好きか嫌いか）（＝感情的要素）、そして認知と感情にもとづく対象への評価と判断はどうなのか（良いのか悪いのか）（＝評価的要素）、あるいは知りもしないのに感情と評価だけは固い場合（これを、対象を知りもしないのに、前もって (pre) 判断 (judice) する、という意味で偏見 (prejudice) という）などからなることが確認される。

政治文化の類型化

政治や社会内における市民の政治的役割に対するアプローチを特徴づける広く共有された政治的な態度や信念である政治文化は、政治参加の頻度や方法、政治争点についての意識や政治的有力感といった態度や信念、政治全体に対する市民の指向を規定する。

アーモンドとヴァーバは、この「指向」を政治的対象とクロスさせることによって**表7-1**を得、国民が、統治や政治にどのような基本的な態度を有しているのか、政府は応答的でアカウンタブルな存在と感じているのか、自らの政治的役割、政治への参加をどう考えているのか、あるいはどうあるべきだと考えているのか、市民としての自分の政治的な行為について有効感を抱いているのかなどを知ろうとした。

そこで用意されたのが、未分化型 (parochial)、臣民型 (subject)、参加型 (participant) という3つの政治文化の型であった。

表7-1　政治文化の諸型

	一般的対象としてのシステム	インプット対象	アウトプット対象	積極的参加者としての自己
未分化型	0	0	0	0
臣民型	1	0	1	0
参加型	1	1	1	1

出典：　アーモンド・ヴァーバ 1974: 14頁

政治文化の3類型

まず未分化型政治文化とは、住民は地元や地域と一体感をもち、地方的な範囲を超えた政治的対象の存在と活動にはほとんど知識や関心がなく、政治的な事柄について話し合うことも少ない。彼らパローキャル（教区的）な住民は、公的な諸制度に無力感を抱いており、政治への参加意欲も希薄である。

これに対して参加型政治文化にあっては、政治システムの成員の大半が政治システム全体、インプットとアウトプット、そして各自の政治的役割に積極的に関心をもっている、とされた。彼ら市民は、政治への接触、政治的な議論、政治的な出来事に熱心に関わろうとし、自らの政治的な能力や政治的な有効性も強く感じており、自発的な結社の積極的なメンバーであることも多い。

これら2つの政治文化の中間に位置する臣民型政治文化では、政治への関わり方は国民が意識しているよりは受け身的で、有効性を感じる政治も地方公官吏との接触を通じてのものが多く、市民的な有力感とは形容しにくい。自由な政治的意見の交換も党派心によって「邪魔される感じ」をもつ傾向がある。自国の政治制度を認知はしているが、感情的にはシステムから「離脱」的なことが多い。

政治文化と政治構造

これら政治文化の類型とは別に、アーモンドとヴァーバは、政治文化を政治構造との関係で、忠誠型、無関心型、疎外型の3つに分けている（**表7-2**）。政治的対象への一般市民の感情や評価が肯定的なときには、政治文化と政治構造は一致しているとし、忠誠型政治文化と呼んだ。それとは逆に、感情、評価が否定的な場合は疎外型と呼ばれた。その中間、すなわち政治構造が認知はされているが肯定的感情や評価の頻度が

表7-2 政治文化と構造の一致／不一致

	忠　誠	無関心	疎　外
認知的指向	＋	＋	＋
感情的指向	＋	0	－
評価的指向	＋	0	－

注：「＋」の印は、自覚、肯定的感覚、あるいは政治的対象への評価の頻度が高いことを意味している。「－」の印は、否定的な評価ないしは感覚の頻度が高いことを意味している。「0」は、無頓着の頻度が高いということである。
出典： アーモンド・ヴァーバ 1974: 14頁

ゼロの場合、無関心型政治文化と呼ばれた。

3 政治文化の主要素

政治的認知のパターン

次に、The Civic Culture が明らかにした政治文化の主要な構成要素を以下に紹介しておこう。

まず、政治的認知のパターン。政治的認知は、「政府の影響」に関する認知、政治的関心・知識、政治情報・意見量から測定される。分析の結果、アメリカは参加型政治文化、イギリスが参加型と臣民型の混合型、西ドイツは高い認知度を示すがアウトプット側面に傾斜した臣民型、メキシコは低い政治知識量と不均衡な高い政治関心・意見表明を示す「願望型」(aspirational) 政治文化の国である、とされた。

政府・政治への感情

政府・政治への感情は、対システム感情（「国の誇り」）、対アウトプット感情（政府・警察の処遇への期待）、政治的コミュニケーション・パターン（政治会話の際の制約感、マス・メディアへの接触度）によって測定された。結果は、システム感情ではアメリカ、イギリス、メキシコ、西ドイツ、イタリアという順、またインプット感情ではアメリカ、イギリス、メキシコ、西ドイツ、イタリア、アウトプット感情ではイギリス、アメリカ、西ドイツ、イタリア、メキシコの順であった。

党派心のパターン　党派心のパターンは、「政党支持者のイメージ」と「政党間の心理的距離」によって測られた。調査の結果、党派の分極化感覚はイタリアで強く、アメリカとは好対照をなしている。イギリス、西ドイツはアメリカよりかなり高く、メキシコが中位であった。政党間の心理的距離は、アメリカ人にはほとんど意識されないが、イタリアではキリスト教民主党と共産党の間に強い抵抗感が認められた。また、イタリアほどではないが、西ドイツでもかなりの抵抗感が認められた。割合でいえば、メキシコの場合、4、5人に1人が抵抗感を覚えたが、イギリスではもっと割合は小さかった。

有力感　有力感の1つである市民的有力感は、政治的影響力の行使（集団の形成、支持票の撤回など）を通じて政府決定、規則制定に影響を与えているという感覚を指す。高い市民的有力感は、積極的な市民（活発な政治的コミュニケーション、政治的討議、党活動（積極的なキャンペーン活動））、投票への満足感（インプット水準）、決定結果への満足感（アウトプット水準）との間に正の相関を示した。ペイトマン（Carole Pateman）が *The Civic Culture* の「大部分は政治的有力感とその発達に関係している」（ペイトマン 1977: 9頁）と述べているように、「現代市民の政治文化」の重要な要素とされる。

　もう1つの有力感である臣民的有力感とは、行政府（官吏）の個人への反応（公正な処遇）や、普通の人が一定のルールの下で利用可能な訴えチャネルがあるということを自覚している感覚を指す。

　両者の関係は、アメリカとメキシコで市民的有力感が臣民的有力感より高く、その逆が西ドイツであった。イギリスでは両者とも高く、イタリアは両者とも低かった。

　また、有力感の向かう政治的対象の水準にも違いが認められている。アメリカ、イギリスでは、市民的有力感は、地方レベル、国家レベルでともに高いが、西ドイツ、イタリアでは地方レベルでのみ広範に認められることが報告されている。国家よりも地方レベルでの有力感のほうが高いことは5か国ともに共通しており、地方レベルでの影響行使の方法では、「他者との協同」がどの国でも効果があることが報告されている。

| 市民的協同と団体への加入 | 「市民的協同」（civic cooperation）とは、政府に影響を与えようとする際に他人と協力しようとする性向である。市民的協同は、イギリス、アメリカにおいて寛容や信頼などの社会的態度と正の相関にあり（イタリアとメキシコには当てはまらない）、仲間市民との協同とも正に相関する。また仲間市民との協同は開放的な党派心と正の相関にもある。また、開放的党派心は市民的協同と正の相関にもあった（メキシコはその限りではない）。

このように、「市民的協同」度は、ある人の政治への態度、政治システム内での地位、仲間市民への態度、社会システム内での地位に左右される。そして、そうした「市民的協同」を育むのが結社（政治的、非政治的）への加入である。そして結社への重複加入は、政治的有力感、政治活動量、積極的な活動層と相関し合うことが実証されている。結社加入の割合は、アメリカ（57％）、イギリス（47％）、西ドイツ（44％）でほぼ同じであるが、積極的な活動家の比率は、アメリカ、イギリスで高かった。多数の市民が集団に参加している社会では、人びとはより大きな政治的能力感と有力感を備えている、とされた。

4 5か国の政治文化

| メキシコ | 次に、国別の特徴を紹介しておこう。メキシコ国民は、1910年代の**メキシコ革命**というシンボルとの情緒的な一体感や民主的な大統領制への誇りは高いが、それは政治のアウトプットに対する満足と結びつきはしなかった。また、国民の多くは、政府を官僚主義的で腐敗しているとみており、政府のパフォーマンスを評価しない。

また、政治的経験も未熟で、政治的認知の多くが適切さを欠き、有効感においても5か国で最低であった。政治への参加も臣民的で地方的な水準にとどまっていた。しかし他方で彼らは、将来の改善への希望や期待も大きい。こうした政治文化をアーモンドとヴァーバは、「疎外と願望」の政治文化である、と結論づけた。

| 西ドイツ | 戦後西ドイツでは、教育やマス・メディアの急速な普及もあって国民の政治知識も高まり、有権者としての投票

義務感も高い割合を示した。しかし、参加のあり方は、結社や政治的論議などインフォーマルな機会を通じてというよりも、選挙や投票といった形式的なものに傾きがちである、とされた。

また、有力感も行政的なものに比べて、政治的な有力感は低かった。政府パフォーマンスや経済成長などのアウトプット側面での満足度は高いが、対政治システム感情は、シンボル水準では低調で、相当に実利的であった。戦前にみられた政治運動への強い参加意欲は、調査時では「まるで政治から超然とし、実利的な、ほとんどシニカルな態度によって均衡が保たれて」（アーモンド・ヴァーバ 1974: 426頁）おり、こうした政治文化を「政治離脱と臣民的有力感」の政治文化とアーモンドらは呼んだ。

アメリカ　アメリカは、政治への接触、政治議論、政治的出来事へのコミットメント、政治的有効感、自発的結社の積極的なメンバー、政治システムへの感情的な関与を総合して、アーモンドとヴァーバは「参加型」政治文化の国である、とした。

また、政治システムへの高い誇り、政府の個々の政治的実績への満足、システムに対する一般化された好意感情を示す「忠誠型」政治文化である、ともされた。

さらにアメリカは、開かれた参加、政治的反対者を完全に拒絶することがない仕掛けとしてインフォーマルな集団を政治的な資源として使う「市民的協同」「社会的信頼」の点でも高得点を示した。

イギリス　イギリスはアメリカと同様に、広く行き渡った参加の規範と役割意識をもち、政治への関心、政治的有力感の点

> **ミニ事典⑰　メキシコ革命（Mexican Revolution）**
>
> メキシコは、それまでのディアス独裁体制を崩壊させた政治的な革命集団によるメキシコ革命（1911-20年）、1917年の労働者権利保障を盛り込んだメキシコ憲法は、政治における貧困層の役割を強調し、貧困層に政治への参加の機会をつくり出した。しかし、メキシコ革命指導者の地域支配連合（カウディリスモ）に代わる「制度による支配」の到来には、1934年のカルデナス大統領の誕生、6年制大統領（再選禁止）制の実施まで待たなければならなかった。

で、「参加型」政治文化といえる、とした。また、個々の政府のパフォーマンスのみならずシステム全体に対する誇りも高く（「忠誠型」政治文化）、党派心も開放的で、「市民的協同」「社会的信頼」のレベルも高かった。

しかしアメリカとは違って、政府の独立した権威に敬譲（deference）の念を抱く従順型の国民も多く、全体として参加型と臣民型の幸運な均衡に近い「恭順型」（deferential）政治文化である、とされた。

> イタリア

アーモンドとヴァーバによれば、イタリア国民は政治への参加を嫌い、政治的有効性感覚も低く、政治諸制度への誇りも低く、結社への加入傾向も低い。さらには、社会的な環境を脅迫的、疎遠なものと認識し、家族の社会化のパターンも5か国のなかで最も権威主義的であることが報告されている。

全体として、イタリアの政治文化は、極度に高いレベルの政治的疎外、社会的孤立、不信に彩られた「疎外された政治文化」である、というイタリア人ならずとも「頭に来そうな」診断が下された。従来イタリア南部を形容してきた「遅れた政治文化」をイタリア国民全体の特徴であるとし、5か国の特徴づけのなかでも最も物議を呼んだものの1つである。

5　イタリア南部の政治文化

> 後進社会の道徳的基盤

The Civic Culture 以前にもイタリア南部という地域的な限定はあるものの、米国の政治学者バンフィールド（Edward C. Banfield, 1916-99年）は、より論争的な形で civic culture（市民文化）の不在を観察していた。彼は、南部ルカニア県（バシリカータ州）の小村モンテグラーノ（仮称）での9か月（1954-55年）の参与観察（面接調査、課題統覚検査）にもとづき、今や南部イタリアの民族誌的研究の古典でもある *The Moral Basis of a Backward Society* を1958年に出版した。

彼は、同地を「道徳以前の家族主義」（amoral familism）というエートス（基本的な感情・価値、信念）に自縛された、自発的結社を知らない後進的な社会である、と断じた。彼が戦後まもなく関わった調査企画で観察を得ていたアメリカのユタ州セント・ジョージにみられる網の目のような社交ネットワークに「正

しく理解された自己利益」が埋め込まれた市民文化とは対照的なものであった。

道徳以前の家族主義　「道徳以前の家族主義」といったエートスに生きる個人ないし家族は、物質的、目先的利益の最大化行動を他者もとるに違いないという確信によって、自己の同様の行動原理を正当化しようとする。「核家族の物質的な目先の利益を最大にせよ。他の誰もが同じように行動すると考えよ」という信念と行動は、共同体意識、市民文化の形成を容易ならざるものとする、というのである。

　外の世界との関係は限定されており、個人や家族のための即時的な便益の獲得に関心は限定され、公共問題に関心をもたない。そうした住民は、公官吏に対する監視は住民がすべき仕事ではなく、他の役人の仕事とみ、「政治」は本質的に腐敗したビジネスと考える。結果として公的諸問題を民主的・集合的に解決する力もインセンティブももちえないことになる。

排他的家族主義　バンフィールドとほぼ同時期にサルデーニャ島の一小村を研究したピーニャも、同地に「排他的家族主義」(famiglia esclusiva) を見出し、共同体関係を否定する核家族の存在と連帯や協同の創出の困難さを指摘している（Pinna 1971）。

　彼によれば、この「排他的家族主義」が、権力との関係で**恩顧＝庇護主義**（クライエンテリズム）と、利害と打算にもとづきしょっちゅう結託相手を「変える」「変移主義」(trasformismo) を再生産し、外界と村政治との基本的関係を編成する、という。

✎ ミニ事典⑱　エドワード・バンフィールド（Edward C. Banfield, 1916−99年）

ブルームフィールド（CT）生まれの米国の政治学者。全国食料安全局での研修雇用中（1940-47年）にシカゴ大学にて都市計画、都市研究をスタート。シカゴ大学、ハーバード大学教授を歴任。貧困、暴力、犯罪、失業、劣悪な住居、ドラッグ問題などが集中して現れる米国大都市の危機の原因を、都市下層住民の「貧困の文化」に求め、「貧困の戦い」といったプログラムに代表されるリベラル派、近代化論者を moralizer として一蹴するなど、毀誉褒貶が激しいパーク主義者。代表的著作に、*Political Influence*（1961年）、*The Unheavenly City*（1970年）などがある。

> 利権の山分け政治

キリスト教民主党の戦後改革の取り組みは、南部では党員数を拡大できたものの、その実態は、庇護と恩顧を交換する「大衆恩顧主義政党」(partito clientelare di massa) の創出にほかならなかった。「断片化した政党は、その結果多くの政治的傾向（派閥）を生み出し、政党はしばしば雑多な地方ボスの私的な法廷の様相を強めたのである」(della Porta 1997: 47頁)。

こうした「私的な法廷」にマフィア（地域によって呼び名が違う）は、私的保護の生産、販売を促進する事業家として「介入しようとした」。公的諸制度が未熟な社会では、「威信」や「名誉」が、権力と富の分配の政治的道具となった。「名誉」の争奪が、最終的には血縁、擬似血縁へと求心する、「道徳以前」の家族主義（シチリアには、「血は裏切らない」(il sangue non tradisce) ということわざがある）を内に包んだ、「秘密の名誉ある男たちの組織」がマフィアなのである。キリスト教民主党を中心とした「政党による利権山分け」(lottizzazione) にマフィアが食い込んで**盗賊支配**は延命を続けることができた。

6 *The Civic Culture* と civic culture（市民文化）

> 訓育的イデオロギー
> への警戒

第二次世界大戦後、多くの社会科学者は、政治的安定のための諸条件を探ろうとした。政治と文化を理解する努力は、国による違いを反映しつつもファシズムと共産主義を説明することにその努力が傾けられた（「**国民性研究**」もその１つ）。

また、戦後のイタリアやドイツの経験への関心、フランスの政治的安定性への疑念などは、自由民主主義者にとって「なぜある民主政の国々は生き残り、

> 🖉 **ミニ事典⑲　恩顧＝庇護主義（clientelism）**
>
> パトロンとクライエントという異なる資源を支配する２人の間の便益の交換にもとづく、血縁とは無関係な対関係的な依存的人間関係で、不均衡な互酬性、便益（財・サービス）の直接的な交換、この交換を個別主義的基準で実現させるパーソナルな人間関係を特徴とする。

他の国では崩壊したのか」に関する関心をかき立てた。

　彼らは、包括的な価値観を共有する成全的（consummatory）、あるいは統合的（synthetic）な指向にもとづいた訓育的（preceptive）イデオロギー（社会主義的人間改造という共産主義者の経験）、あるいはナチズムにおける抑圧的、独断的な労働分業や**権威主義的**パーソナリティは、民主的な拘束的決定・執行にとって「適切さを欠く」と考えた。

　The Civic Culture モデル　アーモンドとヴァーバがドイツ、イタリアの調査を行ったのは、第二次世界大戦後15年も経たない時期であった。イギリス、アメリカ、メキシコを付け加えて行われた5か国の比較研究は、安定的民主主義を支える政治文化は、積極的な参加をより受動的な政治的役割と均衡させる、道具的で合理的な傾向が強い civic culture であるとされた。

　参加は、「断続的かつ潜在的」（intermittent and potential）に行われ、「エリートが力を保持し、権威的な決定をなすためには、一般市民の政治参加、活動および影響力は、おのずと制限されなければなら」（アーモンド・ヴァーバ 1974: 477頁）ず、システムに要求をかけ過ぎない市民文化が安定した民主主義を維持しうる、

ミニ事典⑳　盗賊支配（cleptocrazia）

国家財政の独り占めを意味する。語源的には、ギリシア語の「盗む」(klept)と「支配」(kratos)の合成語である。国家の徴税・支出政策の目的が、支配階級あるいは政治体制側と妥協する集団に最大の超過利益（レント）を引き出すことに特徴がある。

ミニ事典㉑　国民性研究（national character studies）

第二次世界大戦期中の日本人やドイツ人、あるいはソビエト人の国民性への懐疑は、戦後、〈自由主義国〉アメリカの文化人類学者を中心に仕事が進められ、ベネディクトの『菊と刀』（1946年）やミードの Soviet Attitudes toward Authority（1951年）などが出版された。ミードは、ドイツ人の国民性を扱った Bertram Schaffner, Father Land: A Study of Authoritarianism in the German Family（1948年）にも序文を寄せている。

とされたのである。

文献案内

▶ アーモンド／ヴァーバ（1963＝1974）『現代市民の政治文化―5ヵ国における政治的態度と民主主義』（石川一雄・片岡寛光・木村修三・深谷満雄訳）勁草書房
▶ アーモンド、ガブリエル・A.（1970＝1982）『現代政治学と歴史意識』（内山秀夫訳）勁草書房
▶ シャーシャ、レオナルド（1961＝1987）『真昼のふくろう』（竹山博英訳）朝日新聞社

ミニ事典㉒　権威主義的パーソナリティ（authoritarian personality）

権力関係への過度の関心、秩序に対する高い評価、神秘的・非合理的なものへの好意的な態度、憐憫よりもタフさへの憧れなどを特徴とする権力関係についての「双環的」（bicyclist）指向、すなわち強者への服従と弱者に対する支配を平気とする態度傾性。幼少期の体験によって形成された不安感と無力感の存在が根底にある。この研究は、ナチスによってアメリカに移住を余儀なくされたアドルノらによるファシズムやナチズムの心理的基盤を明らかにするために行われた『権威主義的パーソナリティ』が有名。

第 8 章　*The Civic Culture Revisited* の前後

> 本章では、前章で紹介した *The Civic Culture*（1963年）への批判に応える形で、5か国のその後の政治文化の変化を追跡した *The Civic Culture Revisited*（1980年）を中心に、ポスト工業社会における新たな政治文化の息吹をアーモンドの政策文化やイングルハートの認知動員といった概念を通じて紹介する。

1　*The Civic Culture* に対する批判

ナショナルな政治文化分析の限界　*The Civic Culture* は、主にサーベイ調査を通じて当該国のナショナルな政治文化を一元的に解明しようとし、比喩的にいえば、バンフィールドの南部イタリアの診断をイタリア全土に押し広げ、また彼のセント・ジョージのレビューにアメリカの政治文化を代表させようとした、といえよう。

The Civic Culture は、1950年代のアメリカに高度に参加的で、かつ政治システムに忠誠的な市民文化を見出したが、〈セント・ジョージ〉をそのまま全米に拡大して解釈するには問題が多い。疎外や不信を募らす地域や少数民族集団はどこにもといっていいくらい存在していた。アメリカの支配的な価値や規範に対して劣等感や違和感を抱く彼らは、人口のかなりの規模に及び、居住地が全米に分散しているとはいえ、それ相応に一体感を強く抱く人びとであった。

下位文化の軽視　ヨーロッパ概念地図で有名なロッカン（Stein Rokkan, 1921-79年）は、リプセットとの共同論文 "Cleavage Structure, Party Systems, and Voter Alignments: An Introduction"（1967年）において、ヨーロッパの近代化過程における市民革命と産業革命という2つの連続した革命が4つの社会的な亀裂を各国に生み落した、と論じた。ヨーロッパの国々は、①支配的国民文化 vs 民族・宗教・言語上従属的地位にある周縁的住民、②国民国家 vs 教会（中央集権的国民国家と、教会が歴史的に確立した団体的特権の間の対立）、③

土地 vs 産業（土地エリートの経済的、農業的利害と、台頭しつつある産業企業家階級の経済利害の対立）、④所有者 vs 労働者によって独自の下位文化を内包するにいたった、との認識である。

ロッカンは、*The Civic Culture* を「比較政治の分野での１つの革新的な研究書であり、民主主義をめぐる政治理論に新たな展望をもたらすものである。データ収集と分析手法に新たな可能性を開いた同書は、統治と被統治者の関係の性格の違いの源を国別に探る調査や理論の進展に役立つ一連の問題群を提供する」（Rokkan 1964: 677頁）と評価しているが、ナショナルな政治文化を扱う *The Civic Culture* は、社会的な亀裂が下位文化を生み出してきたヨーロッパ諸国の政治文化と安定的デモクラシーの関係を説明するには困難が伴う。

> 多元主義的見方への批判

この点についてカヴァナーは、*The Civic Culture* の下位文化と政治的安定の処理の仕方が、「多元論者の民主主義論のそれにきわめて類似している」と述べている。彼によると、*The Civic Culture* を主導した「アーモンドの命題の特徴は、横断的な分裂と下位文化は党派性を緩和し、またそのことによって政治システムの安定を下から支える」と考えるが、「ヨーロッパの小国――たとえばオランダ、スイス、ベルギーなどは、このような理論との意味深いくい違いを示して」おり、「これらの諸国は相互に敵対的な下位文化を有しているにもかかわらず、政治的安定が危殆に瀕することがない」（カヴァナー 1977: 27-28頁）と論じる。

アーモンドらの civic culture 論は、英米的な多元的価値にもとづく多元主義的デモクラシー（pluralistic democracy）をモデルに構成された側面は否めない。一方、ヨーロッパの小国のように、政治エリートの供給や政治参加が、階級や

ミニ事典㉓　スタイン・ロッカン（Stein Rokkan, 1921-79年）

ヴォーガン生まれのノルウェーの政治学者。オスロ大学在学中に哲学科教授アルネ・ネスの影響を受ける。同大学院で修士号を取得後、コロンビア大学、シカゴ大学、ロンドン政治経済学院に学び、社会調査研究所（オスロ）、クリスチャン・ミケルソン研究所を経て1966年にベルゲン大学教授。政治発展、歴史政治社会学、国家形成、国民形成、中央―周辺関係、動員・抗議運動、歴史政治社会学など数多くの分野で指導的な役割を果たした。

第Ⅲ部　政治文化論

宗教あるいは民族的、地域的なベースで回転してきた多極社会（plural societies）では、「社会のゲームのプレイの仕方にかんする『共同認識』」（青木 2008: 27頁）を英米の多元主義が想定する、集団成員の重複性がもたらす対立緩和と合意ではなく、ネオ・コーポラティズムや多極共存型デモクラシーという政治工学的な実践を通じて政治的安定性を確保してきた面が強いのである。

| 文化／構造二元主義の陥穽 |

バンフィールドは、「道徳以前の家族主義」の胚胎要因として、イタリア南部小村の高死亡率、土地保有の条件、拡大家族の欠如、外国による支配という歴史的な構造を強調した。

これに対して、イタリアの政治社会学者ピッツォルノ（Alessandro Pizzorno, 1924年-）は、「疎外、社会的孤立、不信」の政治文化は、北部に従属した形で発展した南部における資本主義の跛行（はこう）的な発展、政治・経済的な周辺性、封建的な土地所有形態といったイタリアの社会構造によってもたらされた、と論じた（Pizzorno 1966: 55-56頁）。

そのうえでピッツォルノは、南部の後進性からの脱却への糸口を核家族と市民社会の間をつなぐ社会的関係（核家族を超えた友人関係、拡大親族関係）と、それらの政治への市民的利益媒介のあり方に注意を促した。*The Civic Culture* は自発的結社の不在を指摘しはしたが、自発的結社の創出方法についてはふれていない。求められるべき「文化」と「構造」の対立二項の乗り越え方は、次の**第9章**で紹介するパットナムらの「社会資本」（social capital）論によって追求されることになる。

ミニ事典㉔　アレッサンドロ・ピッツォルノ（Alessandro Pizzorno, 1924年-）

トリエステ生まれのイタリアの政治社会学者。トリノ大学で哲学、ウィーン大学、パリ大学で社会科学を学ぶ。オリベッティ産業関係研究所を経て、ミラノ大学教授。その他、テヘラン大学、オックスフォード大学、ハーバード大学、欧州大学院大学等で研究・教育に携わる。高度産業社会における階級紛争、労使関係、労働組合、利益集団、政党などの研究で国際的に評価されている。

2 *The Civic Culture Revisited*

「市民文化」の再訪　アーモンドとヴァーバは、*The Civic Culture* への上記を含めた諸批判に応え、また当時の調査後約20年間における5か国の政治文化の変化を知るために、レイプハルト（Arend Lijphart, 1936年-）やペイトマン、あるいはカヴァナーやサーニらの協力を得て、1980年に *The Civic Culture Revisited* を公刊した。

新たなデータにもとづく各国のエキスパートによる『再訪』の旅を、以下、簡単に紹介しておこう。

メキシコ：連続と修正主義的解釈　クレイグとコーネリウスは、*The Civic Culture* 調査が従来のメキシコに関する主観的あるいは「文化とパーソナリティ」的な解釈を沈黙させる初の大規模な政治意識・態度に関する実証研究であったことを評価しつつも、標本（人口1万人以上の27都市の住民が対象）の偏りや政治的社会化過程の過剰重視を批判する（Craig & Cornelius 1980）。

戦後メキシコは、政治的に安定したPRI（制度的革命党）体制の下、「メキシコの奇跡」と称される経済成長を達成した。政治体制への支持も高く推移した。しかし、1970年代の急激なインフレと失業は、PRIの弱体化をもたらす。

クレイグらによれば、この間、主観的政治能力感、政治的シニシズム、他者との協同能力に目立った改善はみられないが、政治的機会構造は広がり、市民の間に集合的な政治行動の選択可能性が広がったことは否定できない、と指摘される。

こうした変化は、政治文化を考察する場合、サーベイ調査で拾える政治態度よりも、認知的、状況依存的な行動的要素の重視が大事だとし、また政治構造や社会経済的関係が、政治活動が起こる社会的文脈や帰結に及ぼす影響を分析することの重要性が強調された。

西ドイツ：変化する政治文化　コンラートによれば、*The Civic Culture* 調査以後の西ドイツの政治文化は、英米よりも市民文化に近く、20年の間（1959-78年）に「政治システムへの誇り」が7％から31％に増加した（Conradt 1980）。また、政府＝政治制度への「一般的支持」も着実に増加した、とされる。

それを例証するものとして、戦後ボン体制の正当性への重大な政治的挑戦の不在、反憲法を主張する政党の不在、政策革新（たとえば、東方政策）等を挙げている。

また、コンラートは、選挙民の党派的敵意感情の減衰、カトリック婦人層のパロキアリズムの減少、政治的関心や政治的立場の表明や政治的談議の機会の増大、草の根レベルの市民イニシアティブの活発化などを指摘している。

このような参加的な政治文化への変化の基底にコンラートは、政治的社会化の担い手の脱権威主義化があり、下位文化の社会的亀裂やパロキャリズムの地盤が弱体化してきたことを指摘している。

イギリス：市民文化の衰退　*The Civic Culture* 公刊後の1960年代、70年代のイギリス国民は、経済の停滞・悪化による耐乏生活を強いられ、経済的、社会的な不満を昂進させ、政治的不満を増大させた。カヴァナーが参照するいくつかのデータは、政治制度、とくに二大政党制、中央政府による集権的な決定への不満、さらには政党や政治家への不満だけではなく、政治一般への不満も高まってきたことを示している（Kavanagh 1980）。

1960年代以降のイギリス社会は、「古い保守主義は死んだ」（Bromhead 1971: 7頁）とか「敬譲の終焉」（Watkins 1970）と表現された。伝統的な保守党は変質し、政治体制の上にみた「一般的支持」の低減は、政治的・社会的な「恭順型」政治文化を衰退させたのである。

こうした道徳的な伝統主義の弛緩に対して、サッチャーは権威主義的な保守主義を復活させようとするが、一方で政治的な活動主義も活発化し、政治的シニシズムをにじませた抗議型参加も増加した。

イタリア：連続と変化　サーニはまず、*The Civic Culture* が描く「疎外、社会的孤立、不信」の政治文化はイタリア国民の自己像（ファシズムへの反省、レジスタンス運動への誇り、1948年憲法への忠誠、民主主義プロセスの尊重といった民主的エートス）と齟齬がある、と批判する（Sani 1980）。

そのうえでサーニは、政治文化の連続している面を以下4点指摘する。①有権者は、争点、紛争、政策を左翼・右翼連続体に沿って理解し、その政治的自己定位と党派的選好は密接に関連する点、②党派的選好（とくにキリスト教民主党への投票）と宗教的指標（教会参加、教権主義、カトリック組織への参加）には強

い相関がみられ、教育、離婚、堕胎、外交等の政策をめぐる教会／国家、教権／世俗の対立が持続している点、③第一次集団・組織への重畳的帰属に根ざす党派心の心理的愛着面と物質的利益獲得のための党派の手段的性格が持続しており、それらが生む政治的集団間の「敵意」も持続している点、さらには、その帰結としての、④取引や交渉の抑制と「ヤミ政治」の持続がそれである。

しかし変化の面もある。1960年代後半から70年代にかけての抗議運動や暴力やテロの多発、市民運動の拡大、政治スキャンダルの続発、地方分権改革などは、上記②と③を弛緩させることにつながった。また、カトリック教会自体が社会・政治問題で果たすべき役割をめぐって分裂し、また教会所属の組織ネットワークも徐々に衰退し、「教会への忠誠派」も減った。これとは対照的に、イタリア共産党への心理的な壁は徐々に低くなり、それなりに正当性が認知され出した。

The Civic Culture が観察したイタリア人の低い政治的認知・情報量は、マス・メディアや教育の普及によって改善された。しかし、上記④を原因とする政治的満足や期待、システム評価の悪化は、一部の政治意識の高い人びとを中心に、官僚制の非効率性、政府の非応答性を批判する非慣習的な政治参加を拡大させた。

| アメリカ：ストレスに曝される政治文化 | ドイツの社会学者ベック（Ulrich Beck, 1944-2015年）の表現を借りれば、アメリカは1960年代を境に、「第一の近代」

（古き良き「結社の芸術」の時代）から「第二の近代」（「個人化」の時代）に移行した（ベック 1998）。参加型政治文化を支えていた自発的結社が衰退し、個人化が権利意識、専門家主義と結合し、さまざまな新しい社会運動、抗議的参加が *The Civic Culture* が描いた忠誠的参加型政治文化を「疎外型」へと変質させた。

✐ ミニ事典㉕　ウルリッヒ・ベック（Ulrich Beck, 1944-2015年）

1944年旧ドイツ領シュトルプ生まれのドイツの社会学者。フライブルグ大学、ミュンヘン大学で社会学、哲学、心理学、政治学を学んだ後、同大学院にて社会学を専攻。1992年よりミュンヘン大学教授。ロンドン政治経済学院の教授も務めた。日本語で読めるものに、『再帰的近代化』（而立書房、1997年）、『危険社会』（法政大学出版局、1998年）、『世界リスク社会』（法政大学出版局、2014年）などがある。

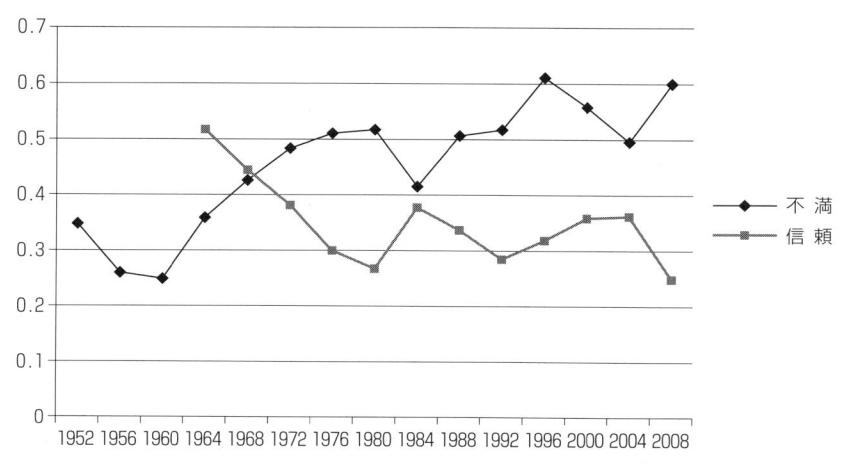

図8-1 アメリカ人の信頼と不満（1952-2008年）

出典： American National Election Studies, University of Michigan, 1952-2008を訳出

　エイブラモヴィッツは、*The Civic Culture* を評して1950年代、60年代初頭を適切に分析しているとするが、その後の政治文化は、「ストレスに曝されている」と表現した（Abramowitz 1980）。ヴェトナム戦争、ウォーターゲート事件、インフレなどは、政府信頼の低下、政府パフォーマンスへの不満を増大させ、政治指導者や制度への否定的評価を増大させた、というわけである（**図8-1**）。

3　政策文化としての政治文化

新たな市民文化の次元　このように *The Civic Culture Revisited* は、5か国すべてにおいて従来の civic culture が衰退しつつあることを観察した。

　イギリスの碩学クリックは、「政府が望んでいるのは、品行方正な振る舞いと善良な市民」（クリック 2004: 179頁）という文章に続けて、「だがそれだけではなく、昔ながらの積極的シティズンシップ、つまり公民的共和主義の言語と精神が、今でも重要なコンテクストに顔を覗かせている」（クリック 2004: 179頁）と述べている。

The Civic Culture Revisited 以降の政治文化を考える場合、こうしたクリック的認識を米国クリントン政権の労働長官であったライシュの市民文化（civic culture）概念に結びつけて考察することが重要となってくる。ライシュは、市民文化は「1つの社会観であり、それは市民権を前提にしている。このビジョンで民主的な政治参加や富の分配が重んじられるのは、そのような現実参加によって生活が豊かになり、個人生活の相互依存が高まると信じられているからである」（ライシュ 2000: 20頁）と述べ、「政治参加、機会均等、市民権、学校教育、交通機関、社会保障、住宅、公害、犯罪などの問題は、政府や政治の一面とみなされる」（ライシュ 2000: 19頁）と述べている。

> 政策文化

　アーモンドも *The Civic Culture Revisited* 公刊（1980年）に先立って、パウエルとの共著 *Comparative Politics*（1978年）を著し、政治的共同体への忠誠心、政治体制への誇り、政府への信頼や知識、政治への関心を「システム文化」として、また、市民的有力感や他者への信頼や協同などは「プロセス文化」として整理し、新たに「政策文化」を付け加えている。さらに *Comparative Politics Today*（1984年）においては、政治的な「態度や価値、感情」以外に「情報やスキル」など認知的な要素も付け加えている。

　アーモンドとパウエルによれば、政策文化は政治のアウトプットとアウトカムに関する選好の配分、福祉、安全、自由などの政治的価値に関する諸集団における順序づけを意味する。

　先ほどのライシュが、アメリカ「政府の官僚制は、アメリカ国民が市民生活を送るうえでの関心事、たとえば、公衆衛生、教育、職業訓練、福祉事業、公共の輸送機関、住宅、環境規制、安全規制などに責任」（ライシュ 2000: 19頁）をもつというように、アーモンドらも、政策文化の中身として次のような政策群を挙げている。①社会的資源の取得と配分および運用規則（再分配的福祉政策、課税政策と政治的妥協あるいは階級間の避けがたい対立）、②集団の自己認識と態度（階級や人種、あるいは女性としての特定の関心や利害）、③コントロール（個人の自由と人権対安全と秩序、個人的行動の監視と規制）、④経済的規制と社会的規制、⑤政治的自由とそれを行使する権利（情報の収集と伝達、不満の組織化、潜在的な政治的同盟者の発見、移動に関する自由）、⑥外交や国際問題。

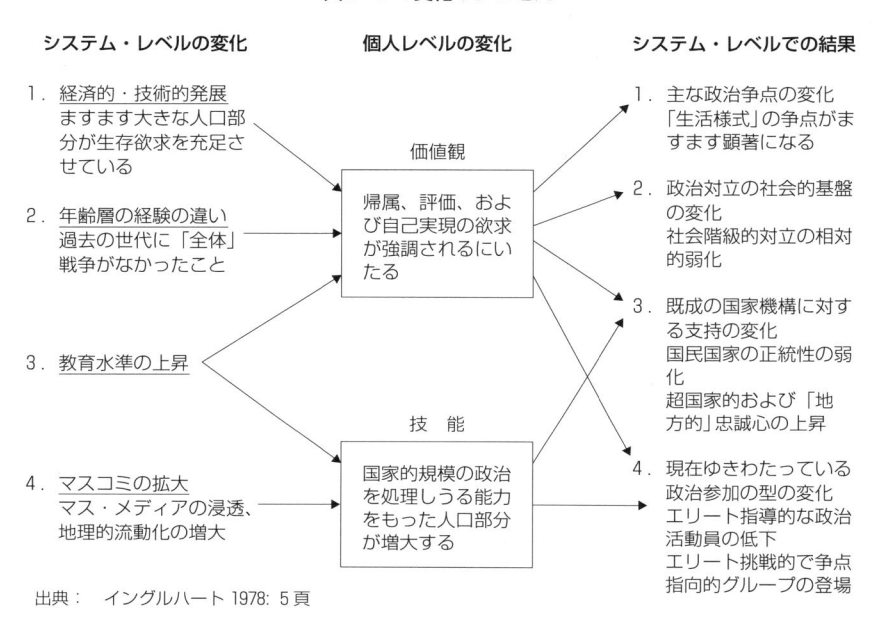

図8-2 変化のプロセス

システム・レベルの変化

1. 経済的・技術的発展
   ますます大きな人口部分が生存欲求を充足させている
2. 年齢層の経験の違い
   過去の世代に「全体」戦争がなかったこと
3. 教育水準の上昇
4. マスコミの拡大
   マス・メディアの浸透、地理的流動化の増大

個人レベルの変化

価値観
帰属、評価、および自己実現の欲求が強調されるにいたる

技　能
国家的規模の政治を処理しうる能力をもった人口部分が増大する

システム・レベルでの結果

1. 主な政治争点の変化
   「生活様式」の争点がますます顕著になる
2. 政治対立の社会的基盤の変化
   社会階級的対立の相対的弱化
3. 既成の国家機構に対する支持の変化
   国民国家の正統性の弱化
   超国家的および「地方的」忠誠心の上昇
4. 現在ゆきわたっている政治参加の型の変化
   エリート指導的な政治活動員の低下
   エリート挑戦的で争点指向的グループの登場

出典： イングルハート 1978: 5頁

4　新しい政治文化

静かなる革命　アーモンドとパウエルが提示した「政策文化」は、国家交差比較よりはむしろ、一国内における世代や教育程度を分化軸とした多様性と、高度先進諸国社会共通の政治文化の次元を考察しようとするものである。

　「価値」という主観的な政治文化の仕事を進めたアメリカの政治学者イングルハート（Ronald F. Inglehart, 1934年-）は、そうした国々における経済発展、教育の普及、マス・メディアの増大によるシステム・レベルの変化が個人レベルでの価値観を大きく変化させ、また、市民の政治的能力（政策決定に参加するに十分な関心と理解力）の発達がエリート挑戦的な参加を行う層を増大させた、と *The Silent Revolution*（1977年）において説得的に論じている（**図8-2**）。

　イングルハートの「静かなる革命」論は、社会化仮説と欠乏仮説という2つ

の基本仮説とマズロー（Abraham H. Maslow）の**欲求の階層理論**をベースにして構成された。イングルハートによれば、「ある人が物質主義を優先させるか脱物質主義を優先させるかは、50年ないし60年前に味わった、その人の人格形成期の経験を反映」（イングルハート 1993: 357頁）する。

> 物質主義的価値から
> 脱物質主義的価値へ

こうした仮説が、膨大なデータの比較分析によって実証された。若い世代、とくにホワイトカラー、高学歴層を中心に、「エコロジー」・「言論の自由」・「人間的な社会」・「より多くの発言権」などの脱物質主義的な価値を重視する者が1970年代に増大したのである。

ベリーによって、イングルハートのいう価値変動を整理しておこう。「物質的利害［の］……カテゴリーには、年金・社会保障・課税・犯罪・農業への補助金・職業訓練・貿易に関する規制と補助金・経済活動に関する規制・医療保険が含まれるだろう。これらの法案をめぐる物質的利害は、組織労働者・農民・企業の要求を典型的に反映していた。……［これに対して］脱物質的利害を追求する団体は、環境・社会的平等と差別・中絶・個人の多様な権利・消費者保護・教育・家族の価値・行政改革といった政策領域で通常は活動していた」（ベリー 2009: 72-73頁）。

> 認知動員

一般に、態度は変化しにくいが、行動は「しばしば制度的制約や状況的制約をより受けやすく、態度と行動は異なるレベルで作用する」（イングルハート 1993: 190頁）。

学歴（被験者が学校を離れた年齢にもとづく学歴）の上昇、正規教育の普及を主な要因とする政治化における性差の消滅の理由として、「人口の世代交代は徐々に政治への関わりを増大させ」た。こうした認知動員は、政治的討議率に表れている、とイングルハートはいう（**図 8-3** 参照。1973年から87年までのデータを得

🖉 ミニ事典㉖　欲求の階層理論

マズローによれば人間の欲求は、低次の欲求（生理的、安全、社会的欲求）が満たされるとより高次の欲求（尊厳、自己実現欲求）を求める、とされる。イングルハートは、生理的欲求（生存、安全欲求）を求める物質主義者と社会的および自己実現的欲求（帰属および評価、知的、美的欲求）を求める脱物質主義者に分けた。マズローの代表作としては、『人間性の心理学』がある。

第Ⅲ部　政治文化論

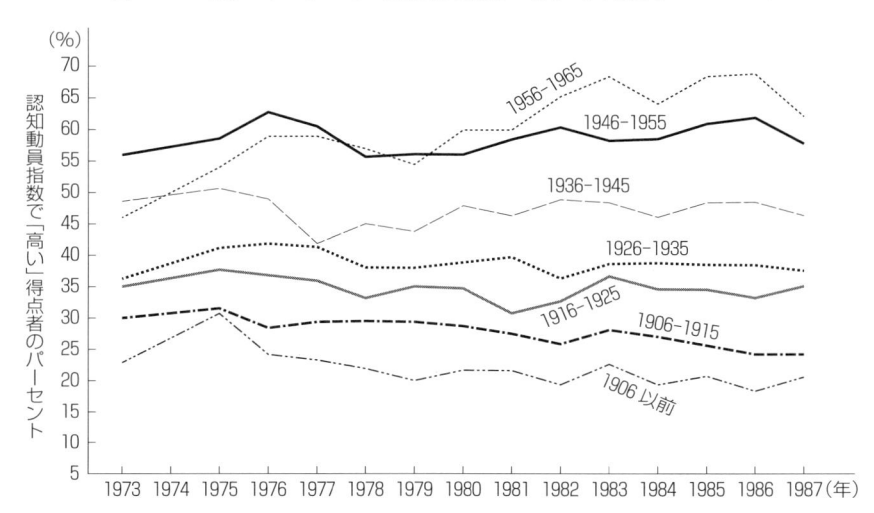

図8-3　年齢コホートごとの認知動員指数で「高い」得点者のパーセント

注：　フランス、西ドイツ、イギリス、イタリア、オランダ、ベルギー、ルクセンブルク、アイルランド、デンマークのサンプルにもとづく（各国の人口に従ってウェイトづけされている）。
出典：　イングルハート 1993: 319頁

ている9か国をひとまとめにして、これらの年齢層の違いを説明している）。

　著名な国際政治学者ナイ（Joseph Samuel Nye, Jr.）も、年上の集団にとって、宗教と社会階級は依然として政党への忠誠を確立させる強い契機となっているが、若い集団にとってこうした「忠誠は、社会階級や宗教にそれほど影響されるものではない」と述べ、近年では、「文化および生活の質の問題によって分極化の新たな機軸が出現した。既成の政党は、こうした機軸に合わせて方向転換するのに難儀している」（ナイ・ゼリコウ・キング 2002: 318頁）と述べている。

　「脱物質主義のインパクトはもはや抗議プラカードをもった学生によってではなく、環境問題にインパクトのある表明を行う公益擁護の法律家やテクノクラートによって象徴される」（イングルハート 1993: 289頁）。労働や農業といった生産や職業的基準を拒否し、アーモンドらがいう「政策文化」としての福祉や安全、自由といった価値は、脱生産力主義、脱男性性、「生活の質」などと響き合い、「新しい社会運動」以後の新たな地平を求めて彷徨している。

📑 文献案内

- ▶ イングルハート、ロナルド（1977＝1978）『静かなる革命——政治意識と行動様式の変化』（三宅一郎・金丸輝男・富沢克訳）東洋経済新報社
- ▶ イングルハート、ロナルド（1990＝1993）『カルチャーシフトと政治変動』（村山皓・富沢克・武重雅文訳）東洋経済新報社
- ▶ カヴァナー、デニス（1972＝1977）『政治文化論』（寄本勝美・中野実訳）早稲田大学出版部

第9章 社会資本

「あらゆる社会科学に共通言語を用意した」といわれる「社会資本」という概念には、コミュニティの再生や民主主義の質の向上に資する効用がありそうだとの期待からさまざまな分野から関心が寄せられてきた。クリントンやジョージ・W. ブッシュ、オバマ、英国ではトニー・ブレアのニューレイバー、あるいはイタリアの「オリーブの木」構想にも影響を与えた。本章では、社会資本論のフロントランナーである米国の政治学者パットナムの主著を中心に社会資本をめぐる議論を紹介する。

1 「社会資本」という地平

民主主義と社会資本

「身体が資本だ」とはよく耳にする言い回しである。身体の筋肉を支える骨であり、骨密度こそが「社会資本」(social capital)である。単なる「社会関係」の資本ではなく、「関係的パワー」(relational power)として、国家・市民社会・経済の諸関係を再概念化しようとする「社会資本」は、市民の政治への積極的な関与、市民間の政治的な平等や連帯、一般的な信頼や相互の信頼、豊かな自発的結社を特徴とする市民共同体の強化あるいは再生に効果がある、とされてきた。

アメリカの政治学者パットナム (Robert D. Putnam, 1941年-) のイタリア研究『哲学する民主主義』(*Making Democracy Work*) 以来、数多くの研究者、政治家、政策

ミニ事典㉗　ロバート・パットナム（Robert D. Putnam, 1941年-）

1941年ロチェスター生まれの米国の政治学者。現在、ハーバード大学教授。政治エリート研究、比較政治学、国際政治経済学などの分野で活躍。日本で入手できる翻訳書に、『サミット』（阪急コミュニケーションズ、1986年）、『流動化する民主主義』（ミネルヴァ書房、2013年）などがある。

担当者、活動家がこの言葉に関心をもってきた。2008年には「社会資本」の引用回数が「政党」に並んだ、という報告（Woolcock 2010）さえある。

第1章ですでに紹介したが、ダールが『ポリアーキー』(1970年) を著した頃には26か国に過ぎなかった民主主義国家の数は、21世紀に入る頃には120か国前後に増えた。その単純な理由としては、1990年代の旧ソビエトの崩壊、旧ユーゴスラビアの解体、チェコとスロバキアの「ビロード離婚」(1993年1月1日) などによって基数となる国家数が増えたことが指摘されよう。すでに**第3章**でみたように、いわゆる民主化の「第三の波」の開始時には、全体の27.5%（142か国中39）に過ぎなかった民主主義国家の数は、2005年には64.1%（192か国中123）になったという報告が、フリーダムハウスによってなされている。

> 民主化と社会資本

では、こうして新しく「民主主義」国の仲間入りを果たした国々は、十分に「ポリアーキー」的な要素を成熟させているのであろうか。残念ながら、どうもそうとはいえないようである。むしろ大半の「民主化」途上の国は、国内にさまざまな紛争、分裂に結びつきやすい社会的亀裂（たとえば、宗教や民族）を残したままであり、また選挙で正当性を得た政治権力も国家権力を独占したり、経済権力、あるいは一部の社会的勢力と結託し、下からの民衆の参加を抑圧したりする。その結果、紛争や暴力、テロが絶えず、貧困問題、中央－周縁問題は放置されたままである。民主主義の定着化はなかなかの難事業である。

こうした国においては、権力政治を抑制するためにも、地域、コミュニティ・ベースでの信頼構築や合意形成の地盤づくりは重要となってくる。その際、ローカル・レベルでの協働事業を通じての内発的な経済発展を側面から支える地元NPOや国際機関、国際NGOの活動は欠かすことはできない。その実効性はともかく、ここでも「社会資本」の効用に大きな期待がかけられるゆえんである。

> 先進民主主義国と社会資本

「社会資本」論は、「ポリアーキー」の条件を十分満たした発達した民主主義の国々（established democracies）でも大きな注目を集めてきた。こうした国の政治や社会も、近年のグローバル化の昂進、社会の「リスク」化に伴って、旧来の国や政治の編成にあずかってきた「法と秩序」や社会的包摂、〈アクセス〉政治が十全に機能しなくなってきたの

である。

　主に1990年代に進行した新自由主義的なアイディアと政策は、政府の範囲と責任領域を縮減させ、経済格差や社会的排除は公共政策によって積極的に解決すべき事項から外されていった。巨大資本が集まるグローバル都市への人口移動は、国によっては地域社会の激しい疲弊をもたらした。社会民主主義が歴史的に強い国はともかく、自由民主主義の国々では、自由 = liberal が liberty としての意味を強め、freedom が底支えする「民主主義」がなおざりにされがちであった。

　パットナムがいうように、「新しい民主主義国では、市民社会という言葉によって、伝統的に自治と馴染まなかった土壌に活力ある市民生活を育成していく必要性が喚起された。一方、民主主義がすでに定着した国では、自由民主主義が戦いの場でイデオロギー的にも地政学的にも勝利を収めたまさにそのときに、皮肉にもますます多くの人々によって公共的制度の有効性に疑いの眼差しが向けられている」(パットナム 2004: 75頁) のである。

2　『哲学する民主主義』のイタリア分析

　『哲学する民主主義』　「社会資本」論における記念碑的大作『哲学する民主主義』(1993年) は、イタリアで1970年に実現した地方制度改革が、各州政府の制度パフォーマンスに与えた影響を分析し、歴史的に蓄積されてきた社会的な関係的資本の質と量が民主主義の実効性と応答性に多大な影響を及ぼすことを明らかにした。

　具体的には、各地の州会議員や地域リーダー、一般市民を対象とした標本調査、面接調査が20年にわたって収集された。また、州政府の民主主義の機能＝「統治パフォーマンス」は、政策過程、政策表明、政策執行の3側面に関係する12の指標 (内閣の安定性、予算の迅速さ、統計情報サービス、改革立法、立法でのイノベーション、保育所、家庭医制度、産業政策の手段、農業支出の規模、地域保健機構の支出、住宅・都市開発、官僚の応答性) の要約的指数である〈制度パフォーマンス〉指数によって測定された。

　各地における「社会資本」度のほうは、〈市民共同体〉指数 (州別の優先投票率、

第9章 社会資本

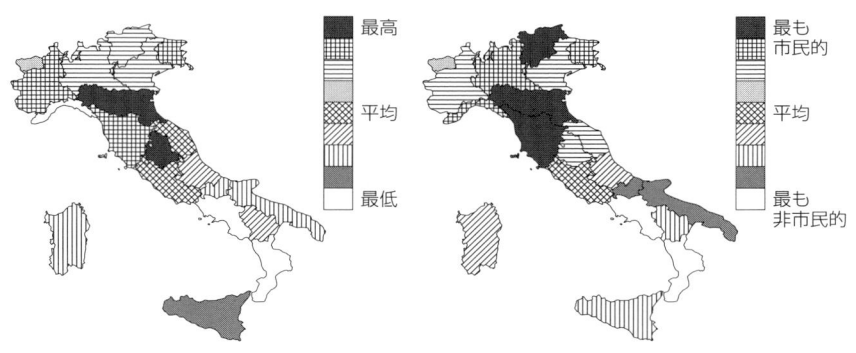

図9-1 イタリア各州の制度パフォーマンス（1978-85年）[左] と市民共同体 [右]

出典： パットナム（2001）図4-1および図4-4

国民投票率、新聞購読率、スポーツ・文化団体の活性度の4指標の要約的指数）によって測られた。統計手法で分析された結果は、各種のデータと突き合わされ、また中世以降の歴史分析や人間行為の駆け引きの心理を自己利益の最大化から説明するゲーム論的解釈もほどこされた。

南北での違いと社会資本の諸特性　こうした一連の作業からパットナムは、各州の統治パフォーマンスの高低の規定要因として、次のような結論を得た。すなわち、各州の制度パフォーマンスは、州政府の職員安定度や統治政党の色、あるいは地域の都市化や教育レベル、工業化や公衆衛生の普及といった経済的近代化水準とほとんど関係なく、〈市民共同体〉度と強く関連しているという発見であった。図9-1がクリアに示しているように、市民的な伝統（tradizione civica）が長い歴史をかけ蓄積されてきた北中部諸州において、政府ひいては民主主義の高いパフォーマンスが観察されたのである。

北中部イタリアに広がる比較的小さな町では、互酬性の意識や、相互の信頼感、協力し合うという態度、公的事柄は人任せではなく自分たちが積極的に関与すべきだという規範が、長い歴史の紆余曲折の末、徐々に形成されてきたのである。こうした目にみえない歴史的・社会的な蓄積物をパットナムは「社会資本」と呼んだのである。彼の定義によれば、「社会資本」とは、「調整された諸活動を活発にすることによって社会の効率性を改善できる、信頼、規範、ネットワークといった社会組織の特徴」である。

ある地域ないし共同体における社会資本の蓄積の多寡が、「集合行為のジレンマ」の解決様式を決め、そこでの社会運営の効率性を左右する、とされた。互酬性、相互信頼、市民的関与の関係を特徴とする「社会資本」は、経済学でよく知られた社会的間接資本（social infrastructure）や社会的共通資本（social overhead capital）と違うことはいうまでもない。

> 社会資本の論理

パットナムは、従来の政治文化論の文化と構造という二項認識がもたらす本質主義的・静態的な意識論を、「社会資本」論によって乗り越えようとした。彼は、ゲーム論を駆使して、南北イタリアの現在をもたらした「歴史的経路」を900年ほどの半島の歴史のなかに探る。

その結果、北中部イタリアは、野蛮状態から水平的な協力に活路を見出し、自発的な契約観念や相互信頼によって協同や市民的連帯を可能とする社会資本を形成・蓄積でき豊かな市民共同体を享受するにいたった、と解釈された。

北中部とは対照的に、南部イタリアでは、搾取と隷属の支配するなか家族と力のみに依存する垂直的＝私的従属関係が発達し、中世以来長きにわたって第三者執行による秩序維持を甘受してきた。それを受けて、この地の代議政府は、北中部のそれと比べて、実効的でも応答的でもない、と診断されたのである。

3 『孤独なボウリング』とアメリカ社会

> 社会資本論から自発的
> 結社の衰退を解く

ところで、イタリア人がサッカー好きなようにアメリカ人はボウリング好きである。パットナム自身も大のボウリング好きである（図9-2）。彼が調べたところによると、全米のボウリング人口は1980年から93年の間に1割増加しているのに、米国ボウリング協会（20歳以上の男性）や女性国際ボウリング協会（20歳以上の女性）のメンバーとしてボウリングする人はその間に4割も減った。

同様の傾向はほかの市民組織、専門職組織でも進行しており、社会との関わりの低下、社交の機会の減少、連帯意識の希薄化がアメリカの地域社会を弱体化している。

そして、それらを反映して、政治不信・不満の高まり、政治的疎外感、政治参加の低下という民主主義の機能にとって重大な危機がアメリカを襲ってい

図9-2 少年パットナムと Bowling Together

出典: Putnam (2000) カバー写真（中央がパットナム）

る、とパットナムは考えた。

米国コミュニティの再生に向けて　イタリア研究を通して調琢された「社会資本」論を駆使して、アメリカ民主主義の危機の克服、コミュニティの再生という問題に、パットナムは、『哲学する民主主義』を書き終えた1992年に本格的に取りかかった。

最初の成果は、*Journal of Democracy* 誌に1995年に「孤独なボウリング」("Bowling Alone: America's Declining Social Capital") として発表された。専門誌への掲載、小論であったにもかかわらず、このキャッチーなタイトルが多くの人の関心をひき、夫人とともに *People* 誌に写真入りで紹介されたりもした。

翌年の1996年には、市民的集合行為を促進する社会的ネットワークと信頼・互酬性の絆を再生する「社会資本」強化塾とでもいえるサワーロ・セミナー・プロジェクトが立ち上げられた。パットナムはディレクターとして多くの研究者、全米各地のコミュニティ組織家、政治家とのネットワークを拡充した。一連のこうした諸活動とリサーチの総括が、2000年に公刊された大著『孤独なボウリング』(*Bowling Alone*) である。

『孤独なボウリング』　『孤独なボウリング』は、米国ボウリング協会に似た自発的結社、クラブ、市民組織の成員数の変化を1900年前後から調べていく。その作業は膨大であったが、分析結果が手にしたのは、ポスト長期市民世代（long civic generation）以後における「社会資本」の急減ぶりであった。

第Ⅲ部　政治文化論

　「長い60年代」以降のアメリカでは、アドボカシー型の新種の市民団体、権利団体や三次的結社（tertiary association）は数多く現れたが、その反面、アメリカの民主主義を草の根レベルで機能させてきたフェイス・トゥ・フェイスな社会関係を埋め込んだ自発的な結社は衰退し、有権者の政治離れも進行した。

　こうした現象を増幅させる社会資本の衰退の要因をパットナムは、地理的な移動の増大や余暇活動の私化をもたらした情報技術力の変化に求めた。

「結社好きの国」アメリカの危機意識　アメリカは、遠い中央政府と強い個人主義を反映してか、自発的な社会的中間団体の叢生が昔から目立つ。かのトクヴィル（Alexis de Tocqueville, 1805-59年）も1830年代はじめにアメリカを訪れ、アメリカ人は、「年齢、境遇、考え方の如何を問わず、誰もが絶えず団体をつくる。商工業の団体に誰もが属しているだけではない。ありとあらゆる結社が他にある。……彼らは結社をつくる。新たな事業の先頭に立つのは、フランスならいつでも政府であり、イギリスならつねに大領主だが、合衆国ではどんな場合にも間違いなくそこに結社の姿が見出される」（トクヴィル 2008:［第2巻上］188頁）と記した。

　「結社好きの国」（nation of joiners）で「ボウリングをひとりでする」（もちろんBowling Alone はメタファーであって、実際はあまりひとりでは行かない。図9-3参照）が象徴する社会関係の衰弱は、アメリカ政治を下支えする社会の屋台骨に関わってくるものと多くのアメリカ人には認識されたのである。

社会資本論の処方箋　パットナムが「長い60年代」以前にみたアメリカ社会は、しっかりした社会資本をベースに住民は自発的にさまざまな組織に入り、コミュニティにおいて協働事業に関わり、公共問題にも色々と口を出していた。

　社会資本が衰退すると、コミュニティや社会、政治への無関心が進み、他方

✎ ミニ事典㉘　長い60年代

1960年代のアメリカは、ニューレフト、対抗文化、公民権・市民権、女性、少数派民族集団等の諸運動が従来のナショナルな市民生活の目標やスタイルを根底から揺るがした。人種や性差をめぐる言説が大きく変化した。

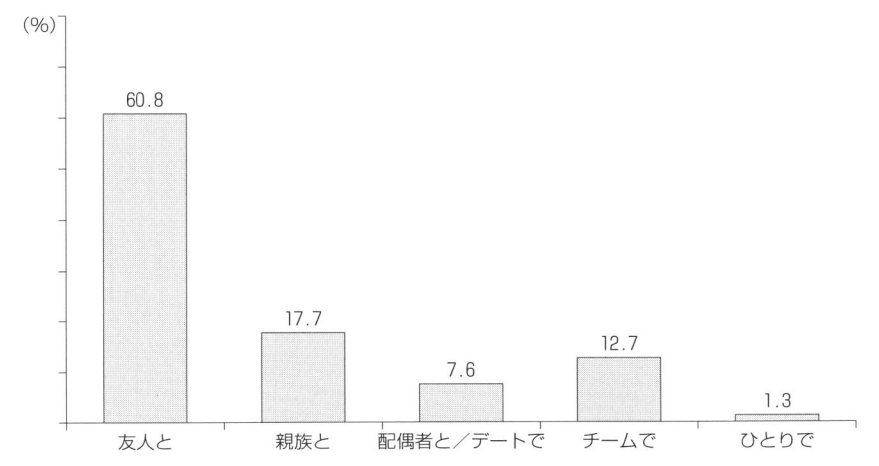

図9-3 ボウリングは本当にひとりでするのか

- 友人と: 60.8%
- 親族と: 17.7%
- 配偶者と／デートで: 7.6%
- チームで: 12.7%
- ひとりで: 1.3%

出典： Jones 2010: 51頁を訳出

で、極端な主義・主張を張り合う政治行動ばかりが目立つようになる。そこに生まれるのは、住民の意見や利害に応答的でもなければ、政府の集合的責任をうまく果たせない非効率で民主的とはいえない政治である。

では、具体的な対応はどうすればよいのか。パットナムは、サワーロ・セミナー的市民強化塾を全米的にネットワーク化し、そうした拠点を通じてコミュニティ、隣人間の対面的な社会的つながり、家族、友人間の交流を回復、増進させることを思い描いた。

市民世界の変質とパットナム批判　こうした社会資本論の視座（公的生活の質、社会・組織パフォーマンスは自発的結社のあり方に強く影響される）には、多くの批判が寄せられた。ここでは、パットナムの同僚**スコッチポル**（Theda Skocpol, 1947年-）の『失われた民主主義』（*Diminished Democracy*）を中心に紹介しておこう。

彼女は、パットナムらが嘆く自発的結社の衰退、社会資本の減退は、長期市民世代の量的縮小や価値観の転換をもたらした「長い60年代」の、あるいは余暇の私化の単なる反映物ではない、と批判する。

自発的なメンバーシップ結社が衰退したのは、スコッチポルによれば、「長

い60年代」の一連の「権利」革命をはさんでのことであり、衰退よりもその変化、すなわち市民と連邦政府の狭間でより専門的に運営される機関へと市民組織が変質した点こそが重要であるとする。

市民組織の〈メンバーシップからマネージメントへ〉の変質は、政府の規制政策の変更がもたらした新しい政治的機会構造が、専門家が運営する市民組織の台頭に拍車をかけ、市民活動家は中央でプロが管理するロビー活動を志向し出し、財政援助の革新的手法も会員ゼロの結社創設モデルを可能なものとし、これら諸力の結果起こった、と主張する。

社会資本も、国家に影響力をもつ専門家（政治家）との間で実際的な活動が制限、管理されていくなかで衰退していったのである。その結果現れたのが新種のプロフェッショナル化した市民組織であった。

> 社会資本論と「政治」の作用

これらいわば「胴体のない頭」組織は、もはや大量の仲間・市民をメンバーシップ活動に動員することもなく、階級区分線を越えた連帯や友情、ナショナルな民主主義の実現にとって重要な包摂的な市民動員にも不熱心である、とスコッチポルは批判する。

この種の組織にパットナムも否定的ではあるが、処方箋は、「政治」の作用を重視するスコッチポルとパットナムでは違ってくる。スコッチポルは、社会資本論者のようなコミュニティの脱「政治的」方法によるローカルなデモクラシーの再生ではなく、特定の場所・地域にとらわれない結社・ネットワークの構築、多数の仲間・市民を組織する市民リーダーの育成、代表制による意志決定の透明な手続きのナショナルな権力、社会的な力に向けての政治的、制度的な結合を取り組むべき重要課題であるとし、全国的コミュニティ、積極的政府、そして民主的な包摂的動員を重視すべきである、主張するのであった。

✎ ミニ事典㉙　シーダ・スコッチポル（Theda Skocpol, 1947年-）

1947年デトロイト生まれの米国の政治学者。現在、ハーバード大学教授。社会政策、福祉国家の歴史社会学的分析や市民ベースの新たな進歩的政治の可能性を探る米国政治研究で知られている。日本で入手できる翻訳書に、『歴史社会学の構想と戦略』（木鐸社、1995年）などがある。

4 社会的ネットワークと信頼

>「欧州の病人」から
>「黄金の80年代」へ

ところで、『哲学する民主主義』によれば、社会資本の蓄積量の違いは、統治パフォーマンスだけではなく経済発展の違いをも生み出す。パットナムの表現を借りれば、「強い社会、強い経済。強い社会、強い国家」である。組織化された互酬性と市民的連帯の豊かなネットワークが、強い国家を、強い経済を生むのである。

イタリアは第二次世界大戦後、1950年代後半から約10年にわたっていわゆる「イタリアの奇跡」を達成した。北西部に位置するトリノ、ジェノヴァ周辺を中心とする重化学工業は、同じように占領を経験した日本や西ドイツと同じ軌跡を歩むかにみえた。

ところが、1960年代後半からの左右の政治的な激しい対立を経験したイタリアは、その後、「欧州の病人」と揶揄される受難の時代を迎えることとなった。

しかし、こうした状態も1980年代には好転し、再び「第二の経済奇跡」の国として注目されるようになる。北イタリアのヴェネチアでサミットが開かれたのが、この「黄金の80年代」と呼ばれる時代のまっただ中のことであった。国内外のポスト・モダン消費市場を相手に、ニット製品、繊維、靴、食器、皮革、セラミック・タイルなど高付加価値商品がイタリアに「経済のルネッサンス」をもたらしたのである。

>第三のイタリア

その経済の中心地となったのが北中部イタリアであった。イタリアの経済地理学者バニャスコは、北中部から北東部に広がるヴェーネト州、エミリア・ロマーニャ州、トスカーナ州一帯を「第三のイタリア」（la terza Italia）と呼んだ。

この地域には同業異種の中小企業が集積し、長い時間をかけて蓄積されてきた一般的信頼と互酬性を資本にクラフト的生産への増大する要求に応えてきた。フォーディズム以後の手工業的熟練技術の水平的分業にもとづく「柔軟な専門化」が「第二の産業分水嶺」を形づくったのである。

この辺り一帯の住民は、南部を蚕食してきた情実政治や恩顧＝庇護主義政治に引きずられることは少なく、法律を守り、公正に行動する傾向が強い。利潤

形成への平等なチャンス、互酬性、信頼が地域に埋め込まれ、社会資本の細胞形成を途切れないものとしてきたのである。

信頼と社会的ネットワーク　その信頼（trust）は、合意が個人的な関係と社会的ネットワークのより大きな構造に「埋め込まれる」ときに生まれ、悪意のある行為を抑制する。パットナムは、こうした信頼が、「技術開発、起業家志願の人間の信望、産業労働者の信頼性等に関する情報の流れ」を促進し、中小企業産業クラスターの活発な活動を生み出した、とみた。

同じような目線の話しを続けよう。アメリカの社会学者グラノヴェッター（Mark Granovetter）は、ボストン郊外に住むPTM（専門職、技術者、管理職）の『転職』（*Getting a Job*）研究において、接触相手に「弱い絆」が好影響を与えることを突き止めた。

また、リン（Nan Lin）も同じような経験的データを入手した。リンは、ニューヨーク州オールバニー調査で、求職活動で使用した接触相手の地位に影響する要因として、「親の地位（帰属的地位）、本人学歴、ネットワーク資源、接触相手との弱い絆が影響力をもつこと」（リン 2008: 119頁）を発見している。グラノヴェッターがいう「弱い絆の強さ」（strength of weak ties）の効用への注目である。

「弱い絆の強さ」と「強い絆の弱さ」　別の話がある。ラテンアメリカの「先進国」は、1960年代後半に農村から都市へと多くの人びとが移住し、その結果、都市周辺部に巨大な掘立小屋集落が出現するという経験をした。

彼らを待ち受ける「工業化なき都市化」状況は、彼らの大半を周縁的な職に就かせることを意味した。コーネリウスは、彼らが、先遣隊としての家族や（擬似）血縁関係、同郷者ら手持ちの「強い絆」を通じてメキシコシティに到着後、大した労苦もなく比較的短期間で職にありついた、と報告している（Cornelius 1975）。

農村部からメキシコシティへの移住者は、「強い絆」を通じて周縁的な職を得た。ボストン郊外のPTMやネットワーク型産業クラスター地のシリコンヴァレーのIT技術者らの「弱い絆」とは対照的である。

後者の場合、企業の将来性、技能形成の機会、昇進の見込みを「埋め込んだ」情報が、「弱い絆」を「強い」ものに変える。「弱い絆」から創発される企業間ネットワークを支える「信頼による統治」構造は、市場取引における「契約」

とも、また資源の枯渇や対関係的直接交換に伴う「強い絆の弱さ」に起因する裏切りや不信とも違って、長期的・互酬的・無限定的な義務的関与を生み出す。

> 結束型社会資本と架橋型社会資本

「強い絆」は、パットナムによれば、排他的アイデンティティと同質的集団を強化する単一的な内部志向型のネットワークである。彼は、それを「結束」（bonding）型社会資本と命名し、市民を相互に結合し、彼らが共通の目標を効果的に追求することを可能にする社会的な資源としての「架橋」（bridging）型社会資本と対比させた。

架橋型社会資本は、「弱い絆」を通じて、外部の潜在的な資産（政治的支持や仕事）へのアクセス機会を広げ、外の多様な人びととの関わりによってより大きなコミュニティにおける義務と責任の感覚を生み出す。

階級あるいは、人種や民族など原基的な要素を「架橋」する社会資本は、市民的参加をボトムアップ的に促進し、市民の政治的有効性感覚を全体的に高める可能性がある。そこに培養される一般化された互酬性の規範、信頼、水平的に組織された市民的積極参加のネットワーク、見知らぬ市民の諸要求との交流・協働活動は、地元コミュニティを越えて国家や市場にも影響を与え、民主主義の運営の効率性を高める。パットナムはこう考える。

他方、結束型社会資本は、「強い絆」が外集団に対する嫌悪を生み出し、経済学者がいう「負の外部性」をより広いコミュニティに押し広げ、架橋型社会資本のストックを食い尽くすおそれがある、と懸念された。

5 社会資本の効用の展望——市民的媒介制度の創出に向けて

> 架橋型社会資本の効用

このようにパットナムは、グラノヴェッターの「弱い絆の強さ」論を市民社会の地平に押し広げ、水平的な「弱い絆」が諸集団に「架橋」されることで培養される信頼と積極的市民関与に民主主義の賦活剤を見出したのであった。

こうした含意を有する社会資本論は、冷戦の終結、グローバリゼーションの浸透と重なるような形で議論が噴出してきた（東欧発の）市民社会論や民主化定着論に大きな影響を与え、また、ポスト・フォーディズム下での「柔軟な専門化」や中小企業集積地の持続的発展に期待を寄せる「第二の産業分水嶺」論

などの学問領域でも社会資本論が賞用されてきたことはすでに説明したところである。

さらに今では、近隣住区や学区における犯罪抑止、学校・学力の改善、健康・寿命の向上といった問題までにも、信頼や連帯といった社会的な関係性を喚起させる架橋型社会資本の効用に熱い視線が送られてもいる。

> 共同作業型社会資本への期待

しかし、架橋型社会資本を無限に「架橋」し合う作業が、協働規範、高い信頼を生み出したとしても、それが必ずしも政治を動かすとは思えない。

問題は、「架橋」型と「結束」型社会資本の相見える接面での軋轢を含む関係的資本を国家や市場に「媒介する（intermediary）作用様式」をどう考えるかである。すなわち、内閉志向の強い「結束」型社会資本と単なるプロジェクト型ネットワーキング活動にとどまりがちな「架橋」型のそれを、比較的広範囲な地理的広がりと、そこに含まれる幅広い関係者にとって答責的な「代表のチャネルと権威的な決定作成のサイトを多次元的に具備する諸制度の複雑なセット」としての市民的な「利益媒介（intermediary）の仕組み」をいかに考えるかということである。

この点で、フォード財団「ガバナンスと市民社会プログラム」のエドワーズの次の指摘は示唆に富む。「違った社会集団――違った種類の官民パートナーシップ、企業とNPOの新たな連合、分権的・参加的なデモクラシーの実験、多層的・社会横断的なガバナンスの新たな形態を含む――の間に違った種類の社会資本を創出する違った制度的『エコシステム』の実際の記録を検討する必要がある」（Edwards 2006）。世界銀行も1990年代後半以降、途上国における貧困救済・開発政策への取り組みにおいて、同じような問題意識に立つ「共同作業」（synergy）型の社会資本の重要性を認識し出した（Woolcock & Narayan 2006）。

> 「哲学する民主主義」を機能させる

この種の「共同作業」型社会資本が、「一種の自己組織的な硬直性」として「磁石」のように地域の「肌理」のなかに植え込まれるとき、「徹底した民主主義」は自ずと実践されよう。幅広い参加者をベースに多層的な権威構造を備えた「市民的媒介制度」（civic intermediary）は、地域を越えて共有される情報・知識の高められた確実性・信頼性・専門性を武器に、諸レベルの政府に対抗的でもある「市民的パワーデッ

キ」(civic power deck)としても機能するであろう。
　「自発する民主主義」を構想する「哲学する市民」の政治への積極的な関与、政治的平等主義、連帯・信頼・寛容、創造的妥協、豊かな自発的結社を特徴とする市民共同体の創出あるいは再生は、「エリートの利益に牛耳られない基盤から国家・市場・市民社会を交差して創出される社会資本からきっと生まれる」(Edwards 2006)に違いない。

文献案内
▶ パットナム、ロバート・D.(1993=2001)『哲学する民主主義——伝統と改革の市民的構造』(河田潤一訳)NTT 出版
▶ パットナム、ロバート・D.(2000=2006)『孤独なボウリング——米国コミュニティの崩壊と再生』(柴内康文訳)柏書房
▶ スコッチポル、シーダ(2003=2007)『失われた民主主義——メンバーシップからマネージメントへ』(河田潤一訳)慶應義塾大学出版会

第IV部

政治参加論

第10章 政治過程のなかの政治参加

本章は、政治参加のスタイルや政治的関与の次元性について簡潔にスケッチした後、政治参加の現代的なトレンドとはいかなるものかを追う。法的資源としての選挙権にもとづく選挙参加の先進諸国の現状を紹介し、投票率の低下と党派心の衰退の原因と、そうした傾向が政党をどのように変容させたかについて検討する。

1 政治システムと政治参加

政治参加とは　政治システムのインプット過程面に市民が関わっていく行為を、広い意味で「政治参加」(political participation)という。政治参加の定義は論者によって違うが、たとえばマクロスキーによれば、「ある社会のメンバーによる支配者の選択、あるいは直接にせよ間接にせよ公共政策の形成における人びとの間に有されている自発的な活動」(McCrosky 1968: 252頁) と定義される。

また、政治参加の研究に多大な貢献をしたヴァーバらは、「政府の構成員 (governmental personnel) の選定ないし彼らの行為に影響を及ぼすべく、多かれ少なかれ直接的に意図された、一般市民の合法的な諸活動」(ヴァーバ・ナイ・キム 1981: 56頁) を政治参加と呼んでいる。

合法/違法はいま問わないとして、政治参加は、政府構成員の選択や彼らへの影響力行使に責任をもって関わる (take part in) 自発的な行為であり、単なる上からの「動員」(mobilization) とは異なる。こうした参加行為を通して市民は、「公共財や価値の配分に関する自己の選好を伝達し、政府の行動を市民の選好が矛盾をきたさないように圧力をかけ、政府の決定をコントロール」(蒲島 1988) するのである。

政治参加の様式　政治体制との関連で参加をみれば、ポリアーキー体制の下では政治的な競争が与党と野党の政権をめぐる競争と

第10章　政治過程のなかの政治参加

図10-1　非慣習的政治行動の次元性に関する概念図

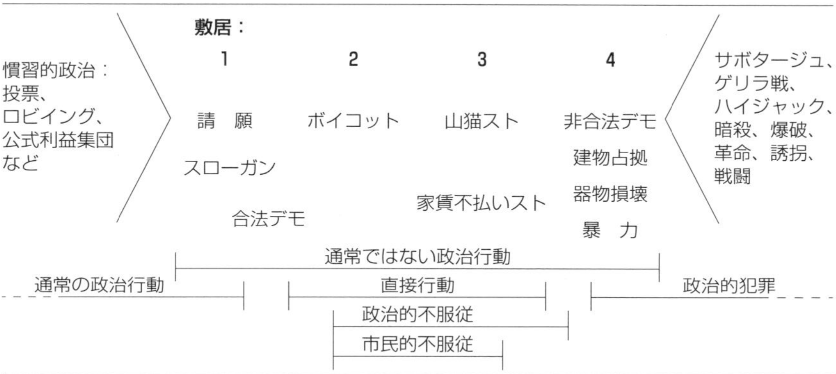

```
                  敷居：
                   1       2        3        4
慣習的政治：                                          サボタージュ、
投票、                                                 ゲリラ戦、
ロビイング、      請願   ボイコット  山猫スト  非合法デモ  ハイジャック、
公式利益集団                                           暗殺、爆破、
など           スローガン          建物占拠   革命、誘拐、
                                          器物損壊    戦闘
                        合法デモ  家賃不払いスト
                                                暴力

                           通常ではない政治行動
  通常の政治行動  |        直接行動                   政治的犯罪
                      政治的不服従
                      市民的不服従
```

出典：　Marsh 1977: 42頁を訳出

表10-1　非慣習的政治参加経験（％）

	アメリカ		イギリス		西ドイツ		フランス
	1974年	1981年	1974年	1981年	1974年	1981年	1981年
請願書への署名	58	61	22	63	30	46	44
合法デモへの参加	11	12	6	10	9	14	26
ボイコットへの参加	14	14	5	7	4	7	11
山猫ストへの参加	2	3	5	7	1	2	10
建物の占拠	2	2	1	2	＊	1	7
器物損壊	1	1	1	2	＊	1	1
個人的な暴力	1	2	＊	1	＊	1	1
人　数	(1719)	(2325)	(1483)	(1231)	(2307)	(1305)	(1200)

注：　Political Action Study(1974年); European Values Survey(1981年); CARA Values Survey(1981年）から作成している。「＊」は1％以下。
出典：　Dalton 1988: 65頁を訳出

して制度化されており、政治参加は政党間の定期的な競争に決着をつける選挙という形をとるのが普通である。これに対して抑圧的な政治体制下では、選挙は、「選択なき選挙」（elections without choice）と、形式的、儀礼的になることも

多く、暴力や反乱といった非慣習的な参加が頻発する可能性も高い。

後述するように、こうした非慣習的な参加は、欧米先進諸国においても1960年代以降、政治不信や既成政党への不満を理由に数多く観察されるようになった。

図10-1は、合法、非合法、あるいは民主的、非民主的といった区別を取り払い、政治参加の行動や活動の形態に着目した政治参加の様式一覧である。

また、**表10-1**は、アメリカ、イギリス、西ドイツ、フランスにおいて非慣習的参加が1970年代後半にどの程度増加したかを示している。全体の傾向としては、敷居レベルが低い請願書への署名という穏健な行動は増えているが、非公式ストや建物の占拠はフランス以外ではさほど増えてはいないことがわかる。

> 政治的関与の次元と累積性

表10-2は、イギリスにおける国政への関与度を示したものである。イギリスの著名な政治学者ローズ（Richard Rose）は、この表から次のようにいう。イギリスでは、「規則的に政治に関与している者は、有権者の5％から14％のところに集まっている。もしも選挙された公職を保持することが政治家である基準であるならば、その割合は1％以下に落ちる。この基準から、今日イギリスで積極的に政治に参加している成人人口の割合は、かの大いなる19世紀の民主的選挙権改革の成立以前とほとんど同一だと論ずることができよう」（ローズ 1979：［Ⅰ］210頁）と。

同様の傾向は、アメリカにも見出すことができる。ミルブレイスによれば、有権者の1％だけが、**図10-2**の「上位2、3位の行動に加わっているに過ぎない。政党や選挙運動に積極的で、集会に出席するのは、わずか4、5％である。約10％が寄附行為をし、25ないし30％程度が他人に働きかけて別の候補者に投票させようとする。また40から70％までは、政治的メッセージを了解し、特定の選挙で投票する」（ミルブレイス 1976: 26頁）と指摘している。

ミルブレイスは、**図10-2**から政治参加は累積的であり、「上の行動に加わる人間は、下に位置づけられている行動を行う可能性が非常に大きい」（ミルブレイス 1976: 24頁）と主張する。政治的関与のヒエラルヒーは、それにかかる時間とエネルギーの代償のヒエラルヒーに照応して累積的である。

表10-2　国政への関与度

	算定者数	有権者の比率（%）
1970年の有権者	39,342,000	98
1970年の投票者	28,345,000	72
組織体の構成員	24,000,000	61
週単位の現金給付を受ける者	18,600,000	47
政党員（あらゆるカテゴリー）	8,000,000	20
組織体の役職者	5,500,000	14
政治にきわめて関心のある者	3,500,000	9
政治的活動家	2,750,000	7
個人党員	2,000,000	5
下院議員、高級官僚	4,000	0.01

注：　本文（text）の脚注に引用されたもの。いくつかの数値は調査の算定にもとづくが、他のものは精確な総計であり、すべてが概数で表された。
出典：　ローズ 1979: [Ⅰ] 210頁

図10-2　政治的関与のヒエラルヒー

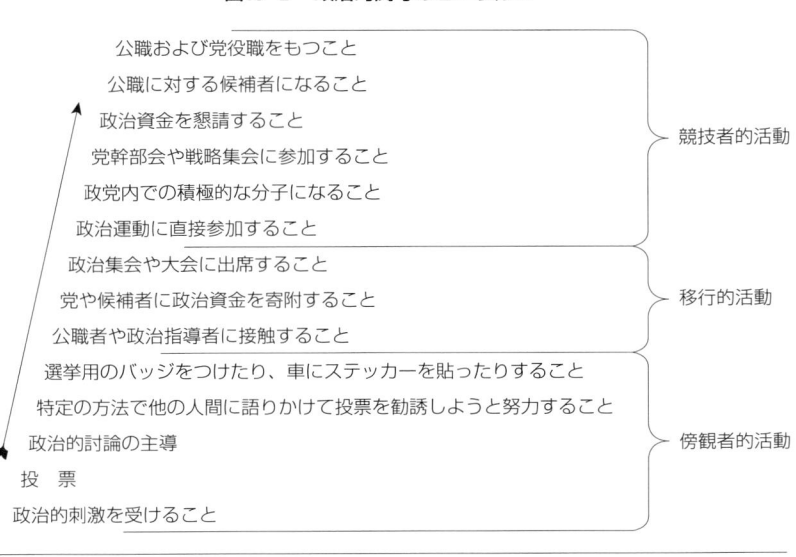

競技者的活動
- 公職および党役職をもつこと
- 公職に対する候補者になること
- 政治資金を懇請すること
- 党幹部会や戦略集会に参加すること
- 政党内での積極的な分子になること
- 政治運動に直接参加すること

移行的活動
- 政治集会や大会に出席すること
- 党や候補者に政治資金を寄附すること
- 公職者や政治指導者に接触すること

傍観者的活動
- 選挙用のバッジをつけたり、車にステッカーを貼ったりすること
- 特定の方法で他の人間に語りかけて投票を勧誘しようと努力すること
- 政治的討論の主導
- 投　票
- 政治的刺激を受けること

無関心

出典：　ミルブレイス 1976: 25頁

2 政治参加の構造的要因

〈中心－周辺〉効果 政治文化と政治的コミュニケーションに対する〈中央－周辺〉効果は、1920年代から本格化する政治行動研究が繰り返し明らかにしてきた点である。〈中央〉に位置する高い社会階級は、高い投票率、多くの情報量、高い有効性感覚をもっている、との知見である。

ミルブレイスもこうした関係を次のように表現している。「社会の中心に近い人間は、周辺に近い人間よりも、政治に参加する傾向が強い。……高い階級の人間のほうが、低い階級の人間よりも政治に参加する傾向が強い」(ミルブレイス 1976: 158, 162頁)と。その理由は、彼によれば高い社会階級に属する「中心の近くにいる人間は、彼らを参加へといざなう刺激にでくわす場合が多く、参加すれば仲間からうける社会的な支持も多い」(ミルブレイス 1976: 158頁)という。

組織加入効果 ところですでに示唆しておいたように、*The Civic Culture* (1963年) は、階層に関係なく組織への加入が政治参加を促進することを明らかにしている。自発的結社への参加は政治参加をプッシュする。このことは、**第9章**で紹介したパットナムの『孤独なボウリング』(2000年) の主要な知見でもあった。**表10-3**は、1973年からの20年間においてアメリカ人の自発的結社への参加の減少が地域社会での参加の低下、国政レベルでの政治的な不活発さにつながっていることを示している。

高い階級に比較して低い階級は、自発的結社にはあまり熱心に参加してこなかったが、歴史的には労働組合や教会、大衆政党といった大きな組織を通じて政治に参加し、民主主義の実現に多大な影響を与えてきた。多くの研究が、労働組合員は非労組員よりも政治的関心も高く、争点態度も明確で、社会主義政党に投票する傾向が強いことを明らかにしてきた。

しかし、脱工業化社会が進むにつれ、組合組織率は低くなり、「階級投票」は減退していく。彼らは、多様な集団の「交差圧力」にさらされるようになったのである。リプセットは、その度合いが高い人ほど投票しない傾向が高いことを例証した (リプセット 1963: 174-185頁)。教会からの離脱、宗教の「現世化」

表10-3　政治、コミュニティ参加の傾向

	1973-74年から1993-94年の相対変化（％）
クラブや組織の役員を務める	−42
政党のために働く	−42
地域組織の委員を務める	−39
町や学校の事柄についての集会に出席する	−35
政治集会やスピーチに出席する	−34
これら12の活動のうち少なくとも１つを行う	**−25**
スピーチをする	−24
下院・上院議員に投書をする	−23
請願に署名する	−22
なんらかの「政府改革」運動のメンバーになる	−19
公職を得るか、立候補する	−16
新聞に投書をする	−14
雑誌や新聞に記事を書く	−10

注：　ローバー社会・政治傾向調査（1973-94年）をもとに作成している。
出典：　パットナム 2006: 48頁

「世俗化」のほうも進み、1970年代には「階級投票」だけではなく、「宗教投票」も低下していると指摘されるようになった（Zuckerman 1982: 132頁）。

学歴と認知動員　教育レベルの高低は、性差に関係なく政治参加率と相関することが多くの研究によって明らかにされてきた。イングルハートによれば、1960年代前半までの参加は、エリートによる国民の巧みな指導を反映し、労働者を含む大衆は「基本的な態度や技能の変化がなくても、組織に加わることによって参加者」（イングルハート 1993: 297頁）になることができた。

イングルハートによれば、高次の参加はミルブレイスがいうように高い社会階級と相関するが、それを形づくる所得や職業よりも教育レベルが現代の政治参加をより良く説明する。学歴が高い脱物質主義者が就くサービス業、高度技術専門職は、人数が多くても凝集性を欠き、経済的な圧力集団はつくりにくい。大衆政党や圧力集団を通じて自分たちの利益やニーズが代表されがたい彼らは、教育が生み出す高いコミュニケーション技能をベースに認知能力を高め、新しい理念や身近とはいえない事象にも積極的に関心を示し、関与し出したのである。

3 政治参加の心理的要因

疎外と社会システム　このように複雑性を増す政治的関与のあり方は、構造（structure）と行動（behavior）を媒介する心理的な要因の検討抜きでは理解が難しい。そうした要素として、アノミーや政治的疎外が考えられる。

アメリカの政治心理学者レーン（Robert E. Lane）によれば、アノミーとは、「価値の喪失感、方向の喪失感」を意味し、政治は自分のことなど「気にかけてくれない」（Lane 1962: 161、173頁）と感じ、ときには政治からの撤退を引き起こす、という。こうした道徳的規制や信念体系の混沌を表すアノミーとよく似た概念としてレーンは「疎外」を挙げている。「疎外」は、政治や政府は「不公正なルールによって他者のために他者によって行われている」という政治の「外にある感覚」（sense of estrangement）を指すと理解できよう（Lane 1962: 161、177頁）。

レーンによれば、これら2つの心理的要素は、低い学歴の〈周辺〉層に一般的な心理的経験である、とされた。実証レベルでは、シーマン（Seeman 1959）の5次元論（①無力感（powerlessness）、②無意味感（meaninglessness）、③無規範性（normlessness）、④離脱（isolation）、⑤自己疎外（self-estrangement））やフィニフィター（Finifiter 1970）の無力感と無規範性の2次元論が示唆するところが多い。

市民文化的な心理的資源　アノミーや疎外とは逆に、政治参加を促す心理的要素として政治的有効性感覚（sense of political efficacy）と市民的義務感が挙げられる。

政治的有効性感覚とは、自らの政治行動の政治への貢献を主体的に感じられるかどうかを測定する指標である。ミシガン学派（⇒**第11章**）を主導したキャンベルらは、最も初期の代表的研究である *The Voter Decides*（1954年）において、政治的有効性感覚を「個人の政治的活動が政治過程にインパクトを及ぼしているに違いないし、もしくは及ぼすことができるのだという感じ（feeling）、すなわち人間の市民的義務感を遂行しているのには価値があるという感じ」（Campbell, Gurin & Miller 1954: 187頁）と定義している。

その市民的義務感（sense of citizen duty）は、同書において、政治活動（activity）

が価値があるとか有効であるとかという主観的な感じとは関係なく、「政治過程に参加すべきだ」という感じとして定義されている。「投票は市民の義務である」というこうした感覚は、その後の多くの研究によって、社会経済的地位よりも教育程度に関係することが明らかにされている。

4 投票参加の変化

> 投票参加

投票参加（electoral participation）は、投票権という法的資源を動員し、選挙制度を媒介して政治システムへの要求入力を行う政治参加の様式である。選挙は、先進諸国の政治参加の様式で最も一般的であり、多くの国民が定期的に参加する慣習的な制度的参加である。選挙は、国や地方自治体の政治的権威を平和裡に継承・更迭するメカニズムとして作用する。政党に利益集約を行わせ、政府を形成させる代議制民主主義の主要なツールである。

投票参加では、投票以外に選挙活動への参加、選挙キャンペーン、選挙集会への出席、投票の勧誘、後援会への加入や党員登録など、その活動形態は実に多様といえよう。

> 投票率の低下

その選挙への参加が低下しつつある。たとえば、戦後のイギリスの場合、1970年総選挙で投票率72％と最低を記録した。その後は、1990年代まで70％台で推移するが、2001年には59.4％と60％台を初めて切り、その後は70％台に回復せず、低迷したままである。

表10-4は、106か国を対象に1970-79年、1980-89年、1990-99年、2000-04年の4つの時期ごとの投票率の平均値を示している。全体として、1970年以降の約30年間で78.9％から70.7％へ漸減していることがわかる。表下段は先進諸国29か国に限ってのデータであるが、83.1％から73.9％へと約10％の低下を示していることがわかる。

しかし、投票率の低下は、有権者の政治離れ、無関心を即意味するわけではない。イングルハートによれば、「疑問を抱かない従順な政党支持者」の数は減っている。投票率の低下は、既成政党による支持者動員力の弱体化の現れである。これに対して非慣習的な「積極的な、エリートに挑戦するような形の政治行動

表10-4　投票率の推移（期間別）

	期間別（%）				選挙の数
	1970-79年	1980-89年	1990-99年	2000-04年	
全ケース（106か国）	78.9	78.5	74.2	70.7	533
十分発達した民主主義国（29か国）	83.1	81.5	78.4	73.9	246

出典：Blais 2007: 624頁を訳出

への参加は増えている」。先進国では、「国民は政治について討議することが増えており、嘆願書に署名し、ボイコットに参加し、問題意識をもつグループに属し、その他の政治活動に関わることが多くなっている」（イングルハート 2002: 299頁）との観察である。

党派心の衰退　イングルハートによれば、高学歴化に伴う認知動員はエリート挑戦的な政治参加のスタイルを推し進め、投票率の低下は、彼ら新しい世代の間で政党への「忠誠が長期にわたって薄れていることの現れである」（イングルハート 2002: 318頁）と解釈する。

彼ら高学歴の同時出生集団は、「政治への関心や政治を論じることなどでは年上の集団より高い率を示しているが、党への忠誠の水準はより低い」のである。「いくつかの西欧諸国の調査は、戦後生まれの集団が年上より政党への忠誠を示す率がかなり低いことを明らかにしている。この結果は、この20年間に米国の有権者の間で新しい世代の政党支持が減っていることと一致する」（イングルハート 2002: 318頁）とイングルハートは主張している。

政党の変化　カルテル政党論で知られている現代ヨーロッパを代表する比較政治、政党研究の第一人者であるメイヤー（Peter Mair）は、遺書ともいうべき *Ruling the Void*（2013年）において、ドルトンらの調査を引きながら、戦後ヨーロッパにおける党派心の長期的な衰退を改めて確認している（**表10-5**）。ベルギーとデンマークで「支持あり層」の微増を観察できるが、強い党派心保持者はいずれの国でも減少し続けていることがわかる。

レンとマクエルウェンは、こうした党派心の衰退の要因として次の2点を指摘する（Wren & McElwain 2007: 566-569頁）。第1は、教育程度の向上と新しい情報技術が、①大衆政党のモデルから政党と有権者を引き離した点、②有権者が

表10-5 「政党支持あり」の増減（1960-90年代）

国 名	1年ごとのトレンド（%）	
	支持あり層	強い支持あり層
オーストリア	−0.916	−0.663
ベルギー	+0.090	−0.285
イギリス	−0.202	−0.882
デンマーク	+0.001	−0.207
フィンランド	−0.293	−0.147
フランス	−0.712	−0.329
アイスランド	−0.675	−0.250
アイルランド	−1.510	−0.767
イタリア	−0.979	−0.770
ルクセンブルク	−0.317	−0.316
オランダ	−0.329	−0.129
ノルウェー	−0.542	−0.450
スウェーデン	−0.733	−0.543

注： Mair（2013）のFigure 3には表記されていないアメリカの数値を追加してある。
出典： Mair 2013: 35頁を訳出（元の図は、Dalton 2004: 33頁に掲載のTable 2-3）

情報の多くを政党を介在せずに直接手に入れることができるようになった点、第2は、政党は有権者の選好に拘束されずにむしろ党指導部の職業的代理人として効率的なナショナル・キャンペーンを展開できるようになった点。こうして、「ほとんどの有権者はキャンペーン・コマーシャルから選挙戦についての大半の情報」（ハドソン 1996: 178頁）を入手できるようになったのである。

政党は、ドルトンとワッテンバーグらの巧みな表現を借りれば、*Parties without Partisans*、すなわち「党派心なき人びとの党」、「党員なき党」へと変容しつつある、といえよう（**表10-6**）。

> **ミニ事典㉚　カルテル政党（cartel party）**
>
> 従来の大衆政党モデルは、党員や市民社会との関係を重視してきたが、カルテル政党はむしろ国からの政党助成金などの資源との関係を重視する。カッツとメイヤーは、政党の代表機能（有権者の統合や動員、利益集約や公共政策の形成）よりも手続き的機能（立候補者の補充・充員、議会や政府の組織）に今日の政党がウェイトを置くようになり、社会の一部よりも国家・統治機関の一部になってきたと指摘している（Katz & Mair 1995）。

表10-6 党員の増減（1960-90年代）

国　名	対有権者党員比率の変化（%）	党員数の変化（人数）	党員数の変化（%）
イギリス	-2.82	-1,118,274	-66.05
ノルウェー	-10.20	-284,603	-61.75
フランス	-3.31	-974,475	-56.09
スウェーデン	-4.54	-241,130	-47.46
アイルランド	-2.97	-50,856	-44.67
スイス	-5.90	-178,000	-43.22
フィンランド	-7.66	-260,261	-42.86
デンマーク	-3.17	-109,467	-39.70
イタリア	-4.09	-1,450,623	-35.61
ベルギー	-3.45	-191,133	-30.97
オーストリア	-11.21	-422,661	-28.61
オランダ	-1.77	-121,499	-28.19
ドイツ	-2.22	-531,856	-27.20
ポルトガル	-1.05	+4,306	+1.28
ギリシャ	+3.40	+335,000	+148.89
スペイン	+3.16	+1,208,258	+374.60

出典： Mair 2013: 41頁を訳出（元は、Van Biezen, Mair & Poguntke 2012）

📖 文献案内

▶ 蒲島郁夫（1988）『政治参加』東京大学出版会
▶ 待鳥聡史（2015）『政党システムと政党組織』東京大学出版会
▶ ミルブレイス、レスター・W.（1965＝1976）『政治参加の心理と行動』（内山秀夫訳）早稲田大学出版部
▶ リプセット、シーモア・M.（1960＝1963）『政治のなかの人間』（内山秀夫訳）東京創元新社

第11章 政治参加の理論的系譜

> 20世紀の民主主義は大衆をベースに展開され、政党は競って新たな支持基盤を求めた。本章では、大衆デモクラシーの幕開け時の有権者を分析しようとしたシカゴ学派の紹介から始め、第二次世界大戦をはさんで実証的な投票行動研究を確立したコロンビア学派、ミシガン学派の議論を紹介する。有権者の投票行動、政治参加の様式は、1960年代に入ると大きく変容する。投票行動を分析する新たな視点や政治参加の様式に焦点を合わせた主たる研究を簡単に紹介し、最後に政治参加とデモクラシーの関係について考える。

1 大衆デモクラシーの展開

有権者の拡大　大衆社会の進行に伴って、政党、政治指導者や新たな野心を抱く政治家は、政治参加への新たな要求の社会的基盤を取り込もうとしのぎを削った。たとえばアメリカにおける、労働者、女性、マイノリティへの有権者の拡大は、「主として、政党競合制の副産物であった」。政党制の台頭によって政治市場の競合的拡大への道が開けた、とシャットシュナイダー（Elmer E. Schattschneider, 1892-1971年）は述べている（シャットシュナイダー 1972）。彼によれば、参政権拡大運動の結果、新しく選挙権を手にした人びとは、「歯みがき市場が拡大した状況に消費者大衆がかかわるのとほぼ同じ程度に、参政権の拡大にかかわったのである」（シャットシュナイダー 1972: 138頁）。

「大衆」の発見　ヒューズ（H. Stuart Hughes）は『意識と社会』のなかで、18世紀は「個人」の発見の時代であり、19世紀は「社会」の発見の時代であるという（ヒューズ 1970）。自由、平等、独立といった理念を身体化した市民ないし公衆が社会関係を切り結んでいた時代は動揺し出す。

　20世紀は、ヒューズによれば、「大衆」の発見の時代である。1890年代から1900年において、18世紀、19世紀の社会思想の再検討が真剣になされた。

資本主義の高度化に伴う現代的産物としての大衆は、マルクス主義からすれば資本主義的労働・賃労働の労働過程からの疎外された商品としての労働者の大量出現であり、またウェーバー的立場からすれば、大衆の自己疎外は社会の官僚制化の帰結として捉えられた。

大衆はもはや自律意志をもつ主体としての個人＝公衆でも、また生産手段／生産関係によって規定される社会階級でもなく、利害関心を私化し、不安と不満にとらわれた、自律性を喪失した「甲羅のないカニ」の一群、「砂のような大衆」と表現された。

> 大衆社会の政治状況

リースマン（David Riesman, 1909-2002年）は、その古典的名著『孤独な群衆』において、大衆＝他者志向型人間（行動原理が社会的動向に左右されやすいレーダー型）を公衆＝内部志向型人間（行動原理が内的価値にもとづくオートジャイロ型）と対比した（リースマン 1964）。

大衆は、カリスマ的指導者に動員されやすい脆弱性を秘める。コンハウザーによれば、20世紀の大衆は非エリートの操作可能性が高いと同時にエリートへの接近可能性も高いとされた（コンハウザー 1961）。ファシズムが好む表現では、エリートへの接近は不遇者意識やルサンチマンをテコに業績主義的に「開かれて」いるともいえよう。

帰属主義的／貴族主義的な「19世紀のエリートたちは、人びとに内心の声を聴けとはげます倫理上の教訓を通して統治したが、20世紀のエリートは、個人的満足についての、さらに微妙な約束を通して統治している。古いイディオムは、個人的で、道徳的であったが、新しいそれは、集団的で、心理療法的である」とフォックスとリアーズは的確にその特徴を表現している（フォックス・リアーズ 1985: 6頁）。

2 草創期の投票参加研究

> シカゴ学派

アメリカは、1920年代に都市型社会に突入する。競争的個人主義をベースに社会移動が加速し、都市には個人主義的「野心と失望」が交錯する。巨万の富と貧困、労働問題と、失業、犯罪などを背景に、アメリカに特有な「地位の政治」は、非アメリカ的なるもの（新

移民、外国生まれ、左翼思想家、共産主義者、革命分子）を排除しつつ、「不安の政治」をかき立てた。

中西部に位置するシカゴもヨーロッパからの移民により19世紀後半に急速に膨張した。1890年から1920年の間に人口は約2.4倍に膨れ上がり、その大半が製造業での仕事目当てであった。食肉加工から鉄鋼、製材など製造業の中心地となった大都市シカゴでは、「投票」の研究が、「棄権」の研究と同義語となるほどアパシーが蔓延した（メリアム 1983）。現代のアパシーは、リースマンがいうように、伝統的無関心を特徴づけた無知や無権利とは違って、「快適になるにはあまりにも知りすぎており、役に立つにはあまりにも知らなさすぎる」複雑な様相を帯びていた。

ゴスネルの選挙研究　シカゴ学派を先導するメリアムとともにゴスネルは、1924年に *Non-Voting* を著した。1923年4月3日に実施されたシカゴ市長選挙を扱った同書は、その低い投票率の原因を従来の法＝歴史的なアプローチではなく、数量的方法で明らかにしようとした。140万人ほどいる投票資格がある有権者のうち90万人ほどしか有権者登録をしておらず、彼らのうち実際に投票したのは72.3万人であった。

約半数が「棄権」したのはなぜか。ゴスネルらは6000人を対象に面談調査を行い、棄権を生み出す理由と状況の関係を探ろうとした。

時代は現代であるが、ガーバーとグリーンは、草の根の「投票動員」（getting out the vote）運動での個人接触と非個人的なダイレクトメール郵送、電話作戦の効果を検証する「実地実験」を行ったが（Gerber & Green 2000; Green & Gerber 2004）、ゴスネルはすでに1924年の大統領選挙と1925年のシカゴ市長選挙を対象に非党派的なダイレクトメールがもつ「投票動員」効果の測定、投票刺激実験を行い、収集した6000人の回答を統計処理し、その結果を1927年に *Getting Out the Vote* として出版している。

コロンビア学派　その後、コロンビア大学の社会学者ラザースフェルドや心理学者のベレルソンたちは、1940年の大統領選挙（ローズベルト対ウィルキー）を対象に、オハイオ州エリー郡（Erie County）において有権者の政党支持に関する社会的・人口統計学的な分析を行った。その結果は、1944年に *The People's Choice* として公刊され、また、1948年の大統領選挙（トルー

マン対デューイ）についても同様の調査をニューヨーク州エルマイラ市（Elmira）で行い、*Voting*として1954年に公刊されている。

コロンビア学派の知見は、次の3点に要約できよう。①個人は「政治的先有傾向」(political predisposition（政治的な関心・欲求・知識・態度からなる政治的性格))をもつ。それは、社会経済的地位、宗教、居住地（都市／農村）といった社会学的要因と相関し、高い社会経済的地位＋プロテスタント＋農村居住は共和党に、また低い社会経済的地位＋カトリック＋都市居住は民主党に投票をすることが予測された。②「交差圧力」(cross-pressure)にさらされればさらされるほど、選挙キャンペーンに影響されやすく、曖昧な政党支持態度を示し、投票決定が遅れたり、棄権しやすい。③選挙運動の効果は、態度を改変させるよりも、潜在的な先有傾向を投票へと結晶化させる顕在化効果のほうが強い。

また、マス・メディアよりも小集団のほうが態度に大きな効果をもつ、というオピニオン・リーダーを介した「コミュニケーションの2段階の流れ」論もよく知られている。

ミシガン学派　ほぼ同時期に、アメリカ中西部に位置するミシガン大学のサーベイ・リサーチ・センターは、1952年の大統領選挙（アイゼンハワー対スティーブンソン）を対象とした選挙行動の分析を通じて、「政党帰属意識」(party identification)を測定し始めた。

人生の初期の段階に形成され、その後の政治認識の認知スクリーンの役割を果たす政党に対する愛着心、長期的に安定的な態度、それこそが政党帰属意識の特徴であった。

ミシガン学派によれば、投票の方向や強度を強く規定する政党帰属意識を中心に、争点に対する態度、候補者に感じる個人的魅力が投票に影響を与えることが、1954年出版のキャンベル（Angus Campbell）らの *The Voter Decides*、さらには1960年に出版されたミシガン学派の代表作 *The American Voter* に結実していく。

このようにミシガン学派は、政治的社会化を通じて人が獲得する長期にわたって持続する態度要因である政党帰属意識と短期的な態度変数を組み合わせることで、コロンビア学派が重視した変化に対して頑固な社会構造を重視するだけでは説明できない、選挙ごとの大きな変化を説明することを可能とした。

> **社会的亀裂モデル**

第8章で紹介したように、リプセットとロッカンの「社会的亀裂と政党システム」の考えは、ヨーロッパ諸国における投票参加の研究をめぐる現実的な作業として、社会的亀裂のありようが構造化する、たとえば民族、地域、宗教、階級などが刻印する諸レベルにおける社会集団（間接的集団統制システムとしての環境、第二次集団、第一次集団）への選挙民の所属のあり方を問うことの重要性を示唆した。

社会的亀裂モデルは、ミシガン学派が強調する政党帰属意識モデルと、前者は所属集団としての、後者は準拠集団としての政党への一体化という違いはあるものの、社会構造を重視するアイデンティティの議論である点では変わらない。

選挙における亀裂政党（cleavage party）の社会集団との連携度は、操作的にはアルフォード（Alford 1963）の「階級投票」指標（左翼政党へ投票する筋肉労働者から、左翼政党へ投票する非筋肉労働者の割合を引いた数値）や「宗教投票」指標（教会参与の程度と宗教政党への投票の相関を問う）によって測定された（Lijphart 1971）。

リプセットとロッカンによれば、社会的亀裂の構造は、選挙民編成／政党システムを「凍結」（freezing）する。共同論文（1967年）が公刊された「1960年代の政党システムは、ごくわずかであるが重要な例外的事例を別にすれば、そのまま1920年代の亀裂構造を反映している」とされたのである。

アメリカでは、郊外化現象によって有権者は四方八方に張り巡らされた都市の党組織網から離れることになり、彼らの政党に対する傾倒は弱まっていった（ハドソン 1996: 164頁）。

同様のことはヨーロッパでも進行した。パリージとパスクイーノは1980年に発表した論文において、イタリア人の投票行動は、階級や宗教をベースとした亀裂政党への主観的同一化にもとづく「所属による投票」や、恩顧＝庇護主義にもとづく「交換による投票」を減らす一方で、複数の政党が提示する政策位置に対する選択的評価にもとづく「意見による投票」が増加してきた、と指摘している（Parisi & Pasquino 1980）。

3 新たな投票参加像の模索

> 合理的有権者

アメリカでは、準拠集団としての政党への愛着心を失った無党派（independent）が1960年代後半に増え出した。ミシガン学派は、党派心をもたない無党派は政治的関心が低く、争点理解も乏しく、政策評価にも弱い、情報にも疎い存在として解釈していた。

ところが、1960年代、70年代になると、話は逆の様相を示し出す。従来の民主党／共和党への一体感がどっちつかずの浮動層ではなく、争点指向が強い無党派＝独立派の増加である。彼らは争点を重視しながら投票を行う合理的な投票者で、教育程度が高い若い層に多くみられるようになった。「階級投票」を物質的価値と考え、脱工業化社会にふさわしい社会のあり方を脱物質的な価値から認知し、「階級投票」を超えようとしたのも同じく若い高学歴層であったことは**第10章**でみたとおりである。時代の要請は、古い社会構造を重視するアイデンティティ・モデルを再検討することであった。

新たな投票行動モデルは、先有傾向としての政党帰属意識にもとづく投票を「従属的投票者」とみなし、**古典的デモクラシー論**の描く市民に近い、政党から独立し、争点理解にもとづいて投票（有権者が政党の立場を正しく認識しているか誤解しているかは問題ではない）する選挙民を「合理的有権者」（rational voter）と呼び、「賢い市民」（informed citizen）による選択行為を評価した。

これには、古くはV.O. キー（⇒**第12章**）の「責任ある投票者」（responsible electorate）の議論（Key 1966）、新しくは大した情報量もないのにメディア操作に

> 🖉 **ミニ事典㉛　古典的デモクラシー論**

合理的な市民（歴史的には制限選挙時代の資本家と地主、教養と財産をもった「上流一万」⇒**第1章**）が代表を議会に送り、代表者は討論と説得を通して、合理的な意志、その表現としての法や政策を生む、という考え。ギリシアのポリス（都市国家）、米国ニューイングランド地方のタウンミーティングなども直接デモクラシーの自己統治という視点から、古典的デモクラシーの実践としてしばしば取り上げられてきた。

踊らされることなく候補者を選択する有権者の「直感的な合理性」（gut rationality）を主張するポプキンの議論（Popkin 1991）などがある。

> 争点投票

アメリカでは、1964年大統領選挙がノーマル・ヴォート（党派心の全体の布置がそのまま選挙結果へと反映させる一括投票者（straight line voter）を想定）から逸脱した最初の選挙といわれる。イングルハートはこれに対して、1972年の大統領選挙が、「政党への忠誠心よりも争点のほうが投票行動に影響を与えたが、これはこれらの変数を測定する調査研究が始まって以来のことである」（イングルハート 1978: 304頁）と述べている。

いずれにせよ、新たに出現した人種や女性をめぐる社会的・道徳的争点が、合理的な有権者を増やした。彼らはたとえ党派心が強くても、それは横に置き当該選挙の争点の理解にもとづいて投票する（Nie, Verba & Petrocik 1976; Pomper 1972; Pomper 1975）。したがって、投票先が自らの政党帰属意識とずれる場合がある。分割投票者（split ticket voter）の出現である。アメリカでは、これと相前後して、無党派や弱い党派心の人びとも増え出したことが多くの調査によって確認されている（**表11-1**）。

4 政治参加の国際比較研究

> 慣習的政治参加の比較研究

ヴァーバらのグループは、政治指向と政治活動の関係についてとくに関心を払った。彼らは、政治指向の次元として、①一般的な心理的関与（市民が政治や公共問題に関心や注意を払う程度）、②政党帰属意識の強さ（政党への心理的愛着心の存在と強度）、③地域の福祉への貢献感（自分が住む地域の一般的な福祉に対する自己の相対的な寄与についての市民の信念）を、また政治活動のモードとして、(A) 投票、(B) 選挙活動、(C) 地域活動、(D)（私的な問題をめぐる）役職者との接触を、最終的には7か国（オーストリア、インド、日本、オランダ、ナイジェリア、アメリカ、ユーゴスラビア）の国際比較調査が分析したさまざまな政治活動の因子分析より導出した。

分析結果は、①は投票や選挙運動、地域活動への参加といった集合的関与に関係があり、②では、投票や選挙運動には党派心の強さが強く関係するが、地域活動や役職者との接触はその限りではない点、さらに③は集合的活動に大き

第Ⅳ部　政治参加論

表11-1　アメリカにおける政党帰属意識の分布とその推移（1952-2004年）

	1952	1956	1960	1964	1968	1972	1976	1980	1984	1988	1992	1996	2000	2004
強い民主党	22	21	20	27	20	15	15	18	17	17	18	18	19	17
弱い民主党	25	23	25	25	25	26	25	23	20	18	18	19	15	16
無党派民主色	10	6	6	9	10	11	12	11	11	12	14	14	15	17
純粋無党派	6	9	10	8	11	13	15	13	11	11	12	9	12	10
無党派共和色	7	8	7	6	9	10	10	10	12	13	12	12	13	12
弱い共和党	14	14	14	14	15	13	14	14	15	14	14	15	12	12
強い共和党	14	15	16	10	10	10	9	9	12	14	11	12	12	16
無関心	3	4	2	1	1	1	1	2	2	2	1	1	1	0

注：　データは American National Election Studies のウェブサイトによる。
出典：　Lewis-Beck, Jacoby, Norpoth & Weisberg 2008: 114頁を訳出

く関係しているが、個人の役職者との私的な接触には高い相関性はないことが明らかにされた。

表11-2 は、政治活動の4つのモードの特性を政治参加の次元との関連で示している。

> 非慣習的政治参加の比較研究

テイラーとハドソンらイェール大学グループは、1948年から1967年までの非慣習的な政治参加（抗議デモ、暴力、武装攻撃）を136か国を対象に検討し、その結果を『世界政治・社会指標ハンドブック』（Taylor & Hudson 1972）としてまとめた。

多くの貴重なデータのなかでもとくに興味深いのが、*The Civic Culture*（1963年）によって市民文化の代表国とされたイギリスでの抗議活動の多さであった。抗議デモの回数は、世界平均が17回であるのに比してイギリスでは132回を数え、世界第10位であった。そのうち63回が核軍縮キャンペーン（Campaign for Nuclear Disarmament, CND ⇒**第12章**）による1959年から62年にかけてのデモ活動であった。*The Civic Culture* の調査時期と重なっている点が興味深い。ちなみに、イギリスに近い数字は、アルジェリアの134回、イタリアの109回、パキスタンの108回であった。

また、暴動は世界平均が34回にもかかわらず、イギリスは82回（1962年だけで21回）を数えた。ただ、武装攻撃は45回で9名の死亡で第65位と世界の死亡者平均131人を大きく下回った。ただ、政府の制裁措置は、世界平均が95回であったがイギリスは183回（第45位）と多かった。

表11-2　政治活動の諸次元と活動のモード

活動のモード	影響力の型	効果の及ぶ範囲	対立	要求される自発性	他人との協同
投票	圧力は強いが、情報量は少ない	集合的	有	わずか	わずか
選挙活動	圧力は強く、情報量はさまざま	集合的	有	少ない	場合による
地域活動	圧力の程度はさまざま、情報量は多い	集合的	場合による	場合による	場合による
（私的な問題をめぐる）役職者との接触	圧力は弱いが、情報量は多い	個別的	無	多い	わずか

出典：ヴァーバ・ナイ・キム 1981: 66頁

　政治的なフリンジ（周辺）の検討を行ったセイヤーは、1960年代初期に、さまざまな道徳的大義を主張する活発で、組織化された直接行動を確認している（Thayer 1965）。抗議活動はイギリスの政治生活の重要な伝統ではある（Marsh 1977）が、「秩序正しさ」（orderliness）も併せもつ（Critchley 1970）。武装攻撃の少なさは、*The Civic Culture* が抽出したイギリスの秩序正しい市民文化と平仄が合う。

> ポリティカル・アクションの比較研究

　イングルハートがパリ5月革命に実際にみたものは、マルクス主義的な階級闘争のスローガンであった。だが、彼が驚きをもって発見したのが労働者階級、とくに中高年の賃金へのこだわりであり、ミドルクラス、とくに高学歴の若者の自由と脱管理社会の希求であった。後者を中心とする脱物質主義者が非慣習的な形態のポリティカル・アクションを「比較的行いやすい」ことがその後、大量のデータによって裏づけられていく。

　バーンズとカーゼら編集の *Political Action*（1979年）は、多数の態度変数を扱っているが、多くの実際のポリティカル・アクションも数多く報告されている。脱物質主義者は、社会のより安定した特権的な階層の出身であり現状維持の最受益層であるにもかかわらず、こうした行動をとる傾向をもつ。この仮説は、イングルハートがいうように、「経済的に恵まれない集団が社会変動を最も支持するという階級対立モデルとはまったく背反するものである」。大量のデータを分析した結果によれば、「1974年当時の脱物質主義的価値の保持者はどの

国でも、物質主義的価値の保持者よりも、80～81年に抗議行動にはるかに多く参加したと答えている」（イングルハート 1993: 269頁）。

5 政治参加とデモクラシー

2つの政治参加　ネルソンによれば、政治参加はデモクラシーとの関係で次の2つの観点から捉えられてきた（Nelson 1987）。第1は、政府の構成の変更や政策決定への影響を制度的な投票参加を中心に考え、抗議や暴力を政治参加に含めない。第2の参加観は、安定的なデモクラシーをア・プリオリに前提としないで、スト（合法、非合法を問わない）やデモなどの抗議活動や暴力も政治参加の一形態として考える。

暴力や反乱が、第三世界、発展途上国に固有の参加経験でなかったことは、ニューレフト、5月革命の運動をくぐり抜けた先進諸国の1960年代、70年代が私たちに教えてくれるところである。

第2のタイプの参加が、先進諸国の若者、高学歴者を中心に広がったのである。彼らは、投票参加のルートを無視して一足飛びにデモ等に参加した。〈態度－行動〉についてのミルブレイスの「参加の累積性」仮説を無視するかのごとき一連の抗議活動の高まりは、戦後の投票参加を前提としたデモクラシー論に疑念を突きつけると同時に、行動（behavior）の準備態勢としての態度（attitude）

> **⊘ ミニ事典㉜　5月革命（Mai 68）**
>
> 1968年3月22日、約100名の学生がナンテール分校の大学評議会室を占拠した。貧弱な教育環境に対する抗議は大規模な反政府運動（3月22日運動）に発展し、5月に入ると大学寮の訪問制度に反対する抗議、ナンテール分校の閉鎖、ソルボンヌ大学の閉鎖へとエスカレートしていった。5月7日には大学制度改革を要求する学生デモがパリ・カルチェラタンで警察と衝突し、労働者らの同調ストは1000万人近い規模にふくれ上がり、フランス全土がマヒ状態におちいった。「想像力に力を」とのスローガンは、経済成長が生み出した管理社会化とド・ゴール主義的権威主義への「異議申し立て」と「参加デモクラシー」を表象するものであった。しかし6月の総選挙では、ド・ゴール派は単独過半数を獲得し、政権を維持する結果となった。

について研究を進めてきた投票参加論に新たな認識枠組みの転換を要請するものであった。本章第3節で紹介した諸研究がこうした要請に応えようとしたものであることはいうまでもない。

エリート論的デモクラシー論　第1の参加観に引きつけたデモクラシー論は、デモクラシーを対立し合う諸集団の均衡が定期的な選挙というメカニズムによって確立される、と考える。

参政権の拡大は、政治的に賢明とはいえない多くの人びとが政治に参加する機会を制度的に保障するようになった。彼らは、古典的デモクラシー論が想定した「賢い市民」ではなくむしろ大衆と称せられ、その非合理性がことさら強調された。

ミシガン学派の基本的知見によれば、アメリカの一般有権者は、選挙キャンペーンの争点に無頓着で、政党間の差異もほとんど理解しておらず、信念は非イデオロギー的で、その体系性はきわめて怪しい。**イデオローグ**は、有権者のわずか3.5％程度に過ぎなかった。多くの有権者は、関連する集団利益や選挙時の時流に流されやすい、とされたのである。

しかしこの議論は、彼ら非合理とされた市民を理論のなかで否定せず、むしろ「無能な市民が有能な政府」をつくるという機能的理解を全面に押し出しもする。政治的アパシーは民主主義の作動にとって良いとする機能主義的デモクラシー論は、すでにベレルソンらの *Voting* が指摘していた点でもある。

参加デモクラシー論　マクファーソンによれば、参加デモクラシー論は、エリート論的デモクラシーの民主主義モデルとその

🖉 ミニ事典㉝　イデオローグ

コンヴァースらは、イデオロギーを、政治的な対象に「中心性」（centrality）を与え、広範な社会的、道徳的、政治的、哲学的問題をカバーする高度な相互規制と相互依存をもつ信念体系とする（コンヴァース 1968）。そうしたイデオロギー的信念体系の発達・保持理念間の論理的関係の識別には「文脈的知識」が必要なために教育程度と深く関連し、この意味でその数はきわめて限定される。イデオローグは多大な情報を武器に政治的に活動的である、とされた。

人間への否定的な見方を拒否することで成り立っている（マクファーソン 1978）。

　エリート論的デモクラシー論は、政治参加を選挙に限定し、選挙で多数派の支持を得た政治エリートが政策決定を行うのがベストだと考える。これに対して、参加デモクラシー論は、ペイトマンがいうように、投票権と選挙による政権交代がそれ自体ではデモクラシーの存在を保障しない、と主張する（ペイトマン 1977）。

　参加デモクラシー論は、エリート論的デモクラシー論の「無能な市民が有能な政府」を生むというデモクラシーの機能的理解を拒否する。参加デモクラシー論は、平等と公共善の追求は可能であることを示唆する点で、デモクラシーの解釈にあたって「最大主義者の立場」（クリューゲル 2006: 29頁）をとっているといえよう。

　1968年、パリからフランス全土へと広がった5月の「騒然とした革命」は、「自由とアクテヴィズム」の重要性を主張するものであり、「新しい労働者階級」（nouvelle classe ouvrière）論を彫琢させ、またイングルハートの「静かなる革命」の発想の起点ともなったことは記憶しておいてよい。

文献案内
- 小林良彰（2000）『選挙・投票行動』東京大学出版会
- ヴァーバ、シドニーほか（1978＝1981）『政治参加と平等──比較政治学的分析』（三宅一郎・蒲島郁夫・小田健訳）東京大学出版会
- ペイトマン、キャロル（1970＝1977）『参加と民主主義理論』（寄本勝美訳）早稲田大学出版部

第12章 新しい政治参加

戦後アメリカの政治は、ワシントン＝「ベルトウェイ内部」で進む巨大利益団体と政府の無原則な取引は「利益集団自由主義」として、社会的・経済的公正の実現を困難にしていった。デモクラシーと資本主義の結合が種々の不平等を存続させ、政党を媒介とした選挙参加に有効性を見出せない有権者を生み出したことはなにもアメリカに限ったことではなかった。本章では、多元的集団主義と選挙デモクラシーの機能不全に挑む、態度集団、草の根活動主義、政治的エンパワーメント、アドボカシー活動が切り開こうとする新しい政治の可能性を検討する。

1 「疎外された有権者」

マシーン改革の「逆説」

アメリカ、とくに北東部大都市を中心に、19世紀末から20世紀中葉まで政党マシーンが力をふるった。マシーンは、市役所、裁判所、警察、消防署、地区事務所への情実任用から、役所関連の守衛、エレベーター係、窓拭き係、溝掘り人夫、ゴミ収集人、下水工事人などの雑役への雇用に至るまで、実に多種多様な便益の提供を資源に票を引き出していた。

こうした集票マシーンに対して**革新主義時代**の改革者は、「個人的な政治や影響力を売り物にするマシーンを取り除き、型どおりでおそらく摩擦のない官僚組織に替えようとする衝動」を売り物にする都市改革運動を展開した。その結果は「大変な逆説をもたらした」、とアメリカの都市社会学者セネット（Richard Sennett）は述べている（セネット 1975: 82頁）。

政治的アパシー

20世紀初頭に進行する大衆社会の「政治」は、社会的病理と皮膚呼吸でつながっていた。**シカゴ学派**を指導するメリアム（Charles E. Merriam, 1874-1953年）は、ゴスネルとともに *Non-Voting*（1924年）を著し、**第11章**でみたように当時の政治状況の背景に大衆の政治的アパ

シーを見出した。折しも都市中産層を中心としたマシーン改革の時代でもある。
　急激に進む政治の複雑化、行政の官僚制化、情報の断片化がアパシーの原因と考えられた。シカゴ学派を代表する政治学者ラスウェルは、精神分析学、異常心理学等を駆使しつつ、政治的アパシー・無関心を、①脱政治的（de-political）（私的な消費生活への逃避）、②無政治的（a-political）（自分の関心領域を政治以外のものに没入）、③反政治的（anti-political）（何らかの宗教的・道徳的／思想的立場から政治へ参加）に分けた。とくに反政治的無関心が、大衆運動の餌食になりやすいことが懸念された。

ミニ事典㉞　革新主義時代（the Progressive Era）

1890年代から第一次世界大戦までのアメリカを指し、セオドア・ローズベルト（1901-09年）、タフト（1909-13年）、ウィルソン（1913-21年）大統領とほぼ重なる。19世紀末にかけて北東部の都市は、急速に展開する資本主義のなか、農村部からの移入労働者、東欧・南欧からの大量の移民労働者により行政は混乱し、ボス・マシーンが票と便益の交換によってある種の統合機能を果たしていた。これに対して都市の中産階級を巻き込んだ広範な都市改革運動が起こった。スラムの改善、贈賄・収賄の除去のほか、労働争議の改善、独占企業の改善、政治参加の拡大（婦人参政権、上院議員の直接選挙による選出、秘密投票、予備選、州におけるレファレンダム、直接請求、リコールなど）も取り組まれた。

ミニ事典㉟　シカゴ学派（Chicago school）

『政治における人間性』のウォーラス（Graham Wallas）や世論研究で有名なローウェル（A. Lawrence Lowell）に多大な影響を受けて、集団活動モデルや政治行動の社会心理学的解釈によって従来の形式的な制度・機構論の静態性を乗り越えようとしたメリアムを先頭としたシカゴ大学の影響を受けた政治学者群。メリアムは、1925年アメリカ政治学会の会長演説で、なによりも「政治行動」（political behavior）の解明を、と主張し、社会科学評議会（SSRC、1924年設立）や大学の制度整備にも多大な貢献をした。政治理念や制度的権力よりも、学習・動機理論をベースに個人の態度・信念・意見・選好の分布、行動を説明しようとしたゴスネル、ラスウェルを代表に、V.O. キー、サイモン（Herbert Simon）、アーモンド、トルーマン（David Truman）ら戦後アメリカの代表的政治学者が続いた。

> **疎外された有権者**　セネットは、広がる政治的無関心を都市改革運動に結びつけて、「改革運動が過去の改善に成功すると、無力な男たち、すなわち白人の労働者階級や下層の中産階級の有権者が政治体との結びつきの感覚を失ってしまった」（セネット 1975: 82頁）と述べている。マシーンが人格的な性格を失うと、彼ら無力な男たちは、自分たちが動かしていると信じていた政治的影響力の唯一の仲介手段から孤立させられた、と考えたのである。

この問題について、「現在、政治学界では、機能上の事実として無力な有権者がどれほど権力から切り離されているか、大論議がかもされている」が、現実の「疎外された有権者」は単なるスローガンではない、とセネットはいう。セネットは、「人間という観点からすれば、この論議はアカデミックにすぎる——人々は切断されていると感じており、名状し難い何物かを奪いとられていることに気づいているのだ」（セネット 1975: 82-83頁）と、アパシーの機能主義的理解を拒否する。

> **コモンマンの政治日誌**　セネットは、政治意識に詳しい政治心理学者レーンの研究に正しく目配りをし、コモンマン（庶民）の政治意識と思想に次のように迫る。「レーンの研究が鋭く指摘したように、労働者階級の人びとの政治能力は、黒人であれ白人であれ、人格的な関係や提携を権力行使の手段としてつくり出すことにある。都市人口のうち下層の大半」は、理性的な都市改革運動の結果、「ささやかな取り決め、友人たちのなかに割り込んでくる請負人、道路修理のために知り合いを市役所に呼んだり無能な選挙民に難しくない仕事を世話したりする地元政治家、といった事柄について知ることも理解することも」（セネット 1975: 83-84頁）できなくなった、と。

2　参加デモクラシーへ

> **政治参加と社会階層**　セネットは、その結果、接触集団の分極化、緊密な家庭と家庭外での決まりきった型どおりの事柄との調和した成長が、権力の真空地帯をつくり出した、という。無力な都市の人びとは、自分たちの必要のために闘ったり出し抜いたりする領域を奪われたのである。「政

治クラブの構造の破壊は、中産階級の改革者が多くの都市で成し遂げてきたように、単に権力から多くの政治を切り離し、有権者の『疎外』を増大させただけである——だから、極右翼による救済者的な解決へ方向転換する傾向を増大させるのだ」(セネット 1975: 84頁) と、セネットは事の本質を鋭く指摘している。

レーンも、仕事や人生の見通しへの私的な不満という意味での「疎外」と無関係な富と地位がある上層階層が参加を増加させるのに比して下層階級の投票率は低くなり、「こうした不満に過激な政治運動がうまくつけいる可能性がいつも存在する」(Lane 1959: 232頁) ことを懸念するのであった。

利益集団自由主義とコモンマン　「疎外された有権者」と、大労組を含むビジネス・業界団体が主導する戦後アメリカの資本主義的民主主義体制との心理的距離はきわめて遠かった。著名な政治学者 V.O. キー (Valdimer Orlando Key, Jr., 1908-63年) は、1942年出版の古典的著作『政治、政党、圧力団体』において、農業団体、労働組合、ビジネス、その他の利益集団の実態を詳細に分析した (Key 1942)。

米国農業局連盟 (AFBF)、米国労働総同盟・産業別労働組合会議 (AFL-CIO)、商業会議所 (Chamber of Commerce)、全米製造業者協会 (NAM) などの組織化された巨大な利益団体が議会や行政に圧力をかける集団的多元主義の政治は、「疎外された有権者」にとっては他人事のように思えた。「ベルトウェイ内部」で進む巨大利益団体と政府の無原則な取引＝「利益集団自由主義」(interest group liberalism) は、社会的・経済的公正の実現を困難にしていったのである。

政治学者のロウィは、こうした戦後アメリカ政治の現状を「自由主義の終焉」(ロウィ 1981) として告発した。シャットシュナイダーがいち早く、「多元主義的な天国の欠点は、その天国の合唱が強い上流階級的なアクセントをおいて歌われるということである。人民の90％がおそらく圧力組織に加わることができないのである」(シャットシュナイダー 1972: 51頁) との見方を支持したものであった。

戦後アメリカの2つの注意勧告　戦後アメリカの圧力団体政治が著しく上流階級的な偏向を示すなか、1962年に、その後の政治参加の展開と方向性を決定づける2つのマニフェストが表明された。

1つは、海洋生物学者カーソン (Rachel Carson) の『沈黙の春』(Silent Spring) の出版であり、もう1つはミシガン州ポート・ヒューロンにおける民主社会学

生同盟（SDS）による組織綱領「ポート・ヒューロン宣言」（Port Huron Statement）である。

前者は、環境問題に関する考え方を根本的に変え、「産業社会」的価値観を根底から問いなおすものとなった。また、後者は、主として白人中産階級学生による「社会的な決定への個人の参加が自分たちの生活の質と方向を決定し、社会が人間の独立を促すように組織され、人間が共に参加するための方途」、参加デモクラシー（participatory democracy）の宣言であった。

> 長い60年代

SDS を中心としたニューレフトは、人種分離法にもとづく人種差別主義の廃絶、差別のない平等なアメリカをめざす黒人の公民権運動にも多大な影響を受けていた。

公民権運動指導者のキング牧師が、「私には夢がある」演説を行った1963年には、フリーダン（Betty Freedan）が、『新しい女性の創造』（The Feminine Mystique）を出版している。女性に個としての自立を求める同書は、高学歴の中産階級女性を中心に広く受け入れられた。彼女は、1966年に全米女性組織（NOW）を結成した。NOW は躍進し、戦前からの婦人有権者同盟（LWV）などの組織も活気づいた。

公民権運動、ニューレフト、NOW などは、黒人、少数派民族集団、女性を「二級市民」に貶めてきた社会構造を問責し、イングルハートがいう物質主義的価値への疑念を広く呼び起こした。こうした新しい社会運動は、従来のエリート論的デモクラシーを厳しく批判する参加デモクラシーの意義を強く打ち出すものであった。

3 参加デモクラシーからポリティカル・アクションへ

> 持続する政治的抗議の潜在能力

ところが、1970年代に入ると、こうした抗議運動は姿を消していく。大学紛争後の若者をある種の「しらけムード」が襲った。日本でも、「三無主義」（無気力、無関心、無責任）が、当時の若者の気分を表す言葉となった。引き延ばされた「青年期」を生きる若者が、『僕って何』（三田誠広著、河出書房新社、1977年）と自問し出したのである。

「青年期」にありながらもはや「青年」ではない若者は、アメリカでは『ナ

ルシシズムの文化』(ラッシュ 1981) を実践する「ミー」世代と称されもした。

1980年代の初頭、ほとんどの評論家は政治的抗議の潜在能力は消失したと考えた。ところがイングルハートによると、こうした観察はまったく的外れとはいわないが多くの誤解を含んでいると批判された。

イングルハートによれば、新しい政治参加様式は、より「争点限定的であり、より高次の参加の閾で機能している」(イングルハート 1993: 299頁)。1980年代初期の西欧への中距離核ミサイルを装備する決定は、ヨーロッパでは、ヴェトナム戦争期を上回る大衆のデモを引き起こした。デモに参加した1980年代後期に15～24歳であった若者は、その上の年齢コホートほどには顕著に非物質主義的ではないが、1945年以前に生まれた年齢層と比較すれば明らかに脱物質主義的であった (イングルハート 1993: 275-276頁)。

態度からアクションへ　1974年と1980-81年に西ドイツ、オランダ、アメリカで実施された *Political Action* 調査のパネルデータを分析した結果 (**表12-1**)、「1974年にもたれていた価値は80年代の抗議行動の強力な予想因になる」との手応えをプロジェクト・メンバーは得た。これらのデータは、「脱物質主義的価値が態度に対して影響を及ぼすばかりではなく、行動にも影響する」(イングルハート 1993: 266頁) ことを明らかにした。

1980年代には、先進西欧諸国を中心に物質主義／脱物質主義価値の優先順位が、「諸個人の態度にも影響を及ぼし、持続的で重要な行動への結果を生む」ようになっていったのである。

4 集団ベースの政治参加

表出的政治と態度集団　エクスタインは、圧力団体を共有された部分利害の擁護を目的とする「利益」集団と、成員の共通利害ではなく、特定の目的を共有し、掲げる大義を達成するために結成される「態度」集団に大別した (Eckstein 1960)。

たとえばキャッスルズは、態度集団として北欧諸国における禁酒運動やイギリスの核軍縮キャンペーン (CND) を代表的な例として挙げている (Castles 1967)。

表12-1　1974年の価値タイプごとの1980-81年に報告された非慣習的政治行動

(%)

1974年の価値タイプ	西ドイツ	オランダ	アメリカ
物質主義者	1	3	17
混合型（物質主義的）	2	5	23
混合型（脱物質主義的）	12	8	25
脱物質主義者	34	23	45
全　体	4	9	22
回答者数	898	743	910
ガンマ係数	0.39	0.37	0.16

注：　過去10年間の2タイプ以上の抗議行動を行った人のパーセントを示している。
出典：　イングルハート 1993: 269頁

　イギリスの CND は、価値合理的な態度の表出的アクションとして格好の例を示している。1957年のイギリスでの核実験への抗議行動を契機に翌年に設立された CND は、米軍基地での座り込み、平和行進など直接行動を通じてイギリスの一方的核軍縮を提唱し、核兵器の危険性を世界に広く知らしめた。

　イギリスの社会学者パーキンは、CND を *Middle Class Radicalism*（1968年）として分析した。パーキンによれば、CND 活動家・支持者はイギリスの支配的社会秩序において規範的にマージナルな存在（平和主義者、共産党員、トロツキスト、クエーカー教徒、ニューレフト、アナーキスト）であるが、その多くの教育程度は高く中産階級に属する者が多い。彼らは、労働者階級のように社会からの隔離感という意味での「疎外」は感じてはおらず、自らの政治的有効性にも楽観的で、人間の向上の可能性を強く信じている。彼らは、階級闘争よりも人道的・道徳的な理由から運動に関与しており、反アパルトヘイトや黒人の公民権運動にも強い関心をもつ。このようにパーキンは分析している。

黒人のグラスルーツ
活動主義

　アメリカでは、投票権法成立の年である1965年、公民権運動の今は亡き活動家ラスティンは、その重要な論文において、公民権運動以降の政治が、「抗議から政治へ」と変化、すなわち街頭の抗議活動や市民的不服従という抵抗の政治から市庁舎、州議会、連邦上院など制度的「政治」をアリーナとする競争へと変化すると予言した（Rustin 1965）。

　その言葉どおり、CND 支持者が秋波を送った公民権運動は、1960年代の人

表12-2 公職別黒人公選公職者数（1941-1985年）

年	連邦 上院議員	連邦 下院議員	州 行政官	州 上院議員	州 下院議員	市 市長	市 市会議員	市 教育委員	計（人数）
1941	0	1	0	3	23	0	4	2	33
1947	0	2	0	5	33	0	18	8	66
1951	0	2	0	1	39	0	25	15	82
1965	0	4	1	18	84	3	74	68	280
1970	1	9	1	31	137	48	552	362	1,469
1975	1	17	5	53	223	135	1,237	894	3,503
1980	0	17	6	70	247	182	1,809	1,149	4,890
1985	0	20	4	90	302	286	2,189	1,363	6,016

注： 1965-1985年の計は、本表記載の公職者数を含めた黒人公選公職者の全数である。
出典： Jaynes & Wiliams 1989: 240頁を訳出

種統合、公民権・投票権を求める抗議運動、人種問題に対する黒人の主導権を求める分離主義的なブラック・パワー運動を経て、70年代、80年代には、黒人の政治家、公選公職者の政治の世界への進出に連なった（**表12-2**）。

しかし、こうした黒人の政界・公職へのめざましい進出にもかかわらず、インナーシティ問題（失業、荒れた住居、劣悪な教育、暴力、ギャング等）は相変わらず深刻なまま放置された。こうした問題への対策として、Educational Priority Areas、Urban Programme、Community Development Project などが、地方、地域社会に向けて計画され、実施された。

しかし、地域社会の衰退・解体を当該住民の病理現象とみるこれらのリベラルな取り組みは、都市中心部の黒人、貧困層を中心に構造的に長く打ち続く貧困・社会的排除など、歴史的な抑圧性を突き崩せないばかりか、基本的アイディアは矮小化され、1970年代後半からは、新自由主義、新保守主義が強まるなか、計画の効率性（すなわち支援の縮小）を余儀なくされ、「自助努力」の掛け声のなかで骨抜きにされてしまった。

しかし、こうした動きに呼応するかのように、米国都市部において、選挙を決定的アリーナとしつつ、ほかの少数派との連合を模索する黒人指導者が、草の根の黒人大衆を政治権力構造、ひいては経済構造の転形（transformation）に結びつけようとする「新しい黒人アジェンダ」を主唱し出した。

「新しい黒人アジェンダ」に媒介された黒人グラスルーツ活動家は、〈アクセ

ス〉型政治家、分離主義的ミリタントと違って、抗議政治と選挙政治を現行支配体制への挑戦という観点から区別せず、公共政策を追求し、黒人社会の生活の質の向上をめざそうとした。ジェニングズによれば、彼らは、選挙での勝利は抗議活動の源泉であり、活動主義を立ち上げる揺籃であると考え、黒人の権力基盤の成熟が公共政策についてのアジェンダと一体化するとき、黒人社会の集団的ニーズに応えて、より有効な公共政策を提示、追求しうると考えた（ジェニングズ 1998）。

政治的エンパワーメント　ジェニングズは、地域・中央の既存の伝統的な政治と結びつかない、人種間に現存する政治的勢力配置や社会関係を変革しようと努力するこの新しい「社会運動」、政治的活動主義を〈ブラック・エンパワーメント行動主義〉と呼んだ。

ジェニングズによれば、公選職の獲得は、「エンパワーメント」過程の1つの重要な構成要素であるが、それのみでは富と権力の位階制への挑戦に不十分だとし、同語を権力の分有を目標とし、経済的・政治的パイ総体のあり方を根底的に変革する、政治的動員を中核とする「権力」志向運動と定義した。

黒人が、ほかのパワーレス（powerless）、あるいは一部白人とも協働しながら、政策決定・権力に「アクセス」し、さらには既存の社会的・経済的構造をも問うことを通して、彼ら・彼女らの自尊心、自立心、自己実現、自己変革、個人的能力を高め、さらに進んでコミュニティ建設・再建、具体的な社会的・政治的転形をはかろうとする運動こそが、〈ブラック・エンパワーメント〉運動の重要な目的となったのである。

「エンパワーメント」概念の独自の定義化へのこうした努力は、ジェニングズに都市社会運動論への格別の注視を誘い、また1960年代のコミュニティ活動主義の要諦であった自己決定論、土地統制論、コミュニティ統制論の批判的再考を促した。黒人運動、黒人政治を阻害してきた都市の権力政治の構造（法人自由主義、「野放しの多元主義」、都市管理主義）が批判的に問われるのである。

ところで、「エンパワーメント」という言葉が、社会科学の領域でまとまった形で使用され出すのは比較的近年のことに属する。小規模・地域的・草の根的な活動家を中心とした「社会活動」（social activity）という用語が流行った1960年代では、まだ一部活動家の専売用語にとどまっていたが、「自助努力」が合

い言葉となる70年代には、同語は徐々に流布するようになり、80年代になると政治学のみならず、教育学、経済開発論、フェミニズム運動、精神保健、コミュニティ心理学、ヒューマン・サービス、ニュー・エイジ運動等、さまざまな領域において頻繁に使用されるようになったことを確認しておきたい。

アドボカシー活動　1960年代、黒人のみならず女性も、従来の「利益集団自由主義」を支える「多元主義的な天国」政治の従来的な紛争線を転換しようとした。階級的には「天国」近くに寄食する白人男性エリート学生も、産業主義が生み落とした「豊かな社会」、エリート主義的デモクラシーに反発した。草の根で広がる抗議活動、一部活動家の急進化、ヴェトナム反戦活動の激化、ブラック・パワーの台頭に符節を合わせるように、「ジェンダー」概念を鮮明にする女性解放グループも多く生まれた。

黒人闘争、キャンパスでのラディカリズム、ゲイ／レズビアン運動等を「抵抗のサイト」（Duberman 2002）として、「権利革命」（エドソール 1995）は多様な声をアドボケートしていくが、保守化が進む1970年代には運動としては四分五裂する。しかし他方で、社会サービスや文化活動を中心に「平等のための組織化」をめざす「権利アドボカシー」やさらには新しい公共利益を主張する「市民アドボカシー」は増え始めた（スコッチポル 2007）。

「ベルトウェイ内部」に黒人や女性の声を届けたり、環境保護や政治改革を主張する活動家のグループは、市民的権利・社会権の主張、権利侵害の法的防衛、政府監視活動、ロビイングといったアドボカシー活動を通じて世論を形成し、立法過程に影響を与えようとし出したのである（Russell & Cohn 2012: 6頁）。

アドボカシーの噴出　当初はリベラル派が目立ったものの、プログラム支出である社会保障費の負担増への反発、環境主義者が主張する産業規制への反発、「権利革命」への道徳的反発などを組織化した保守派アドボカシーも1980年代以降に急増し出す。いずれにしても、その後、各主張団体は、保守、リベラルを問わず「有効なアドボカシー組織を発展させ、その政治的パワーを増大させていったのである」（Paden 2011: 5頁）。

このような経過を辿ってアドボカシー・グループの数は、20世紀末までに1960年度比で4倍に膨れ上がった。その勢いに呼応するかのように、ビジネス・業界団体も大規模PRや広告キャンペーンを通じた、主張の内容を隠さない／

隠せない「公共」アドボカシー戦略を駆使して、ワシントンのアドボカシー・コミュニティに闖入していった。

ウォルドマンは、主要なアドボカシー団体として、次の29の団体を挙げている（Waldman 2000: 55-61頁）。メディア・アキュラシー、米国退職者協会、米国市民的自由連合、米国心臓協会、米国イスラエル公共問題委員会、米国在郷軍人会、米国アラブ反差別委員会、予算・政策プライオリティセンター、児童擁護基金、キリスト教徒連合、政府の浪費に反対する市民、税の公正を求める市民、銃暴力阻止連合、コモン・コーズ、家族リサーチ会議、地球の友、グレイ・パンサー、メキシコ系アメリカ人法的防衛・教育基金、全米中絶・生殖権運動連盟、民族統一会議、全米ゲイ・レズビアン・タスクフォース、全国都市同盟、全国女性政治コーカス、ポイント・オブ・ライト事業団、パブリック・シティズン、レインボー・プッシュ連合、合衆国商業会議所、海外戦争復員兵協会、人口ゼロ成長（2002年に人口コネクションに改称）。

また、**表12-3**は、ワシントン・コミュニティでのアドボカシー団体の種類を示している。700あまりの団体のうち、「黒人・アフリカ系」が40、「アジア太平洋系」で30以上の組織をカウントしている。少数派民族集団は、「ラティーノ・ヒスパニック系」、「アメリカ先住民・インディアン系」として類別され、実数が示されている。また、「市民的権利──その他」は公民権、市民的自由、レズビアン・ゲイ・両性愛、刑事司法、アラブ・ムスリム系、反人種差別、宗教的少数派、多文化主義等を主唱する団体、「経済的公正」は反貧困、福祉の権利、反ホームレス、反飢餓を主唱する団体、「公共利益」は消費者団体、環境保護団体、人種・ジェンダー・経済的公正を主張する「良き政府」グループなどが含まれる。「女性権利・フェミニスト」は、黒人女性組織、生殖権主張

ミニ事典㊱　「公共」アドボカシー戦略（public advocacy strategy）

米クリントン大統領の1993年健康保険改革に反対するために全米健康保険協会が打った「ハリーとルイーズ」というテレビ広告の成功を契機とする。改革案を潰すのに使った1400万ドルは結果に比べると大したことはなかった。その後、多くの業界団体は「公共」アドボカシー戦略、「メッセージ政治」を重視し出した。

表12-3　アメリカにおける全国規模のアドボカシー団体の分布（組織タイプ別）

組織タイプ	数	割合（%）
アジア太平洋系	32	4.5
黒人・アフリカ系	40	5.5
ラティーノ・ヒスパニック系	43	6.3
アメリカ先住民・インディアン系	35	5.3
市民的権利――その他	70	10.1
移民の権利	8	1.1
労　働	175	24.6
経済的公正	153	21.0
公共利益	21	3.0
女性権利・フェミニスト	137	18.6
計	714	100.0

出典：Strolovitch 2007: 34頁を訳出

団体、女性健康促進団体などを含み、140ほどの団体がワシントンを舞台にアドボカシー活動を展開していることがわかる。

　ベリーは、現代の状況を「アドボカシーの噴出」（advocacy explosion）の時代と呼んだ（Berry 1984）。従来、非政府市民社会アクターとして研究されてきたアドボカシー組織は今や、「アメリカのガバナンスにとって部外者ではなく、全国的な政治的諸制度の1つの重要な構成要素として公的代表とアメリカ民主主義にとって重要な問題を突きつけているのである」（Grossmann 2012: 3頁）。

文献案内

- ジェニングズ、ジェイムズ（1992＝1998）『ブラック・エンパワーメントの政治――アメリカ都市部における黒人行動主義の変容』（河田潤一訳）ミネルヴァ書房
- ベリー、ジェフリー・M.（1999＝2009）『新しいリベラリズム――台頭する市民活動パワー』（松野弘監訳）ミネルヴァ書房
- レーン、ロバート・E.（1969＝1983）『政治における思想と意識』（大谷博愛・荒木義修・谷藤悦史訳）勁草書房

終章 総括と展望

本章は、グローバル化した国家と市場との揺らぎのなかで、社会資本を強化しつつ、対立を協調へ、社会的パワーを政治的パワーへとたぐり上げる市民的媒介制度の可能性を、NGO や市民社会組織の事例を検討しつつ、政治経済システムのなかに位置づける。

1 グローバリゼーションと政治経済システムの変容

新自由主義の台頭とグローバル経済

ポリアーキーを市場型経済に接合した戦後の日米欧などの先進資本主義諸国は、1970年代初頭、ニクソン・ショックと石油ショックという2つの危機を因果として、低成長経済、スタグフレーション、深刻な財政赤字に遭遇することになった。ポスト工業化社会への突入は、製造業の全般的な空洞化をもたらした。各国は、経済的再編（economic restructuring）に取り組もうとしたが、熾烈さを極める国際経済競争のなかで容易く奏功するものではなかった。

企業は安い労働力を求めて海外に進出し、国内産業を守ろうとする保護主義も台頭した。従来のリベラルな国際経済秩序は根底から揺らぎ、**フォーディズム**を生産体制としたケインズ主義的一国福祉国家は機能不全におちいった。

そうしたなか、これらの混乱の元凶を介入主義的国家に求める新自由主義が、

ミニ事典㊲　フォーディズム（Fordism）

フォード・モーター社は1913年、コンベヤー式の画一的分業的作業が連結する大量生産方式を導入し、1908年に生産が始まっていた大衆車 T 型フォード（Model T）は、27年までに1500万台も生産されるにいたった。大企業によるこうした作業工程の細分化と組み立てラインの低コスト大量生産方式をフォード方式（Ford System）、フォーディズム（Fordism）と呼ぶ。

多くの経済学者や政治家の間に受け入れられるようになった。1970年代後半には「小さな政府」、「民営化」、「規制緩和」が国家と市場の関係を律する、あるべき処方箋として広く受け入れられるようになり、企業の間では「柔軟なグローバル生産プロセス」が標準化していった。

1980年代に入ると、1985年のプラザ合意に伴う円高不況がもたらした日本の産業再配置（海外現地生産化、海外からの部品調達）は、アジア諸国の工業化を推進し、日本が得意としてきた「柔軟な専門化」体制も併せて現地に輸出することとなった。グローバル経済の圧力にさらされたアジア諸国は、80年代を通して、程度の差こそあれ、軍あるいは官僚主導の権威主義的体制の下で外資を導入することによる輸出志向の工業化の道を成功させ、経済成長を推し進め、その結果、皮肉にも政治体制の民主化を余儀なくすることとなった（Gleditsch & Ward 2008）。

社会主義と市場主義の軋轢　1978年の改革開放決定後の社会主義国中国では、1989年4月に北京で学生を中心とした大規模な民主化を要求する街頭デモ、天安門事件が起こり、それを知識人や都市民衆が支持した。この民主化運動を抑え込んだ中国政府は、1992年には鄧小平の「**南巡講話**」によって、「社会主義市場経済」政策による再度の改革開放を宣言し、さらなる経済成長をめざすこととなった。資本家階級である企業家の入党も認められ、低迷する国有企業に代わり市場経済化によって力を得た私営経済セクターは、党（国家）を支える存在へと成長していったのである（Breslin 2010）。

「1989年の社会運動は大衆参加という形式によって社会－国家間の有機的な

ミニ事典㊳　南巡講和

鄧小平は、1992年1月から2月にかけて武漢（湖北省）、広東省の深圳、珠海や上海など南部諸都市を視察し、外資導入による経済建設を大胆に推進するよう力説。改革開放政策の加速を呼びかけた。天安門事件以降、引き締め政策によって経済停滞が続く中国は、「新時代の遵義会議」と称される中国共産党第11期中央委員会第3回全体会議（1978年12月18日～22日）以来の党の実践と経験を総括し、計画と市場はすべて経済手段であり、社会主義と資本主義の質において違いはないとの認識の下、市場経済化・グローバル化を進め、その後の急速な経済発展に結びつけた。

相互作用を促そうとした。しかし1989年以後に、社会－国家の相互作用モデルに取って代わったのは、市場－国家の相互作用メカニズムだった」と汪暉はいう。「社会という概念」は、彼によれば、「新自由主義」の議論のなかで「しだいに市場という概念に取って代わられた」。そして、「国家メカニズムの変革と法律体系の転換を促す基本的な原動力はもはや『社会』あるいは『大衆』ではなく、国内市場と国際市場であり、したがって『政治』自体の含意が重大な変化を起こした。国家は市場メカニズムを維持し、WTOのルールにしたがって法律体系を再構築する主要な執行者となった」（汪暉 2006: 99頁）と、社会－国家の相互作用の変容を鋭く指摘している。

権威主義的資本主義 同様に、アメリカの急進的社会学者ペトラスは、WTO加盟後の中国では、資本の蓄積・利殖・分配のプロセス全体が、外国人資本家や国内資本家、中国の国家指導者やその一族といったきわめて限られた階級に偏り、「権力、富、所有権、国の信用貸付、契約、許可、奨励金、土地の利権などにおける極端な階級格差は、『中国』の投資や成長といった話題に掻き消されている」（ペトラス 2008: 198-199頁）と、その実態を痛烈に批判している。

国家（党・官僚）が公有制の「私有化」に蚕食していく様は、「権威主義的資本主義」とも呼ばれたりするが、リンドブルムは『政治と市場』（Lindblom 1977）において、自由主義的な立憲的ポリアーキーと市場の結合、逆にいえば非ポリアーキーと市場の原理的な非接合性を主張したことはすでに紹介したところである（⇒**第5章**）。

権威主義体制が市場と接合した例としてリンドブルムは、ユーゴスラビア（当時）を挙げている。旧ユーゴスラビアは、1946年から52年の中央集権化の後、60年まで分権化の実験が行われ、その後、自主管理の方向に踏み出した。ポーランドでも、50年代後半に分権的な経済改革が行われた。同国の経済学者ブルスは、それを「市場機構をビルト・インした計画経済モデル」（ブルス 1978）として評価したが、政治的な権威主義が強い場合には、計画に寄食する腐敗的交換（corrupted exchange）に官僚、社会ともども染まりやすいことは、ペトラスが指摘したところでもある。

改革開放後の中国の市場経済化は、たしかに市場に依拠する中間階級など市

民社会の担い手を芽生えさせはしたが、高橋伸夫がいうように、社会の側も「人々が上に手に伸ばすことによって、水平的な連帯を犠牲にしつつ、国家を下から部分的に切り取ってしまう」。高橋は、現代の中国の政治体制を巨視的に俯瞰し、「弱い国家は、断片化しやすく、社会の一部と手を組んで、国家の首尾一貫性を損なうと同時に、社会を切り刻んでしまう」（高橋 2009: 90頁）と観察している。

> 東欧諸国の民主化と
> EU の東方拡大

ポーランドは、分権モデルによる経済改革の試行錯誤を繰り返してきたお陰であろうか、1980年8月、グダニスクにおける労働紛争で生まれた自主管理労組「連帯」が、「独裁下における自由な社会」の実現のために教会や知識人を含めた東欧民主化の原動力となり、ベルリンの壁の土台を揺さぶり、1989年の壁の崩壊、91年のソ連「8月革命」を用意した（Ekiert 2003）。しかし、その後のソビエトの解体、東欧諸国の民主化・市場経済化は、政治経済システム論的にポリアーキーと指令型経済の接合体制の困難性を改めて私たちに認識させることとなったのである。

ところで、西欧では1993年11月、マーストリヒト条約（1992年2月7日調印）の発効を受けて欧州連合（EU）が誕生した。域内市場統合の試みは、1999年の通貨ユーロの導入と、89年のベルリンの壁の崩壊をきっかけに市場経済化を進めた東欧地域の10か国が一斉参加した2004年の拡大 EU へと連なる。1986年の単一欧州議定書（SEA）が構想した「ヒト・モノ・カネ」の移動の自由化は、広範な地域へと拡大したのである。

> 管理された多元主義

EU はその後、2007年1月にはブルガリアとルーマニアを新メンバーに加えることで、加盟国を27にまで膨らませた（2015年現在、28か国）。しかし、ポーランドやチェコなどに遅れて EU に加盟したルーマニアは、過去の独裁政権の負の遺産を引きずり、国内での汚職や格差問題に苦しみ、「EU のお荷物」と陰口をたたかれた。チャウシェスク政権が1980年代にとった極端な消費生活の引き締め政策は、経済生活を破綻させ、独裁政治が個人の自立と自由なスペースを抑圧した。2009年のノーベル文学賞を受賞したドイツ人の女性作家ミュラーは、ルーマニア第二の都市ティミショアラで暮らす女主人公の日常を淡々と描きながら、チャウシェスク独裁体制の闇を告発している（山本浩司訳『狙われたキツネ』三修社、2009年）。

市民社会に対する「抱き込みと制約」(co-opt and constraint) は、市民的な自立空間の保障を命じる制度と民主的自治を駆動させる「社会的憲法」(social constitution) の未成の上に立つ (Hirst 1997: 124-127頁)。バルザーも同様の趣旨で、改革開放以降の中国、冷戦後の旧ソ連・東欧諸国など体制移行期にある社会の国家と市民社会の関係を、「管理された多元主義」(managed pluralism) と呼んだ (Balzer 2004)。中国、旧ソ連を含めこうした一連の政治経済システムの変容は、後掲の**図終-1**のなかで「→」で示してある。

2 市場グローバリゼーションの社会的インパクト

柔軟なグローバル生産プロセスの促進　中国「南巡講話」の翌年の1993年に、もともと1969年に米国防総省の高等研究計画局 (Advanced Research Project Agency、1958年2月7日設置の宇宙政策を指揮する責任を与えられた米国発の国家機関) が始めた分散型コンピュータネットワークであるARPAネットは、商業ネットワークにリンクし、インターネットの商用利用サービスが開始された。

　1980年代からの通信自由化の世界的な波によって規制緩和・撤廃の波にさらされた通信サービス産業、とくに国際通信市場における競争激化はインターネットを取り込む形で企業戦略に変化への対応を促し、90年代にはグローバル・アライアンスの台頭として現れた。

　異職種交流の垣根が低いベンチャー企業をベースに、いつの間にか米カリフォルニアのシリコン・バレー全体に情報伝達のネットワークができあがっていった。その後、新しく開発された多くのテクノロジーが相互に利用し合えるネットワーク型産業クラスター・ディストリクトが成長をとげ、1990年代のアメリカ経済の復活の原動力となっていった (サクセニアン 1995)。

「超資本主義」による労働者の歩兵化　米クリントン政権の労働長官であったリベラル派の政治経済学者ライシュによれば、1970年代初頭以降いち早くアメリカ経済は、大企業と中小企業から構成される大量生産企業での生産労働=「ルーティン・プロダクション(生産)・サービス」を創出しなくなり(海外の低賃金地域に奪われた)、代わりに低賃金のインパーソン(対人)・サービス、いわゆるサービス業(マクドナルドでハンバーガーを裏返す仕事から不動産のセール

スまで）を多く生み出し、高賃金は、象徴・情報（データ、言語、音声、映像表現）操作によって高付加価値をつくり出す一握りの「シンボリック・アナリスト」（コンサルタント、大学教授、技術者等）に偏在し出したという（ライシュ 1991）。

　産業構造の高度化、市場のグローバル化、市場の「グローバル・ウェブ」化は、高付加価値型諸活動を特定の地域に集中させるネットワーク効果を呼び、規模による収穫逓増を引き起こし、高所得者地域と低所得者地域の格差を拡大させたのである。「柔軟なグローバル生産プロセス」をベースに低賃金、非正規雇用、特別の職業訓練を必要としない職を企業は求め、企業はグローバル化（"Go Global"）のスピードを速めた。

　"Go Global" 戦略と社会の脱包埋化　その結果、ライシュがいうように、多くの労働者は「奥まった部屋の中で、世界中のデータバンクにつながれたコンピューター端末の前に座って、データ処理をする群れ」となり、「超資本主義」（ライシュ 2008）の歩兵化を余儀なくされた。

　急速に発展する大都市のなか、センターとエッジ、大都市と周辺こそ、象徴・情報をアーキテクト、デザインするシンボリック・アナリストと対人サービス業、台頭する都市中間層と都市貧困層も、従来の社会秩序から「脱包埋」（disembedded）され、「非－場所」の心理＝社会様式を経験せざるをえなくなった。

　「柔軟なグローバル生産プロセス」化によって不安定就労を余儀なくされた者たちにとっての超資本主義的・超近代的な場は、「アイデンティティも、他者との関係も、歴史も象徴化されていないような空間」、フランスの文化人類学者オジェのいう「非－場所」(non-places) にほかならない（Augé 1995: 66-67頁）。

　企業の"Go Global"戦略は、それら企業の本拠地である欧米先進諸国にも同じような影響を及ぼした。そこそこの給料がもらえる、大したスキルを求められない職の重要性は極端に低下し、メーカーなどで働く中産階級の大半が「貧困層」への道を辿った（Longworth 2008; Skocpol 2000; Newman & Chen 2007）。

　アメリカ国内のコンピュータ関連の仕事は、グローバル経済の影響を受けてあっという間に台湾、インド等に奪われることとなった（サクセニアン 2008）。新しい情報技術を駆使する「シンボリック・アナリスト」、プロフェッショナル階級でさえも、その地位は不安定であることが露わになったのである。

3 グローバリゼーションと市民社会の拡大

グローバリゼーションの影響　昂進する全球的な市場経済化、金融・生産の一体化、情報化は、政治、文化の相互影響と同一化を推し進めるとともに、社会の「脱包埋」化を高め、非市場活動の領域で、環境を含めた人権、貧困、移民などの問題をグローバル争点化させた。

市場グローバリゼーション、コミュニケーション・グローバリゼーション以外に、カドルは、こうした「直接的グローバリゼーション」を指摘している。非市場活動の領域で広がる地球環境問題などがグローバル争点として認識される側面が追加されたのである（Kudrle 1999: 3-23頁）。

非国家アクターの台頭　グローバリゼーションが引き起こす急速な市場経済の導入と民主化は、ヒトやモノの移動や経済活動の自由を高め、また政府の権限が分散化するなかで山積する諸問題の解決に市民の幅広い参加を不可欠とするようにもなった。

今や国境をまたぐ諸問題を前に、「個々人が政治的・経済的権威の中心との間で進行中の社会契約や一連の契約について討論し、影響力を行使し、交渉を行うグローバルな過程を描写するために」、カルドーは「グローバル市民社会」（global civil society）という言葉を用い、グローバル社会運動、国際NGO（INGO）、トランスナショナル・アドボカシー・ネットワーク、市民社会組織（civil society organization, CSO）、グローバル公共政策ネットワーク等、非国家的アクターの重要性を指摘している（カルドー 2007: 115頁）。

国内外を含めたNGOを中心とした非国家的アクターの台頭は、フェルナンドとヘストンによれば、国際的・国内的に多くの矛盾に溢れた次の5つの急激な政治経済的変化に起因している、という。その5つとは以下である。①社会的な諸集団による社会的・経済的・政治的平等を獲得しようとする試みへの応答、②持続可能な環境の追求、③平和的なエスニック関係、宗教関係、国家関係の構築の必要性、④あらゆる形態の搾取と支配への抵抗、⑤国家と市場の拡大（Fernando & Heston 1997: 9頁）。

> 産業地域事業団
> （米国）の試み

アメリカにおいてNGOは、CSOや自発的結社とほぼ同義で使われてきた。スコッチポルによれば、そのアメリカは今もそうした組織づくりに活発な「組織者の国」ではあるが、自発的結社を市民生活の一部とする「結社好きの国」（nation of joiners）からは遠く離れてしまい、今や専門家が運営する市民組織の「マネージメント」手法が際立つようになり、民主主義は「縮減した」（diminished）という（⇒第9章）。

この「失われた民主主義」（diminished democracy）を再生するためには、トクヴィル以来アメリカ民主主義の培養基と捉えられてきた自発的「結社」の芸術を斬新な形で再定式化し、力強く活性化することが急務である、とスコッチポルは危機感を強める。

民主的ガバナンスと多数の市民の関与を可能とする代表制システムを介して自己統治する草の根結社の間のつながりを強化する方途を見出そうとするスコッチポルは、その有効な成功例として産業地域事業団（Industrial Areas Foundation, IAF）に注目している（スコッチポル 2007: 233-235頁）。

IAFは、アリンスキー（Saul D. Alinsky, 1909-72年）が1940年にシカゴで設立したコミュニティ組織を母体とし、戦後、とくにアメリカ北部において、また時代的には1960年代に草の根組織として国際的な存在感を示した組織である。その活動は、コミュニティ活動家を中心に展開され、草の根の政治参加を強調するアリンスキーの実践哲学は、彼の死後も、都市近隣住区の組織化を中心に鍛え上げられていった。

IAFは現在、主に貧困・低所得のコミュニティに幅広い基盤をもつ多民族主義的で異宗派間的な全国的ネットワークのセンターに成長し、その目的は、普通の市民がコミュニティでの権力と政治の関係を再編成しうる能力と自信をエ

📎 **ミニ事典㊴　ソール・アリンスキー（Saul D. Alinsky, 1909-72年）**

シカゴ生まれの米国のカリスマ的なコミュニティ組織家。食肉加工卸売業者の労働組合とカトリック教会の協力関係をつくり出し、シットイン、ボイコットといった直接行動主義を武器に会社から譲歩を引き出し、労働組合、教会、小規模ビジネスを巻き込むエンパワーメント運動を展開。IAFは、産業別労働組合（CIO）の伝統を受けたバックヤード近隣地区会議（1939年結成）から派生した。

ンパワーすることに置かれている。

4 グローバリゼーションの影響下で市民社会を賦活する

政治的コモンズを押し広げる　ケタリング財団（Kettering Foundation）のプログラム・オフィサーでもあったフィッシャーは、NGO は、国家と市民社会の相互作用領域としての「政治的コモンズ」を押し広げると主張し、具体的に次の 6 つの効用を指摘している。①組織的な多元主義の促進、②持続可能な発展と活力ある市民社会の培養、③政治的諸権利と市民的諸自由の促進、④下からの民主化、⑤他の自発的組織への影響、⑥小企業事業の支援による資本所有制の拡大（Fisher 1998: 13-17 頁）。

長年、利益媒介構造の比較政治学的研究に取り組んできたシュミッターも、近年、NGO が人権促進やマイノリティの保護、選挙監視活動、経済助言などの活動を通じて「トランスナショナルな市民社会」（transnational civil society）の拡充に寄与していると指摘している（Schmitter 1997a: 250-251 頁）。

主権国家を超える新しい秩序の構想　そのシュミッターは「ヨーロッパ市民社会」の強化を念頭に置き、ヨーロッパの経済統合、政治統合のいっそうの進展を展望しようとする。彼は、マーストリヒト条約以後の EC ／ EU に立ち現れる主権国家を超える新しい秩序を、condominio（共同統治）、consortio（共同事業体）と巧みにネーミングをしている。

領域的単位も機能的単位も可変的な秩序である condominio とは、共通の問題を解決したり、種々の公共財を生み出すために自動的に作動している多次元的な地域的諸制度を指す。また、consortio とは、同意した諸政治体よりもむしろ同意した諸事業体によって遂行される集合行為の一形態である。そこでは、固定した数とアイデンティティの中央権威が、可変的で分散的な機能的課題の達成に協力し合うことに同意する。

利益代表と利益媒介の相互作用　さて、シュミッターは別の論稿（シュミッター 2000）で、ヨーロッパは他の先進工業国と比べて（とくに北米と比較して）、「資本、労働、職業のアソシエーション、社会集団の間のネットワーク、企業同士の連合、そしてとくに生産者と政府双方に属しているプライベート・

インタレスト・ガヴァメント」などが、はるかに重要な役割をもっていると指摘している。「ヨーロッパ市民社会」は、現在の国境線にまたがるそうした「階級、セクター、職業ごとの横断的な分断を結びつけ、それらを民間団体、運動や各企業の中での共通のインフォーマルな活動様式」に有効に結合している、というわけである。

　シュミッターは、「利益代表」（interest representation）概念がしみ込んだ多元主義概念を批判し、相対化するなかで、「利益媒介」（interest intermediation）概念にこだわったが（Kawata 2011: 304-305頁）、そうした認識転換によって射程を広げられた比較政治経済レジーム論でいえば、彼がいうように利益媒介のコーポラティスト的システムが強いほど、またその戦略的能力や活動の射程の包括性が高いほど市民社会のボリューム・アップを後押しするのかもしれない（Schmitter 1997a: 249頁 ; Streeck & Schmitter 1984）。

> 市民社会への脅威

　ところで、アメリカの公民権活動家で社会学者でもあるバーロウは、グローバリゼーションが市民社会を不安定にする要因として次の４つを指摘している。①軍事的手段による世界を支配しようとするアメリカの徹底したプロジェクト（いわゆる、テロとの戦い）。それによって、国際法、多国間のアレンジメント、地域平和アレンジメントと核拡散防止への努力が蝕まれる点。②国民国家の弱体化（とくに自由民主主義国家）とエスニックや宗教的な組織の形が増え出し、紛争が出現した点。③世界のエコロジーの不安定化。④大半の国家と先進国のすべてにおける急速に高まる不平等とミドルクラスの浸食。これらの要素は、束になって米国内を含む地球上のあらゆる場所における社会的安定に重大な挑戦をもたらすというのが、バーロウの主張である（Barlow 2008: 103-104頁）。

> 「包摂の政治」の可能性

　しかし、バーロウは、こうした混沌のなかにも新しいグローバル・システムで芽生えつつある別の可能性、「包摂の政治」（politics of inclusion）の可能性を展望もしている。その実現は、多国籍企業と政治エリートにとっての社会的不安定化のコストの高まりと、市場グローバリゼーションから明らかに便益を受けていない人びと（米国内も含めて全球的に）の政治的能力の高まりにかかっているという。これら２要素は、「すでに現在、ラテンアメリカやアジアで出現している政治によく似た新しい政治

をアメリカにおいても生み出す可能性がある」(Barlow 2008: 104頁) というのである。

　国際法、国際政治、国家政府、社会秩序の不安定化は、投資家にとっても利益があるものではない。南での新しい政治レジームの台頭とそれに伴うアメリカの自由貿易協定の崩壊は、貧者のための社会的正義を実現するためにグローバルな市場を規制しようとする世界の多数派の欲求を明確にさせ、市場グローバリゼーションを抑制するグローバル政治の再編に強力な動機を与える可能性を秘めている、というわけである。

　第二次世界大戦後、アメリカの「慈悲深い覇権」の下に、「埋め込まれた自由主義」(embedded liberalism) という国際経済レジームが生み出された。ラギーによれば、「経済の自由化が社会的共同体」に、自由貿易主義が福祉国家のなかに埋め込まれ、市場の効率性と社会的共同体の価値の妥協が政府によってはかられ、一定の国際的・国内的な社会的安定が生み出されたのであった (Ruggie 1982: 195-231頁)。ポラニー流にいえば、市場が社会秩序を生み出すのではなく、市場での交換は必須条件として社会的な安定を必要とするのである (ポラニー 1975)。

> 市民的利益媒介の底を広く、深く

　シュミッターがいうように、利益媒介のコーポラティスト的システムが強いほど、市民社会の拡充につながるというのはたしかであろう。しかし、そうしたコーポラティスト的利益媒介構造の多くが、シュミッター自身が批判するように、組織の寡頭的性格、「準市民資格」(quasi-citizenship)（階級、セクター、職業ごとの団体編成に由来）を払拭できずにいることも、これまた今日の厳然たる事実である (Schmitter 2000: 34-35頁)。

　さらに、シュミッターもいうように、「権限構造と利益諸組織にみられるトランスナショナルな多元主義への傾向も、領域代表性と選挙アカウンタビリティという強いメカニズムのチェックなしに発達してきており」、NGO、CSOなどが生み出す「集合的市民資格と影響力行使の『アメリカ化』された形態が正当なものとみなされるかどうか」(Schmitter 2000: 36頁) は、依然判然としない。

　おそらく現代の民主政は、シュミッターがいうように「代表のチャネルと権威的な決定作成のサイトを多次元的に具備する諸制度の複雑なセット」、すなわち「部分体制」(partial regimes) であるほかないであろう。そこでは、「政党や

図終-1　政治経済システムと市民社会

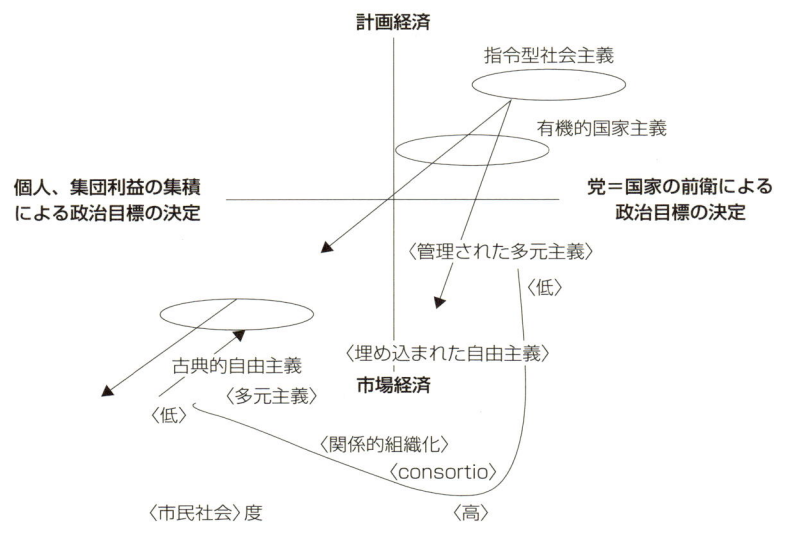

出典： Stepan 1978: 42頁に掲載のFigure1.1: Location of three models in terms of means through which political and economic goals are determinedに、グローバリゼーションによる政治経済システムの変化の方向性を示すものとして→を、また市民社会の程度と条件を示すものとして円弧を追加作成している。なお、筆者による追加用語は〈　〉で示してある。

結社、運動や地域(ロカリティーズ)、さらには多様な顧客集団が、異なるチャネルを通じて公職地位を獲得したり、政策に影響を与える努力で競争したり、連合したりし、種々の機能を有し領土的集約の種々のレベルでの公的権威がこれらの諸利益の代表と相互関係を取り結び、種々の利益と情熱に対するアカウンタビリティを主張するのである」(Schmitter 1997a: 243-244頁)。

であるとするならば、IAFのようなCSO、シュミッター的表現を借用すれば、政治体よりも事業体によって遂行される集合行為の1つの形態とされるconsortio、あるいは、社会資本の視点を持ち出せば、関係的組織化をプラクシスのなかに「埋め込み」(embedded)、多様で多層なメンバーをベースとしたリーダーシップ構造を備えた連邦的代表型組織構成こそが、グローバル化した国家と市場との揺らぎのなかで、たとえば社会資本をエンパワーしつつ、対立を協調へ、社会的パワーを政治的パワーへとたぐり上げる市民社会の拡充に大きな

役割を果たすものと思われる（**図終-1**の円弧部分を参照）。

📄 文献案内

- ▶ 汪暉（2006＝2006）『思想空間としての現代中国』（村田雄二郎・砂山幸雄・小野寺史郎訳）岩波書店
- ▶ カルドー、メアリー（2003＝2007）『グローバル市民社会論——戦争へのひとつの回答』（山本武彦・宮脇昇・木村真紀・大西崇介訳）法政大学出版局
- ▶ ライシュ、ロバート・B.（1991＝1991）『ザ・ワーク・オブ・ネーションズ——21世紀資本主義のイメージ』（中谷巌訳）ダイヤモンド社

おわりに

　エルマー・シャットシュナイダーは、政治の核心をなすものとして、1つは一般大衆が紛争の拡大に参加する様式、2つ目は一般大衆と紛争の不安定な関係が制御される過程であると述べている。そして、その「紛争の伝染、その規模の伸縮、そして人びとの参与の流動性こそ、政治におけるX要因」（シャットシュナイダー 1972: 6-7頁）となるが、X要因はそれぞれの国における国家、政治コミュニティ、企業経済、市民社会の間の相互作用と、それに影響を与える政治構造・制度・文化によって規定される。

　したがって、「政治」が生み出す政策は、紛争の拡大とその伝染の阻止になんらかのパワー・ポジションを有する個人や集団が、対立・矛盾のなかから顕在的・潜在的なさまざまな仕組みを使って「価値を権威的に配分」（イーストン 1976）させた帰結である。

　政策は技術的な問題ではなく、一定の構造、文化、イデオロギーを体現した「政治」的な問題であることはいうまでもない。本書で紹介した多元主義、エリート主義、マルクス主義のいずれのメガネをかければ、その実像がよくみえるのか。個別利益、集合利益の幻想、下からの参加、文化的依存性といった視点を重ね合わせるのもよい。

　それと同時に、拡大と汚染阻止の「紛争線」がどのような政策領域に腑分けでき、そこに主として現れるアクター、特徴的な利益の媒介パターンを知ることも重要である。この点でセオドア・ロウィの政策類型論は示唆するところが大きい（Lowi 1971）。彼は、以下の4つの領域を区別し、それぞれに特徴的な政治モードを指摘している。①構成型（代表の再配分や新機関の設立が代表的争点。政争過程が政治モード）、②分配型（公共事業や補助金が代表的争点。クライエンテリズムが支配的モード）、③規制型（許認可や経済規制が代表的争点。「鉄の三角形」が政治モード）、④再分配型（福祉・年金など非分割的便益が主争点。政・官・頂上組織間の交渉が政治モード）。

　統治機構の再編や選挙制度改革、地方開発や地方創生、経済成長や規制緩和、

貧困・格差是正や年金改革など、今後かなりの長期にわたり日本をはじめいろいろな国の重要な紛争線となるであろう。構成型は与野党議席数に直結し、アクターの法化レベルも高い。地方創生は、住民も巻き込んだ地域活性化に向けた共業であり、高度成長期の地方開発とは違う。その違いは他の政策領域との関係の変化、担い手の変化とともに私たち自身が考えなければならない。

　ロバート・レーン（⇒第10章）の高弟リチャード・メレルマンによれば、この種の政策思考（policy thinking）は、青年前期の認知的・道徳的な発達（一般化と分化の1つの連続的プロセスにおける思考能力の拡大、道徳・規範の相対化）に伴って可能となるという（Merelman 1969）。子どもは大人になるにつれて、前因果的思考、自己中心主義を脱して、因果関係的に出来事を推論する力、運命ではなく個人が政治の出来事を引き起こすという認識、人間は他者と交信でき、相互信頼をベースに世界を変革しうるという信念が高まる、というわけである。

　同じようなことを、青年心理学者のジョセフ・エイデルソンも指摘している（Adelson 1971）。彼は、認知的・道徳的構造（個々の行為・感情・認識の集まり・統一体）の発達的変化として、次の8点を指摘している。①抽象原理の自由な運用、②時間的展望の拡大、③社会中心主義の発達、④知的推論（演繹的、費用＝便益的、因果関係的）の発達、⑤政治的知識の増大、⑥自己利益／物理力にもとづく道徳性から道徳原理（相互性の尊重、共感、公正、人類愛）の運用力の増進、⑦権威に対する批判的評価態度の発達、⑧反ユートピア性の減退と社会的批判力（貧困、不平等などについて）の増大。

　もしそうだとすると、たとえば、フレッド・ニューマンが提唱する「地域社会参加カリキュラム」（Newman 1975）を絡めることは、政治学を習ぶ若者の社会的・政治的行動への準備態勢を強化できよう。「『行動を通して』、『実験的』に学び、『今、この場で』現実に対処する」ことを通じて、①原理的な道徳的熟慮と責任あるリサーチにもとづく政策目標の定式化力、②実証に依拠した倫理的原理をベースとした政策目標の実現への活動力（1．政治的・法的過程に関する知識、2．政策を訴えるアドボカシー技能、3．集団の運営に関する知識、4．組織・管理技能、がそうした活動を支える）を高めるという。この種のカリキュラムは多様なイデオロギーを反映しており、注意深く検討する必要があるのはいうまでもない。

ただ、政治の本質が、支配あるいは権力による「紛争の汚染の抑制」であるとするならば、この種の政策思考論やカリキュラムもあながち無意味ではないかもしれない。いずれにせよ、本書が、政治という「闘争舞台」への参加に必要な政治知識や知的素養の鍛錬の一助となれば、望外の喜びである。

　最後に、本書刊行にあたっては企画段階から校正時の的確な指示にいたるまで、法律文化社編集部のセンスあふれる編集者上田哲平氏にたいへんお世話になった。心より感謝したい。

　　2015年8月

　　　　　　　　　　　　　　　　　　　　　　　　　　　河　田　潤　一

参考文献一覧

序　章　「政治」と政治学

Almond, Gabriel A.（1956）, "Comparative Political Systems," *Journal of Politics*, Vol.18, pp.391-409.［内山秀夫訳「政治システムの比較」内山秀夫ほか訳『現代政治学と歴史意識』勁草書房、1982年、31-55頁］

Apter, David E.（1977）, *Introduction to Political Analysis*, Cambridge, MA: Winthrop Publishers.

Crick, Bernard（1959）, *The American Science of Politics*, London: Routledge.［内山秀夫・梅垣理郎・小野修三訳『現代政治学の系譜――アメリカの政治科学』時潮社、1973年］

Crick, Bernard（1962）, *In Defence of Politics*, London: Weidenfeld & Nicolson.［前田康博訳『政治の弁証』岩波書店、1969年］

Crick, Bernard（1964）, *The Reform of Parliament*, London: Weidenfeld & Nicolson.

Crick, Bernard（1987）, *What is Politics?* London: Edward Arnold.［添谷育志・金田耕一訳『現代政治学入門』講談社学術文庫、2003年］

Curzan, Mary H., ed.（1976）, *Careers and the Study of Political Science: A Guide for Undergraduates*, 2nd edition, Washington, DC: American Political Science Association.

Dahl, Robert A.（1991）, *Modern Political Analysis*, 5th edition, Englewood Cliffs, NJ: Prentice-Hall.［高畠通敏訳『現代政治分析』岩波書店、1999年］

Easton, David（1953）, *The Political System: An Inquiry into the State of Political Science*, New York: Alfred A. Knopf.［山川雄巳訳『政治体系――政治学の状態への探究』ぺりかん社、1976年］

Lasswell, Harold D.（1936）, *Politics: Who Gets What, When, How*, New York: Whittlesey House & McGraw-Hill.［久保田きぬ子訳『政治――動態分析』岩波書店、1959年］

Lasswell, Harold D. & Abraham Kaplan（1950）, *Power and Society*, New Haven: Yale University Press.［堀江湛・加藤秀治郎・永山博之訳『権力と社会――政治研究の枠組』芦書房、2013年］

Shaw, Malcolm（1968）, *Anglo-American Democracy*, London: Routledge & Kegan Paul.

第Ⅰ部　民主主義論

第1章　民主主義とポリアーキー

アリストテレス（？＝1961）『政治学』（山本光雄訳）岩波文庫
ルソー（1762＝1954）『社会契約論』（桑原武夫・前川貞治郎訳）岩波文庫
西川知一（1974）『ヨーロッパ現代政治史』晃洋書房
Campbell, Peter（1959）, *French Electoral Systems and Elections, 1798-1957*, London: Farber & Farber.
Crick, Bernard（2002）, *Democracy: A Very Short Introduction*, Oxford: Oxford University Press.［添

谷育志・金田耕一訳『デモクラシー』岩波書店、2004年］
Dahl, Robert A. (1971), *Polyarchy: Participation and Opposition*, New Haven: Yale University Press.［高畠通敏・前田侑訳『ポリアーキー』三一書房、1981年］
Dahl, Robert A. & Edward R. Tufte (1973), *Size and Democracy*, Stanford, CA: Stanford University Press.［内山秀夫訳『規模とデモクラシー』慶應通信、1979年）
Ehrenberg, John (1999), *Civil Society: The Critical History of an Idea*, New York: New York University Press.［吉田傑俊監訳『市民社会論―歴史的・批判的考察』青木書店、2001年］
Gabriel, Philip (1981), *British Government: An Introduction to Politics*, 2nd ed., London: Longman.
Lively, Jack (1975), *Democracy*, Oxford: Basil Blackwell.［櫻井陽二・外池力訳『デモクラシーとは何か』芦書房、1989年］
Mackenzie, W. J. M. (1976), "Models of English Politics," in Richard Rose, ed., *Studies in British Politics: A Reader in Political Sociology*, 3rd ed., London: Macmillan, pp. 5 -15.
Macpherson, C. B. (1973), *Democratic Theory*, Oxford: Oxford University Press.［西尾敬義・藤本博訳『民主主義理論』青木書店、1978年］
Moodie, Graeme C. (1964), *The Government of Great Britain*, London: Methuen.
Nordlinger, Eric A. (1967), *The Working Class Tories*, London: MacGibbon & Kee.
Shapiro, Ian (2003), *The State of Democratic Theory*, Princeton, NJ: Princeton University Press.［中道寿一訳『民主主義理論の現在』慶應義塾大学出版会、2010年］
Tocqueville, Alexis de (1840), *De la démocratie en Amérique*.［松本礼二訳『アメリカのデモクラシー（第2巻上）』岩波文庫、2008年］

第2章　資本主義と民主主義

ヴェブレン（1898＝1951）『有閑階級の理論』（小原敬士訳）岩波文庫
エンゲルス（1845＝1990）『イギリスにおける労働者階級の状態―19世紀のロンドンとマンチェスター』（一條和生・杉山忠平訳）岩波文庫
エンゲルス（1880＝1966）『空想より科学へ―社会主義の発展〔改版〕』（大内兵衛訳）岩波文庫
フォイエルバッハ（1841＝1977）『キリスト教の本質〔改訳〕』（船山信一訳）岩波文庫
マルクス（1844＝1974）『ユダヤ人問題によせて　ヘーゲル法哲学批判序説』（城塚登訳）岩波文庫
マルクス（1849＝1981）『賃労働と資本〔改版〕』（長谷部文雄訳）岩波文庫
マルクス（1859＝1956）『経済学批判』（武田隆夫・遠藤湘吉・大内力・加藤俊彦訳）岩波文庫
マルクス（1867＝1969-70）『資本論』（向坂逸郎訳）岩波文庫
モア（1516＝1957）『ユートピア』（平井正穂訳）岩波文庫
氏家伸一（1986）「包括政党」西川知一編『比較政治の分析枠組』ミネルヴァ書房、173-196頁
篠原一（1982）『ポスト産業社会の政治』東京大学出版会
Bernstein, Eduard (1899), *Die Voraussetzungen des Sozialismus und die Aufgaben der Sozialdemokraties*, Stuttgart: J. H. W. Nachf.［佐瀬昌盛訳『社会主義の諸前提と社会民主主義の任務』ダイヤモンド社、1974年］

Dittrich, Karl (1983), "Testing the Catch-all Thesis: Some Difficulties and Possibilities," in Hans Daalder & Peter Mair, eds., *Western European Party Systems: Continuity and Change*, London: Sage, pp.257-266.

Disraeli, Benjamin (1845), *Sybil, or the Two Nations*, London: Henry Colburn Publishers.

Kirchheimer, Otto (1966), "The Transformation of the Western European Party Systems," in Joseph LaPalombara & Myron Weiner, eds., *Political Parties and Political Development*, Princeton, NJ: Princeton University Press, pp.177-200.

Lively, Jack (1975), *Democracy*, Oxford: Basil Blackwell.［櫻井陽二・外池力訳『デモクラシーとは何か』芦書房、1989年］

Schumpeter, Joseph A. (1942), *Capitalism, Socialism, and Democracy*, New York: Harper & Brothers.［中山伊知郎・東畑精一訳『資本主義・社会主義・民主主義』東洋経済新報社、1962年］

Shapiro, Ian (2003), *The State of Democratic Theory*, Princeton, NJ: Princeton University Press.［中道寿一訳『民主主義理論の現在』慶應義塾大学出版会、2010年］

Sombart, Werner (1906), *Why is there no Socialism in the United States?* Michigan: University of Michigan.

Turner, Frederick Jackson (1893), *The Significance of the Frontier in American History*.［松本政治・嶋忠正訳『アメリカ史における辺境』北星堂書店、1973年］

第3章　民主化論

碇順治（1990）『スペイン　静かなる革命——フランコから民主へ』彩流社

金七紀男（2009）『ブラジル史』東洋書房

色摩力夫（2000）『フランコ　スペイン現代史の迷路』中央公論新社

篠原一・馬場康雄（1984）「政治体制と政治変動」篠原一・永井陽之助編『現代政治学入門〔第2版〕』有斐閣、183-231頁

高橋進（1977）「権威主義体制の研究——J・リンスの研究を中心として」『思想』第637号、141-158頁

恒川惠市編（1991）『アメリカ論II　中南米』放送大学教育振興会

細野昭雄・恒川惠市（1996）『ラテンアメリカ危機の構図——累積債務と民主化のゆくえ』有斐閣

堀坂浩太郎（1987）『転換期のブラジル』サイマル出版会

堀坂浩太郎（2012）『ブラジル——跳躍の軌跡』岩波書店

若松隆（1992）『スペイン現代史』岩波書店

Bracher, Karl D. (1969), *Die deutsche Diktatur: Entstehung, Struktur, Folgen des Nazionalsozialismus*, Köln: Kiepenhauser und Wisch.［山口定・高橋進訳『ドイツの独裁——ナチズムの生成・構造・帰結』岩波書店、1975年］

Burchett, Wilfred G. (1975), *Portugal after the Captains' Coup*, Type Writing［田島昌夫訳『ポルトガルの革命』時事通信社、1976年］

Friedrich, Carl J., ed. (1954), *Totalitalianism*, Cambridge, MA: Harvard University Press.

Friedrich, Carl J. & Zbigniew K. Brzezinski (1956), *Totalitarian Dictatorship and Autocracy*, Cambridge, MA: Harvard University Press.

Friedrich, Carl J. (1967), *An Introduction to Political Theory: Twelve Lectures at Harvard*, New York:

Harper & Row.［安世舟ほか訳『政治学入門―ハーバード大学12講』学陽書房、1977年］

Huntington, Samuel P. (1991), *The Third Wave: Democratization in the Late Twentieth Century*, Norman: University of Okrahoma Press.［坪郷實・中道寿一・藪野祐三訳『第三の波―20世紀後半の民主化』三嶺書房、2000年］

James, Harold (2001), *The End of Globalization: Lessons from the Great Depression*, Cambridge, MA: Harvard University Press.［高遠裕子訳『グローバリゼーションの終焉―大恐慌からの教訓』日本経済新聞社、2002年］

Kingstone, Peter R. & Timothy J. Power, eds. (2000), *Democratic Brazil: Actors, Institutions, and Process*, Pittsburgh: University of Pittsburgh Press.

Linz, Juan J. (1963), "The Party System of Spain: Past and Future," in Seymour M. Lipset & Stein Rokkan, eds., *Party Systems and Voter Alignments: Cross-National Perspectives*, New York: Free Press, pp.197-282.

Linz, Juan J. (1964), "An Authoritarian Regime: Spain," in Erik Allardt & Yrjö Littunen, eds., *Cleavages, Ideologies and Party Systems: Contributions to Comparative Political Sociology*, Helsinki: The Academic Bookstore, pp.291-341.［宮沢健訳「権威主義的政治体制―スペイン」宮沢健訳『現代政党論』而立書房、1973年、169-246頁］

Linz, Juan J. (1975), "Totalitarian and Authoritarian Regimes," in Fred I. Greenstein & Nelson W. Polsby, eds., *Macropolitical Theory* (*Handbook of Political Science*, Vol. 3), Chicago: Addison-Wesley, pp.175-411.［高橋進監訳『全体主義体制と権威主義体制』法律文化社、1995年］

Linz, Juan J. & Alfred Stepan (1996), *Problems of Democratice Transition and Consolidation: Southern Europe, South America, and Post-Communist Europe*, Baltimore: The Johns Hopkins University Press.［荒井祐介・五十嵐誠一・上田太郎訳『民主化の理論―民主主義への移行と定着の課題』一藝社、2005年］

Lively, Jack (1975), *Democracy*, Oxford: Basil Blackwell.［櫻井陽二・外池力訳『デモクラシーとは何か』芦書房、1989年］

Nitti, Francesco S. (1927), *Bolshevism, Fascism and Democracy*, translated by Margaret M. Green, London: G. Allen & Unwin.

O'Donnell, Guillermo A. (1973), *Modernization and Bureaucratic-Authoritarianism: Studies in South American Politics*, Berkeley, CA: Institute for International Studies, University of California.

O'Donnell, Guillermo A. & Philippe C. Schmitter (1986), *Political Life after Authoritarian Rule: Tentative Conclusions about Uncertain Transitions*, Washington DC: The Woodrow Wilson Center.［眞柄秀子・井戸正伸訳『民主化の比較政治学―権威主義支配以後の政治世界』未來社、1986年］

Rodrigues, José Honório (1970), *Aspirações Nacionais*, Rio de Janeiro, Civilização Brasileira.［富野幹雄・住田育法訳『ブラジルの軌跡―発展途上国の民族の願望』新世界社、1972年］

Shapiro, Ian (2003), *The State of Democratic Theory*, Princeton, NJ: Princeton University Press.［中道寿一訳『民主主義理論の現在』慶應義塾大学出版会、2010年］

Skidmore, Thomas E. (1967), *Politics in Brazil, 1930-1964: An Experiment in Democracy*, New York: Oxford University Press.

Stepan, Alfred (1971), *The Military in Politics: Changing Patterns in Brazil*, Princeton, NJ: Princeton University Press.

Stepan, Alfred (1988), *Rethinking Military Politics: Brazil and the Southern Cone*, Princeton, NJ: Princeton University Press.［堀坂浩太郎訳『ポスト権威主義――ラテンアメリカ・スペインの民主化と軍部』同文館、1989年］

Talmon, Jacob L. (1952), *The Origins of Totalitarian Democracy*, London: Secker & Warburg.

Traverso, Enzo (2002), *Il totalitarismo*, Milan: Mondadori, Bruno, Scolastica.［柱本元彦訳『全体主義』平凡社、2010年］

第Ⅱ部　政治権力論

第4章　政治権力と近代国家

エンゲルス（1884＝1965）『家族・私有財産・国家の起源』（戸原四郎訳）岩波文庫

ホッブズ（1651＝1954-85）『リヴァイアサン』（水田洋訳）岩波文庫

マキャヴェッリ（1532＝1935）『君主論』（黒田正利訳）岩波文庫

マルクス（1843＝1959）「ヘーゲル国法論の批判」（真下信一訳）『マルクス・エンゲルス全集1』（大内兵衛・細川嘉六監訳）大月書店

マルクス／エンゲルス（1845-46＝1956）『ドイツ・イデオロギー』（古在由重訳）岩波文庫

マルクス／エンゲルス（1848＝1951）『共産党宣言』（大内兵衛・向坂逸郎訳）岩波文庫

モンテスキュー（1748＝1928-30）『法の精神』（宮澤俊義訳）岩波文庫

レーニン（1902＝1977）『何をなすべきか』（山内房吉訳）大和書房

レーニン（1917＝1970）『国家と革命』（宇高基輔訳）岩波文庫

ロック（1690＝1968）『市民政府論』（鵜飼信成訳）岩波文庫

河合秀和（2001）『トクヴィルを読む』岩波書店

Bagehot, Walter (1867), *The English Constitution*.［小松春雄訳「イギリス憲政論」『世界の名著60　バジョット／ラスキ／マキーヴァ』中央公論社、1970年］

Beveridge, William Henry (1942), *Social Insurance and Allied Services*.［山田雄三監訳『ベヴァリッジ報告』至誠堂、1969年］

Crick, Bernard (1987), *What is Politics?* London: Edward Arnold.［添谷育志・金田耕一訳『現代政治学入門』講談社学術文庫、2003年］

Drucker, Peter F. (1993), *Post-capitalist Society*, New York: Harper Business.［上田惇生・佐々木実智男・田代正美訳『ポスト資本主義社会』ダイヤモンド社、1993年］

Friedrich, Carl J. (1967), *Introduction to Political Theory: Twelve Lectures at Harvard*, New York: Harper & Row.［安世舟ほか訳『政治学入門――ハーバード大学12講』学陽書房、1977年］

Huntington, Samuel P. (1968), *Political Order in Changing Societies*, New Haven: Yale University Press.［内山秀夫訳『変革期社会の政治秩序』サイマル出版会、1972年］

Kaldor, Mary (2003), *Global Civil Society: An Answer to War*, Cambridge: Polity Press.［山本武彦・宮脇昇・木村真紀・大西崇介訳『グローバル市民社会論――戦争へのひとつの回答』法政大学出版局、2007年］

Lukes, Steven (1978), "Power and Authority," in Tom Bottomore & Robert Nisbet, eds., *A History of*

Sociological Analysis, New York: Basic Books, Chapter 16. [伊藤公雄訳『権力と権威』アカデミア出版会、1989年]

Marshall, Thomas H. (1950), *Citizenship and Social Class and Other Essays*, Cambridge: Cambridge University Press.

Schmitt, Carl (1923), *Die Geistesgeschichtliche Lage des Heutigen Parlamentarisumus*, Berlin: Duncker & Humbolt. [稲葉素之訳『現代議会主義の精神史的地位』みすず書房、1972年]

Shapiro, Ian (2003), *The State of Democratic Theory*, Princeton, NJ: Princeton University Press. [中道寿一訳『民主主義理論の現在』慶應義塾大学出版会、2010年]

Strayer, Joseph Reese (1970), *On the Medieval Origins of the Modern State*, Princeton, NJ: Princeton University Press. [鷲見誠一訳『近代国家の起源』岩波書店、1975年]

第5章 現代国家における権力の諸相

篠原一 (2005)「社会民主主義の再生」生活経済政策研究所『生活経済政策』No.100, 20-21頁

中島吉弘 (1995)「訳者解説」[ルークス『現代権力論批判』未來社]

宮田光雄 (1991)「教育政策と政治教育」宮田光雄『ナチ・ドイツの精神構造』岩波書店（初出、『思想』1981年5月、7月号）

Aiginger, Karl & Alois Guger (2006), "The European Socioeconomic Model," in Anthony Giddens, Patrick Diamond & Roger Liddle, eds., *Global Europe, Social Europe*, Cambridge: Polity Press, pp.124-150.

Alford, Robert R. & Roger Friedland (1985), *Powers of Theory: Capitalism, the State, and Democracy*, Cambridge: Cambridge University Press.

Almond, Gabriel A. (1970), *Political Development: Essays in Heuristic Theory*, Boston: Little, Brown.[内山秀夫ほか訳『現代政治学と歴史意識』勁草書房、1982年]

Bachrach, Peter & Morton S. Baratz (1963), "Decisions and Non-Decisions: An Analytic Framework," *American Political Science Review*, Vol.57, pp.641-651.

Bachrach, Peter & Morton S. Baratz (1970), *Power and Poverty: Theory and Practice*, New York: Oxford University Press.

Bauer, Raymond A., Ithiel de Sola Pool & Lewis Anthony Dexter (1963), *American Business and Public Policy: The Politics of Foreign Trade*, New York: Atherton.

Bentley, Arthur F. (1908), *The Process of Government: A Study of Social Pressures*. [喜多靖郎・上林良一訳『統治過程論―社会圧力の研究』法律文化社、1994年]

Crenson, Matthew A. (1971), *The Un-Politics of Air Pollution: A Study of Non-Decisionmaking in the Cities*, Baltimore: The Johns Hopkins University Press.

Dahl, Robert A. (1958), "A Critique of the Ruling Elite Model," *American Political Science Review*, Vol. 52, pp.462-469.[「支配選良モデル批判」鈴木幸寿訳編『政治権力―政治社会学論集』誠信書房、1961年、199-209頁]

Dahl, Robert A. (1959), "Business and Politics: A Critical Appraisal of Political Science," in Robert A. Dahl, Mason Haire & Paul F. Lazarsfeld, eds., *Social Science Research on Business: Product and Potential*, New York: Columbia University Press, pp. 3-44.

Dahl, Robert A. (1961), *Who Governs? Democracy and Power in an American City*, New Haven: Yale

Universsity Press.［河村望・高橋和宏訳『統治するのはだれか』行人社、1988年］

Dahl, Robert A. & Charles E. Lindblom (1953), *Politics, Economics, and Welfare: Planning and Politico-Economic Systems Revolved into Social Processes*, NewYork: Harper & Brothers.［磯部浩一訳『政治・経済・厚生』東洋経済新報社、1961年］

Dahl, Robert A. & Charles E. Lindblom (1976), *Politics, Economics, and Welfare: Planning and Politico-Economic Systems Revolved into Social Processes with a New Preface by the Authors*, Chicago: The University of Chicago Press.

Dawson, Richard E. & Kenneth Prewitt (1969), *Political Socialization: An Analytic Study*, Boston: Little, Brown.［菊池章夫訳『政治教育の科学』読売新聞社、1971年］

Foster, Charles R., ed. (1980), *Nations without a State: Ethnic Minorities in Western Europe*, New York: Praeger Publishers.

Freedman, John (1992), *Empowerment: The Politics of Alternative Development*, Cambridge, MA: Blackwell.［斉藤千宏・雨森孝悦監訳『市民・政府・NGO―「力の剥奪」からエンパワーメントへ』新評論、1995年］

Greenberg, Edward S. (1970), *Political Socialization*, New York: Atherton Press.

Hall, Peter A. (1984), "Patterns of Economic Policy: An Organizational Approach," in Steven Bornsteien, David Held & Joel Krieger eds., *The State in Capitalist Europe*, London: Allen & Unwin, pp.21-43.［阪野智一訳「ヨーロッパにおける経済政策の諸類型―組織論的アプローチ」長尾伸一・長岡延孝編監訳『制度の政治経済学』木鐸社、2000年、65-121頁］

Hartz, Louis (1964), *The Founding of New Societies: Studies in the History of the United States, Latin America, South Africa, Canada, and Australia*, New York: Harcourt, Brace & World, 1964.

Jessop, Bob (1974), *Traditionalism, Conservatism and British Political Culture*, London, Allen & Unwin.

Jessop, Bob (1979), "Corporatism, Parliamentarism and Social Democracy," in Philippe C. Schmitter & Gerhard Lehmbruch, eds., *Trends toward Corporatist Intermediation*, Beverly Hills, CA: Sage Publications, pp.185-212.［坪郷実訳「コーポラティズム、議会主義、社会民主主義」山口定監訳『現代コーポラティズムⅠ』木鐸社、1984年、197-238頁］

LaPalombara, Joseph (1974), *Politics within Nations*, Englewood Cliffs, NJ: Prentice Hall.

Lindblom, Charles E. (1977), *Politics and Markets: The World's Political Economic Systems*, New York: Basic Books.

Lowi, Theodore (1969), *The End of Liberalism: Ideology, Policy, and the Crisis of Public Authority*, New York: W. W. Norton.［村松岐夫監訳『自由主義の終焉―現代政府の問題性』木鐸社、1981年］

Lowi, Theodore J. (1971), *Four Systems of Policy, Politics and Choice*, Syracuse, NY: The Inter-University Case Program, Inc.

Lukes, Steven (1974), *Power: A Radical View*, London: Macmillan.［中島吉弘訳『現代権力論批判』未來社、1995年］

Lukes, Steven (1978), "Power and Authority", in Tom Bottomore & Robert Nisbet, eds., *A History of Sociological Analysis*, New York: Basic Books, Chapter 16.［伊藤公雄訳『権力と権威』アカデミア出版会、1989年］

McConnell, Grant (1967), *Private Power and American Democracy*, New York: Alfred A. Knopf.
Mills, C. Wright (1956), *The Power Elite*, New York: Oxford University Press. [鵜飼信成・綿貫譲治訳『パワー・エリート』東京大学出版会、1969年]
Mitchell, Neil J. (1997), *The Conspicuous Corporation: Business, Public Policy, and Representative Democracy*, Ann Arbor: The University of Michigan Press.
Nadel, Mark V. (1973), "Business and Politics: The Popular Literature," *American Politics Quarterly*, Vol. 1, pp.529-538.
Pappi, Franz Urban (1986), "Politische Kultur: Forschungsparadigma, Fragestellungen, Untersuchungsmöglichkeiten," in Max Kaase, ed., *Politische Wissenschaft und politische Ordnung: Analysen zu Theorie und Empirie demokratischer Regierungsweise*, Opladen: Westdeutscher Verlag, pp.279-291.
Redford, Emmette S. & Charles B. Hagan (1965), *American Government and the Economy*, New York: Macmillan.
Rokkan, Stein (1966), "Norway: Numerical Democracy and Corporate Liberalism," in Robert A. Dahl, ed., *Political Oppositions in Western Democracies*, New Haven: Yale University Press, pp.70-115.
Schattschneider, Elmor E. (1960), *The Semisovereign People: A Realist's View of Democracy in America*, New York: Holt, Rinehart & Winston. [内山秀夫訳『半主権人民』而立書房、1972年]
Schmitter, Philippe C. (1997), "Civil Society East and West," in Larry Diamond, Marc F. Plattner, Yun-han Chu & Hung-mao Tien, eds., *Consolidating the Third Wave Democracies: Themes and Perspectives*, Baltimore: The Johns Hopkins University Press, pp.239-262.
Smith, Anthony D. (1986), *The Ethnic Origins of Nations*, Cambridge, MA: Blackwell. [巣山靖司・高城和義ほか訳『ネイションとエスニシティ』名古屋大学出版会、1999年]
Smith, Anthony D. (1991), *National Identity*, London: Penguin Books. [高柳先男訳『ナショナリズムの生命力』晶文社、1998年]
Spindler, George (1963), *Education and Culture: Anthropological Approaches*, New York: Holt, Rinehart & Winston.
Weaver, Ketty D. (1970), *Lenin's Grandchildren: Preschool Education in the Soviet Union*, New York: Simon & Schuster.

第6章 政治的社会化

河田潤一 (2012)「政治のことば」『日本語学』第31号、4-18頁
本間長世 (1991)『移りゆくアメリカ』筑摩書房
Bellah, Robert N. (1975), *The Broken Covenant: American Civil Religion in Time of Trial*, New York: The Seabury Press. [松本滋・中川徹子訳『破れた契約』未來社、1983年]
Caldeira, Greg A. & Fred I. Greenstein (1978), "Partisan Orientation and Political Socialization in Britain, France, and the United States," *Political Science Quarterly*, Vol.93, pp.35-49.
Chaffee, Steven H., I. Scott Ward & Leonard P. Tipton (1970), "Mass Communication and Politcal Socialization," *Journalism Quarterly*, Vol.47, pp.647-659.
Dawson, Richard E. & Kenneth Prewitt (1969), *Political Socialization*, Boston: Little, Brown & Company. [菊池章夫訳『政治教育の科学―政治的社会化』読売新聞社、1971年]
Donegani, Jean-Marie & Annick Percheron (1980), "Political Participation and Political Attitudes of

the 18-24 Years Old Today in France," paper to be delivered at the 3rd International Congress of the International Society of Political Psychology, Boston, MA.
Easton, David & Jack Dennis（1969）, *Children in the Political System: Origins of Political Legitimacy*, New York: McGraw Hill.
Greenstein, Fred I.（1965）, *Children and Politics*, New Haven: Yale University Press.［松原治郎・高橋均訳『子どもと政治―その政治的社会化』福村出版、1972年］
Hess, Robert D. & Judith V. Torney（1967）, *The Development of Political Attitudes in Children*, Chicago: Aldine Publishing.
Hyman, Herbert H.（1959）, *Political Socialization: A Study in the Psychology of Political Behavior*, New York: The Free Press.
Jaros, Dean, Herbert Hirsch & Frederic J. Fleron, Jr.（1968）, "The Malvolent Leader: Political Socialization in an American Sub-Culture," *American Politcal Science Review*, Vol.62, pp.564-575.
Kawata, Junichi（1986）, "The Child's Discovery and Development of 'Political World': A Note on the United States," *Konan Law Review*, Vol.26, pp.439-471.
Langton, Kenneth P.（1969）, *Political Socialization*, Oxford: Oxford University Press.［岩男寿美子・真鍋一史・山口晃訳『政治意識の形成過程』勁草書房、1978年］
Langton, Kenneth P. & M. Kent Jennings（1968）, "Political Socialization and the High School Civics Curriculum in the United States," *American Political Science Review*, Vol.62, pp.852-867.
Lijphart, Arend（1968）, *The Politics of Accommodation: Pluralism and Democracy in the Netherlands*, Berkeley, CA: University of California Press.
Litt, Edgar（1963）, "Civic Education, Community Norms and Political Indoctrination," *American Sociological Review*, Vol.28, pp.69-75.
Marsh, David（1972）, "Beliefs about Democracy among English Adolescents," *British Journal of Political Science*, Vol. 2, pp.255-259.
Muxel, Anne.（2001）, *Les jeunes et la politique*, Firenze: Firenze University Press.
Neidhardt, F.（1967）, *Die Junge Generation: Jugend und Gesellschaft in der Bundesrepublik*, Opladen: Leske Verlag.
Percheron, Annick（1969）, "La vocabulaire politique des enfants: connaissance et formation d'opinion," Paris: Fondation Nationale des Sciences Politique.
Percheron, Annick（1974）, *L'univers politique des enfants*, Paris: Armand Colin.
Roig, Charles et F. Billon-Grand（1968）, *La socialisation politique des enfants*, Paris: Armand Colin.
Rosenbaum, Walter A.（1975）, *Political Culture*, New York: Praeger.
Rush, Michael & Phillip Althoff（1972）, *An Introduction to Political Sociology*, New York: The Bobbs-Merrill Company.
Searing, Donald D., Joel D. Schwartz & Alden E. Lind（1973）, "The Structuring Principle: Political Socialization and Belief Systems," *American Political Science Review*, Vol.67, pp.415-432.
Searing, Donald D., Gerald Wright & George Rabinowitz（1976）, "The Primacy Principle: Attitude Change and Political Socialization," *British Journal of Political Science*, Vol. 6, pp.83-113.
Stern, Alan J. & Donald D. Searing（1976）, "The Stratification Beliefs of English and American Adolescents," *British Journal of Political Science*, Vol. 6, pp.177-201.
Willis, Paul E.（1977）, *Learning to Labour*, Aldershot: Gower.［熊沢誠・山田潤訳『ハマータウ

ンの野郎ども』筑摩書房、1985年］

第Ⅲ部　政治文化論

第7章　*The Civic Culture* の世界

Almond, Gabriel A.（1956），"Comparative Political Systems," *Journal of Politics*, Vol.18, pp.391-409.［内山秀夫訳「政治システムの比較」内山秀夫・川原彰・佐治孝夫・深沢民司訳『現代政治学と歴史意識』勁草書房、1982年、31-55頁］

Almond, Gabriel A. & Sidney Verba（1963），*The Civic Culture: Political Attitudes and Democracy in Five Nations*, Princeton, NJ: Princeton University Press.［石川一雄・片岡寛光・木村修三・深谷満雄訳『現代市民の政治文化―5ヵ国における政治的態度と民主主義』勁草書房、1974年］

Almond, Gabriel A. & Bringham G. Powell, Jr.（1984），*Comparative Politics Today*, Boston: Little, Brown & Company.

Banfield, Edward C.（1958），*The Moral Basis of a Backward Society*, New York: The Free Press.

della Porta, Donatella（1997），"The Vicious Circles of Corruption in Italy," in D. della Porta and Yve Mény, eds., *Democracy and Corruption in Europe*, London: Pinter, pp.35-49.

Lerner, Daniel（1958），*The Passing of Traditional Society: Modernizing the Middle East*, New York: The Free Press.

McCrone, Donald & Charles Cnudde（1967），"Toward a Communication Theory of Democratic Development: A Causal Model," *American Political Science Review*, Vol.61, pp.72-79.

Pateman, Carol（1970），*Participation and Democratic Theory*, Cambridge: Cambridge University Press.［寄本勝美訳『参加と民主主義理論』早稲田大学出版部、1977年］

Pinna, Luca（1971），*La famiglia esculusiva: Parentela e clientelismo in Sardegna*, Bari: Laterza.

Pye, Lucian W.（1965a），"The Concept of Political Development," *The Annals of the American Academy of Political and Social Science*, Vol.358, pp.1-13.

Pye, Lucian W.（1965b），"Introduction: Political Culture and Political Development," in Pye and Sidney Verba, eds., *Political Culture and Political Development*, Princeton, NJ: Princeton University Press, pp.3-26.

Verba, Sideny（1965），"Conclusion: Comparative Political Culture," in Lucian Pye and Verba, eds., *Political Culture and Political Development*, Princeton, NJ: Princeton University Press, pp.512-560.

第8章　*The Civic Culture Revisited* の前後

青木昌彦（2008）『私の履歴書』日本経済新聞社出版

Abramowitz, Alan I.（1980），"The United States: Political Culture under Stress," in Gabriel A. Almond & Sidney Verba, eds., *The Civic Culture Revisited*, Boston: Little, Brown & Company, Chapter VI.

Almond, Gabriel A. & Bringham G. Powell, Jr.（1978），*Comparative Politics: System, Process, and*

Policy, Boston: Little, Brown & Company.［本田弘・浦野起央監訳『比較政治学〔第2版〕』時潮社、1986年］

Almond, Gabriel A. & Bringham G. Powell, Jr.（1984）, *Comparative Politics Today*, Boston: Little, Brown & Company.

Beck, Ulrich（1986）, *Risikogesellschaft*, Frankfurt am Main: Suhrkamp Verlag.［東廉監訳『危険社会』二期出版、1998年］

Berry, Jeffrey M.（1999）, *The New Liberalism: The Rising Power of Citizen Groups*, New York: The Brookings Institute.［松野弘監訳『新しいリベラリズム』ミネルヴァ書房、2009年］

Bromhead, Peter（1971）, *Life in Modern Britain*, London: Prentice-Hall.

Conradt, David P.（1980）, "Changing German Political Culture," in Gabriel A. Almond & Sidney Verba, eds., *The Civic Culture Revisited*, Boston: Little, Brown & Company, Chapter VII.

Craig, Ann L. & Wayne A. Cornelius（1980）, "Political Culture in Mexico: Continuities and Revisionist Interpretations," Gabriel A. Almond & Sidney Verba, eds., *The Civic Culture Revisited*, Boston: Little, Brown & Company, Chapter IX.

Crick, Bernard（2002）, *Democracy: A Very Short Introduction*, Oxford: Oxford University Press, 2002.［添谷育志・金田耕一訳『デモクラシー』岩波書店、2004年］

Inglehart, Ronald（1977）, *The Silent Revolution: Changing Values and Political Styles Among Western Publics*, Princeton, NJ: Princeton University Press.［三宅一郎・金丸輝男・富沢克訳『静かなる革命——政治意識と行動様式の変化』東洋経済新報社、1978年］

Inglehart, Ronald（1990）, *Culture Shift in Advanced Industrial Society*, Princeton, NJ: Princeton University Press.［村山皓・富沢克・武重雅文訳『カルチャーシフトと政治変動』東洋経済新報社、1993年］

Kavanagh, Dennis（1972）, *Political Culture*, London: The Macmillan Press.［寄本勝美・中野実訳『政治文化論』早稲田大学出版部、1977年］

Kavanagh, Dennis（1980）, "Political Culture in Great Britain: The Decline of the Civic Culture," in Gabriel A. Almond & Sidney Verba, eds., *The Civic Culture Revisited*, Boston: Little, Brwon & Company, Chapter V.

Lipset, Seymour M. & Stein Rokkan（1967）, "Cleavage Structure, Party Systems, and Voter Alignments: An Introduction," in Seymour M. Lipset & Stein Rokkan, eds., *Party Systems and Voter Alignments: Cross-National Perspectives*, New York: Free Press, pp. 1-64.［白鳥浩・加藤秀治郎訳「クリヴィジ構造、政党制、有権者の連携関係」加藤秀治郎・岩渕美克編『政治社会学〔第4版〕』一藝社、2004年、189-280頁］

Nye, Joseph S. Jr., Philip D. Zelikow & David C. King（1997）, *Why People Don't Trust Government*, Cambridge, MA: Harvard University Press.［嶋本恵美訳『なぜ政府は信頼されないのか』英治出版、2002年］

Pizzorno, Alessandro（1966）, "Amoral Familism and Historical Marginality," *International Review of Community Development*, Vol.15, pp.55-66.

Reich, Robert（1983）, *The Next American Frontier*, New York: Crown.［竹村健一訳『ネクスト・フロンティア』三笠書房、2000年］

Rokkan, Stein（1964）, "Review of The Civic Culture," *American Political Science Review*, Vol.58, p.677.

Sani, Giacomo（1980）, "The Political Culture of Italy: Continuity and Change," in Gabriel A.

Almond & Sidney Verba, eds., *The Civic Culture Revisited*, Boston: Little, Brown & Company, Chapter VIII.

Watkins, Alan (1970), "The Death of Deference," *New Statesman*, January 9.

第9章　社会資本

Cornelius, Wayne (1975), *Politics and the Migrant Poor in Mexico City*, Stanford, CA: Stanford University Press.

Edwards, Michael (2006), "Enthusiasts, Tacticians, and Skeptics," in Anthony J. Bebbington *et al.* eds., *The Search for Empowerment: Social Capital as Idea and Practice at the World Bank*, Bloomfield, CT: Kumarian Press.

Granovetter, Mark (1974), *Getting a Job: A Study of Contacts and Career*, Chicago: The University of Chicago Press.［渡辺深訳『転職』ミネルヴァ書房、1998年］

Jones, Brian J. (2010), *Social Capital in America*, Boulder, CO: Paradigm Publishers.

Lin, Nan (2001), *Social Capital: A Theory of Social Structure and Action*, Cambridge: Cambridge University Press.［筒井淳也ほか訳『ソーシャル・キャピタル──社会構造と行為の理論』ミネルヴァ書房、2008年］

Putnam, Robert D. (1993), *Making Democracy Work: Civic Traditions in Modern Italy*, Princeton, NJ: Princeton University Press.［河田潤一訳『哲学する民主主義──伝統と改革の市民的構造』NTT出版、2001年］

Putnam, Robert D. (1995), "Bowling Alone: America's Declining Social Capital," *Journal of Democracy*, Vol.6, pp.66-78.［坂本治也・山内富美訳「ひとりでボウリングをする──アメリカにおけるソーシャル・キャピタルの減退」宮川公男・大守隆編『ソーシャル・キャピタル』東洋経済新報社、2004年、55-76頁］

Putnam, Robert D. (2000), *Bowling Alone: The Collapse and Revival of American Community*, New York: Simon & Schuster.［柴内康文訳『孤独なボウリング──米国コミュニティの崩壊と再生』柏書房、2006年］

Tocqueville, Alexis de (1840), *De la démocratie en Amérique*.［松本礼二訳『アメリカのデモクラシー（第2巻上）』岩波文庫、2008年］

Woolcock, Michael & Deepa Narayan (2006), "Social Capital: Implications for Development Theory, Research, and Policy Revisited," in Anthony J. Bebbington *et al.* eds., *The Search for Empowerment: Social Capital as Idea and Practice at the World Bank*, Bloomfield, CT: Kumarian Press.

Woolcock, Michael (2010), "The Rise and Routinization of Social Capital, 1988-2008," *Annual Review of Political Science*, Vol.13, pp.469-487.

第Ⅳ部　政治参加論

第10章　政治過程のなかの政治参加

蒲島郁夫 (1988)『政治参加』東京大学出版会

Blais, André (2007), "Turnout in Elections," in Russell Dalton & Hans-Dieter Klingemann, eds., *The Oxford Handbook of Political Behavior*, Oxford: Oxford University Press, pp.621-635.

Campbell, Angus, Gerald Gurin & Warren E. Miller (1954), *The Voter Decides*, Evanston, Ill.: Row, Peterson & Company.

Dalton, Russell J. (1988), *Citizen Politics in Western Democracies: Public Opinion and Political Parties in the United States, Great Britain, West Germany, and France*, Chatham, NJ: Chatham House Publishers.

Dalton, Russell J. (2004), *Democratic Challenges, Democratic Choices: The Erosion of Political Support in Advanced Industrial Democracies*, Oxford: Oxford University Press.

Dalton, Russell J. & Martin P. Wattenberg, eds. (2000), *Parties without Partisans: Political Change in Advanced Industrial Democracies*, Oxford: Oxford University Press.

Finifiter, Ada W. (1970), "Dimensions of Political Alienation," *American Political Science Review*, Vol. 64, pp.389-410.

Hudson, William E. (1994), *American Democracy in Peril: Seven Challenges to America's Future*, Chatham, NJ: Seven Bridges Press.［宮川公男・堀内一史訳『民主主義の危機―現代アメリカへの7つの挑戦』東洋経済新報社、1996年］

Inglehart, Ronald (1990), *Culture Shift in Advanced Industrial Society*, Princeton, NJ: Princeton University Press.［村山皓・富沢克・武重雅文訳『カルチャーシフトと政治変動』東洋経済新報社、1993年］

Inglehart, Ronald (1997), "Postmaterialist Values and the Erosion of Institutional Authority," in Nye, Joseph S. Jr., Philip Z. Zelikow & David C. King, *Why People Don't Trust Government*, Cambridge, MA: Harvard University Press, pp.217-236.［嶋本恵美訳「ポスト物質主義的と制度における権威の失墜」『なぜ政府は信頼されないのか』英治出版、2002年、295-320頁］

Katz, Richard S. & Peter Mair (1995), "Changing Models of Party Organization and Party Democracy: The Emergence of the Cartel Party," *Party Politics*, Vol.1, pp.5-28.

Lane, Robert E. (1962), *Political Ideology: Why the American Common Man Believes What He Does*, Glencoe Ill.: Free Press.

Lipset, Seymour M.(1960), *Political Man: The Social Bases of Politics*, Garden City, NY: Doubleday.［内山秀夫訳『政治のなかの人間―ポリティカル・マン』東京創元新社、1963年］

McCrosky, Herbert (1968), "Political Participation," in David Shils, ed. *International Encyclopaedia of Social Sciences*, Vol.11, New York: Crowell Collier & Macmillan, pp.252-265.

Mair, Peter (2013), *Ruling the Void: The Hollowing of Western Democracy*, London: Verso.

Marsh, Alan (1977), *Protest and Political Consciousness*, Beverly Hills, CA: Sage Publications.

Milbraith, Lester W. (1965), *Political Participation: How and Why Do People Get Involved in Politics?* Chicago: Rand McNally & Company.［内山秀夫訳『政治参加の心理と行動』早稲田大学出版部、1976年］

Putnam, Robert D. (2000), *Bowling Alone: The Collapse and Revival of American Community*, New York: Simon & Schuster.［柴内康文訳『孤独なボウリング―米国コミュニティの崩壊と再生』柏書房、2006年］

Rose, Richard (1974), *Politics in England: An Introduction*, 2nd edition, Boston: Little, Brown &

Company.［犬童一男訳『現代イギリスの政治』岩波書店、1979年］
Seeman, Melvin (1959), "On the Meaning of Alienation," *American Sociological Review*, Vol.24, pp783-791.
Van Biezen, Ingrid, Peter Mair & Thomas Poguntke (2012), "Going, Going … Gone? The Decline of Party Membership in Contemporary Europe," *European Journal of Political Research*, Vol.51, pp.24-56.
Verba, Sidney, Norman H. Nie & Jae-on Kim (1978), *Participation and Political Equality: A Seven-Nation Comparison*, Cambridge: Cambridge University Press.［三宅一郎・蒲島郁夫・小田健訳『政治参加と平等―比較政治学的分析』東京大学出版会、1981年］
Wren, Anne & Kenneth M. McElwain (2007), "Voters and Parties," in Charles Boix & Susan C. Stokes, eds., *The Oxford Handbook of Comparative Politics*, Oxford: Oxford University Press, pp.555-581.
Zuckerman, Alan S. (1982), "New Approaches to Political Cleavage: A Theoretical Introduction," *Comparative Political Studies*, Vol.15, pp.131-144.

第11章　政治参加の理論的系譜

Alford, Robert R. (1963), *Party and Society: The Anglo-American Democracies*, Chicago: Rand McNalley.
Barnes, Samuel H. & Max Kaase *et al.* (1979), *Political Action: Mass Participation in Five Western Democracies*, Beverly Hills, CA: Sage Publications.
Berelson, Bernard R., Paul F. Lazarsfeld & William N. McPhee (1954), *Voting: A Study of Opinion Formation in a Presidential Campaign*, Chicago: The University of Chicago Press.
Campbell, Angus, Gerald Gurin & Warren E. Miller (1954), *The Voter Decides*, Evanston, Ill.: Row, Peterson & Company.
Campbell, Angus, Phillip E. Converse, Warren E. Miller & Donald E. Stokes (1960), *The American Voter*, Chicago: The University of Chicago Press.
Converse, Phillip E. (1964), "The Nature of Belief Systems in Mass Publics," in David E. Apter, ed., *Ideology and Discontent*, New York: The Free Press, pp.206-226.［堀江湛訳「国民大衆における信条体系の性格」慶應義塾大学地域研究グループ訳『イデオロギーと現代政治』慶應通信、1968年、229-295頁］
Critchley, T. A. (1970), *The Conquest of Violence: Order and Liberty in Britain*, New York: Schocken.
Fox, Richard W. & T. J. Jackson Lears (1983), *The Culture of Consumption: Critical Essays in American History 1880-1980*, New York: Pantheon Books.［小池和子訳『消費の文化』勁草書房、1985年］
Gerber, Alan S. & Donald P. Green (2000), "The Effects of Canvassing, Telephone Calls, and Direct Mail on Voter Turnout: A Field Experiment," *American Political Science Review*, Vol.94, pp.653-663.
Gosnell, Harold F. (1927), *Getting Out the Vote: An Experiment in the Stimulation of Voting*, Chicago: The University of Chicago Press.
Gosnell, Harold F. (1930), *Why Europe Votes*, Chicago: The University of Chicago Press.
Green, Donald P. & Alan S. Gerber (2004), *Get Out the Vote! How to Increase Voter Turnout*,

Washington, DC: Brookings Institution Press.

Grugel, Jean (2002), *Democratization: A Critical Introduction*, Houndmills: Palgrave Macmillan. [仲野修訳『グローバル化時代の民主化』法律文化社、2006年]

Hudson, William E. (1994), *American Democracy in Peril: Seven Challenges to America's Future*, Chatham, NJ: Seven Bridges Press. [宮川公男・堀内一史訳『民主主義の危機──現代アメリカへの7つの挑戦』東洋経済新報社、1996年]

Hughes, H. Stuart (1958), *Consciousness and Society: The Reorientation of European Social Thought 1890-1930*, New York: Vintage Books. [生松敬三・荒川幾男訳『意識と社会──ヨーロッパ社会思想 1890-1930』みすず書房、1970年]

Inglehart, Ronald (1977), *The Silent Revolution: Changing Values and Political Styles Among Western Publics*, Princeton, NJ: Princeton University Press. [三宅一郎・金丸輝男・富沢克訳『静かなる革命──政治意識と行動様式の変化』東洋経済新報社、1978年]

Inglehart, Ronald (1990), *Culture Shift in Advanced Industrial Society*, Princeton, NJ: Princeton University Press. [村山皓・富沢克・武重雅文訳『カルチャーシフトと政治変動』東洋経済新報社、1993年]

Key, V. O. Jr. (1966), *The Responsible Electorate*, Cambridge: Harvard University Press.

Kornhauser, William (1959), *The Politics of Mass Society*, Glencoe, Ill.: Free Press. [辻村明訳『大衆社会の政治』東京創元社、1961年]

Lazarsfeld, Paul F., Bernard R. Berelson & Hazel Gaudet (1944), *The People's Choice: How the Voter Makes Up His Mind in a Presidential Campaign*, New York: Columbia University Press. [有吉広介監訳『ピープルズ・チョイス──アメリカ人と大統領選挙』芦書房、1987年]

Lewis-Beck, Michael S., William G. Jacoby, Helmut Norpoth & Herbert F. Weisberg (2008), *The American Voter Revisited*, Ann Arbor, Mich.: The University of Michigan Press.

Lijphart, Arend (1971), *Class Voting and Religious Voting in the European Democracies: A Preliminary Report*, Glasgow: University of Strathclyde.

Macpherson, C. B. (1977), *The Life and Times of Liberal Democracy*, Oxford: Oxford University Press. [田口富久治訳『自由民主主義は生き残れるか』岩波書店、1978年]

Marsh, Alan (1977), *Protest and Political Consciousness*, Beverly Hills, CA: Sage Publications.

Merriam, Charles E. & Harold F. Gosnell (1924), *Non-Voting: Causes and Methods of Control*, Chicago: The University of Chicago Press.

Merriam, Charles E. (1929), *Chicago: A More Intimate View of Urban Politics*, New York: The Macmillan Company. [和田宗春訳『シカゴ──大都市政治の臨床的観察』恒文社、1983年]

Nelson, Joan M. (1987), "Political Participation," in Myron Weiner & Samuel P. Huntington, eds., *Understanding Political Development: An Analytic Study*, Boston: Little, Brown & Company, pp. 103-159.

Nie, Norman H., Sidney Verba & John R. Petrocik (1976), *The Changing American Voter*, Cambridge, MA: Harvard University Press.

Parisi, Arturo & Gianfranco Pasquino (1980), "Changes in Italian Electoral Behaviour," in Peter Lange and Sidney Tarrow, eds., *Italy in Transition*, London: Frank Cass, pp.6-30.

Pateman, Carol (1970), *Participation and Democratic Theory*, Cambridge: Cambridge University Press. [寄本勝美訳『参加と民主主義理論』早稲田大学出版部、1977年]

Pomper, Gerald M. (1972), "From Confusion to Clarity: Issues and American Voters, 1952-1968," *American Political Science Review*, Vol.66, pp.415-428.

Pomper, Gerald M. (1975), *Voters' Choice: Varieties of American Behavior*, New York: Dodd Mead.

Popkin, Samuel L. (1991), *The Reasoning Voter: Communication and Persuation in Presidential Campaigns*, Chicago: The University of Chicago Press.

Riesman, David (1950), *The Lonely Crowd: A Study of the Changing American Character*, New Haven: Yale University Press. ［加藤秀俊訳『孤独な群衆』みすず書房、1964年］

Schattschneider, E. E. (1960), *The Semisovereign People: A Realist's View of Democracy in America*, New York: Holt, Rinehart and Winston. ［内山秀夫訳『半主権人民』而立書房、1972年］

Taylor Charles Lewis & Michael C. Hudson (1972), *World Handbook of Political and Social Indicators*, 2nd Edition, New Haven: Yale University Press.

Thayer, George (1965), *The British Political Fringe: A Profile*, London: Anthony Blond.

Verba, Sidney, Norman H. Nie & Jae-on Kim (1978), *Participation and Political Equality: A Seven-Nation Comparison*, Cambridge: Cambridge University Press. ［三宅一郎・蒲島郁夫・小田健訳『政治参加と平等―比較政治学的分析』東京大学出版会、1981年］

Verba, Sidney & Gary R. Orren (1985), *Equality in America: The View from the Top*, Cambridge, MA: Harvard University Press.

第12章　新しい政治参加

Berry, Jeffrey M. (1984), *The Interest Group Society*, Boston: Little, Brown & Company.

Castles, Francis G. (1967), *Pressure Groups and Political Culture*, London: Routledge & Kegan Paul.

Duberman, Martin (2002), *Left Out: The Politics of Exclusion/Essay/1964-2002*, Cambridge, MA: South End Press.

Eckstein, Harry (1960), *Pressure Group Politics: The Case of the British Medical Association*, Stanford, CA: Stanford University Press.

Edsall, Thomas Byrne with Mary D. Edsall (1991), *Chain Reaction: The Impact of Race, Rights, and Taxes on American Politics*, New York: W. W. Norton & Company. ［飛田茂雄訳『争うアメリカ―人権・権利・税金』みすず書房、1995年］

Grossmann, Matt (2012), *The Not-So-Special Interests: Interest Groups, Public Representation, and American Governance*, Stanford, CA: Stanford University Press.

Inglehart, Ronald (1990), *Culture Shift in Advanced Industrial Society*, Princeton, NJ: Princeton University Press. ［村山皓・富沢克・武重雅文訳『カルチャーシフトと政治変動』東洋経済新報社、1993年］

Jaynes, Gerald David & Robin Williams Jr., eds. (1989), *A Common Destiny: Blacks and American Society*, Washington, DC: National Academy Press.

Jennings, James (1992), *The Politics of Black Empowerment: The Transformation of Black Activism in Urban America*, Detroit, Mich.: Wayne State University Press. ［河田潤一訳『ブラック・エンパワーメントの政治―アメリカ都市部における黒人行動主義の変容』ミネルヴァ書房、1998年］

Key, V.O. Jr. (1942), *Politics, Parties, and Pressure Groups*, New York: Thomas Y. Crowell.

Lane, Robert E. (1959), *Political Life: Why and How People Get Involved in Politics*, New York: The

Free Press.

Lasch, Cristpher (1978), *The Culture of Narcissism : American Life in an Age of Diminishing Expectation*, New York: W. W. Norton & Company.［石川弘義訳『ナルシシズムの時代』ナツメ社、1981年］

Lowi, Theodore (1969), *The End of Liberalism: Ideology, Policy, and the Crisis of Public Authority*, New York: W. W. Norton & Company.［村松岐夫監訳『自由主義の終焉——現代政府の問題性』木鐸社、1981年］

Paden, Catherine M. (2011), *Civil Rights Advocacy on Behalf of the Poor*, Philadelphia: The University of Pennsylvania Press.

Parkin, Frank (1968), *Middle Class Radicalism: The Social Bases of the British Campaign for Nuclear Disarmament*, Manchester: Manchester University Press.

Russell, Jesse & Ronald Cohn (2012), *Advocacy Group*, Edingurgh: Lennex Corp.

Rustin, Bayard (1965), "From Protest to Politics: The Future of the Civil Rights Movement," *Commentary*, Vol.32, pp.25-31.

Schattschneider, E. E. (1960), *The Semisovereign People: A Realist's View of Democracy in America*, New York: Holt, Rinehart and Winston.［内山秀夫訳『半主権人民』而立書房、1972年］

Sennett, Richard (1970), *The Uses of Disorder: Personal Identity and City Life*, New York: Knopf.［今田高俊訳『無秩序の活用——都市コミュニティの理論』中央公論社、1975年］

Skocpol, Theda (2003), *Diminished Democracy: From Membership to Management in American Civic Life*, Norman: University of Oklahoma Press.［河田潤一訳『失われた民主主義——メンバーシップからマネージメントへ』慶應義塾大学出版会、2007年］

Strolovitch, Dara Z. (2007), *Affirmative Advocacy: Race, Class, and Gender in Interest Groups Politics*, Chicago: The University of Chicago Press.

Waldman, Tom (2000), *The Best Guide to American Politics*, Los Angels: Renaissance Books.

終　章　総括と展望

高橋伸夫（2009）「中国政治体制100年を巨視的に俯瞰する」深町英夫編『中国政治体制100年——何が求められてきたのか』中央大学出版部、77-90頁

Augé, Marc (1995), *Non-Places: Introduction to an Anthropology of Supermodernity*, London: Verso.

Balzer, Harley (2004), "State and society in transitions from communism: China in comparative perspective," in Peter Hays Gries & Stanley Rosen, eds., *State and Society in 21st-century*, New York: Routledge Curzon, pp.233-256.

Barlow, Andrew L. (2008), "Globalization, Race, and the Politics of Fear in the United States," in Michelle Bertho, ed., *The Impact of Globalization on the United States, Volume 1: Culture and Society*, Westport, CT: Praeger, pp.89-108.

Breslin, Shaun (2010), "Democratizing one-party rule in China," in Peter Burnell & Richard Youngs, eds., *New Challenges to Democratization*, London: Routledge, pp.134-152.

Bruz, Wlodzimierz (1973), *The Economic and Politics of Socialism*, London: Routledge & Kegan Paul.［佐藤経明訳『社会主義における政治と経済』岩波書店、1978年］

Crawford, Beverly & Edward A. Fogarty (2008), "Globalization's Impact on American Business and Economics: An Overview," in Crawford & Fogarty, eds., *The Impact of Globalization on the*

United States, Volume 3: Business and Economics, Westport, CT: Praeger, pp.xi-xxxiv.

Ekiert, Grzewgorz (2003), "The State after State Socialism: Poland in Comparative Perspective," in T. V. Paul, G. John Ikenbury & John A. Hall, eds., *The Nation-State in Question*, Princeton, NJ: Princeton University Press, pp.291-320.

Fernando, Jude L. & Alan W. Heston (1997), "NGOs Between States, Markets, and Civil Society," in Fernando & Heston, eds., *The Role of NGOs: Charity and Empowerment* (*The Annals of the American Academy of Political and Social Science*, Vol. 554), pp.8-20.

Fisher, Julie (1998), *Nongovernments: NGOs and the Political Development of the Third World*, West Hartford, CT: Kumarian Press.

Gleditsch, Kristian Skrede & Michael D. Ward (2008), "Diffusion and the spread of democratic institutions," in Beth A. Simmons, Frank Dobbin & Geoffrey Garrett, eds., *The Global Diffusion of Markets and Democracy*, Cambridge: Cambridge University Press, pp.261-302.

Hall, Peter Dobkin (1992), *Inventing the Nonprofit Sector and Other Essays on Philanthropy, Voluntarism, and Nonprofit Organizations*, Baltimore: The Johns Hopkins University Press.

Hirst, Paul (1997), *From statism to pluralism: Democracy, civil society and global politics*, London: UCL Press.

Kaldor, Mary (2003), *Global Civil Society: An Answer to War*, Cambridge: Polity Press.［山本武彦・宮脇昇・木村真紀・大西崇介訳『グローバル市民社会論――戦争へのひとつの回答』法政大学出版局、2007年］

Kawata, Junichi (2011), "Interview with Philippe C. Schmitter: A Titan of Comparative Politics," *Konan Law Review*, Vol.51, pp.295-347.

Kudrle, Robert T. (1999), "Three Types of Globalization: Communication, Market, and Direct," in Raimo Vayrynen, ed., *Globalization and Global Governance*, Lanham, MD: Rowman & Littlefield, pp.3-23.

Levy, Frank & Richard J. Murnace (2004), *The New Division of Labor*, New York: Russell Sage Foundation.

Lindblom, Charles E. (1977), *Politics and Markets: The World's Political Economic Systems*, New York: Basic Books.

Longworth, Richard C. (2008), *Caught in the Middle: America's Heartland in the Age of Globalism*, New York: Bloomsbury.

Newman, Katherine S. & Victor Tan Chen (2007), *The Missing Class: Portraits of the Near Poor in America*, Boston: Beacon Press.

Petras, James (2007), *Rulers and Ruled in the US Empire*, Cardena, CA: Clarity Press.［高尾菜つこ訳『「帝国アメリカ」の真の支配者は』三交社、2008年］

Polanyi, Karl (1944), *The Great Transformation: The Political and Economic Origins of Our Time*, New York: Farrar and Rinehart.［吉沢英成・野口建彦・長尾史郎・杉村芳美訳『大転換――市場社会の形成と崩壊』東洋経済新報社、1975年］

Reich, Robert B. (1991), *The Work of Nations: Preparing Ourselves for 21st-Century Capitalism*, New York: Alfred A. Knopf.［中谷巌訳『ザ・ワーク・オブ・ネーションズ――21世紀資本主義のイメージ』ダイヤモンド社、1991年］

Reich, Robert B. (2007), *Supercapitalism: The Transformation of Business, Democracy, and Everyday Life*,

New York: Vintage.［雨宮寛・今井章子訳『暴走する資本主義』東洋経済新報社、2008年］
Ruggie, John G.（1982）, "International Regimes, Transactions, and Change: Embedded Liberalism in the Postwar Economic Order," *International Organization*, Vol.36, pp.195-231.
Saxenian, AnnaLee（1994）, *Regional Advantage: Culture and Competition in Silicon Valley and Route 128*, Cambridge, MA: Harvard University Press.［大前研一訳『現代の二都物語』講談社、1995年］
Saxenian, AnnaLee（2007）, *The New Argonauts: Regional Advantage in a Global Economy*, Cambridge, MA: Harvard University Press.［酒井泰介訳『最新・経済地理学――グローバル経済と地域の優位性』日経BP社、2008年］
Schmitter, Philippe C.（1996）, "Some alternative futures for the European polity and their implications for European public policy," in Yves Mény, Pierre Muller & Jean-Louis Quermonne, eds., *Adjusting to Europe: The impact of the European Union on national institutions and policies*, London: Routledge, pp.25-40.
Schmitter, Philippe C.（1997a）, "Civil Society East and West," in Larry Diamond, Marc F. Plattner, Yun-han Chu & Hung-mao Tien, eds., *Consolidating the Third Wave Democracies: Themes and Perspectives*, Baltimore: The Johns Hopkins University Press, pp.239-262.
Schmitter, Philippe C.（1997b）, "The Emerging Europolity and Its Impact upon National Systems of Production," in J. R. Hollingsworth & R. Boyer, eds., *Contemporary Capitalsim: The Embeddedness of Institutions*, Cambridge: Cambridge University Press, pp.395-430.［畑島宏之訳「ヨーロッパ連合の政治体制が各国資本主義に与える影響」長尾伸一・長岡延孝編監訳『制度の政治経済学』木鐸社、2000年、215-257頁］
Schmitter, Philippe C.（2000）, *How to Democratize the European Union…and Why Bother?* Lanham, MD: Rowman & Littlefield.
Skocpol, Theda（2000）, *The Missing Middle: Working Families and the Future of American Social Policy*, New York: W. W. Norton.
Skocpol, Theda（2003）, *Diminished Democracy: From Membership to Management in American Civic Life*, Norman: University of Oklahoma Press.［河田潤一訳『失われた民主主義――メンバーシップからマネージメントへ』慶應義塾大学出版会、2007年］
Stepan, Alfred（1978）, *The State and Society: Peru in Comparative Perspective*, Princeton, NJ: Princeton University Press.
Streeck, Wolfgang & Philippe C. Schmitter（1984）, "Community, Market, State-And Associations?: The Prospective Contribution of Interest Governance to Social Order," *EUI Working Paper*, No.94, Badia Fiesolana: European University Institute.
汪暉（2006）「1989社会運動与中国"新自由主義"的歴史根源」［小野寺史郎訳「1989年の社会運動と中国の『新自由主義』の歴史的根源」村田雄二郎・砂山幸雄・小野寺史郎訳『思想空間としての現代中国』岩波書店、2006年、65-113頁］

おわりに

Adelson, Joseph（1971）, "The Political Imagination of the Young Adolescent," *Daedalus*, Vol.100, pp.1013-1050.
Easton, David（1953）, *The Political System: An Inquiry into the State of Political Science*, New York:

Alfred A. Knopf. [山川雄巳訳『政治体系―政治学の状態への探求』ぺりかん社、1976年]
Lowi, Theodore J. (1971), *Four Systems of Policy, Politics and Choice*, Syracuse, NY: The Inter-University Case Program, Inc.
Merelman, Richard M. (1969), "The Development of Political Ideology: A Framework for the Analysis of Political Socialization," *American Political Science Review*, Vol.63, pp.750-767.
Newman, Fred M. (1975), *Education for Citizen Action*, Berkeley, CA: McCutchan Publishing.
Schattschneider, Elmer E. (1960), *The Semisovereign People: A Realist's View of Democracy in America*, New York: Holt, Rinehart, Winston. [内山秀夫訳『半主権人民』而立書房、1972年]

索　引

あ 行

新しい社会運動 ……………………… 118, 163
新しい労働者階級 ………………………… 158
アドボカシー ……………… 126, 159, 168-170
アノミー ……………………………………… 142
アパシー ……………………… 149, 157, 159-161
アメリカ政治学会 …………………………… 2
イギリス政治学会 …………………………… 1
イタリア共産党 …………………………… 113
一般的支持 ……………………… 85, 111, 112
イデオローグ ……………………………… 157
イデオロギー ………………………………… 76
委任代表 ……………………………………… 60
ヴィルトゥ …………………………………… 53
ヴェトナム戦争 ……………………… 114, 164
埋め込まれた自由主義 …………………… 181
エスノ・ナショナリズム …………………… 65
エリート ……………………………………… 148
　　──論的デモクラシー ……… 157, 158, 163
エンクロージャー（囲い込み運動）……… 23
エンパワーメント ………………… 159, 167
王権神授説 …………………………………… 54
欧州連合（EU） ……………………… 69, 174
恩顧＝庇護主義（クライエンテリズム） …… 104, 105, 151
　　──政治 …………………………………… 129

か 行

階級国家 ……………………………………… 61
階級投票 ……………………… 141, 151, 152
核軍縮キャンペーン（CND） ……… 154, 164, 165
革新主義時代 ……………………… 32, 159, 160
家臣会議 ……………………………………… 59
カルテル政党 ……………………… 144, 145
管理された多元主義 ……………………… 175
官僚型権威主義 ……………………… 48, 49
議院内閣制 …………………………………… 60
議題設定権力 ………………………………… 74
キリスト教民主党 ……………… 105, 112
近代化論 ……………………………… 94, 95
グローバル市民社会 ……………………… 177
ケインズ主義 ………………………………… 65
権威主義体制 ……………………… 46, 47, 173
権威主義的パーソナリティ ……… 106, 107
権利革命 ……………………………………… 168
権利宣言 ……………………………………… 16
権利の章典 …………………………………… 16
権力分立 ……………………………… 57, 58
合意の政治 …………………………………… 65
「公共」アドボカシー戦略 ……………… 169
公民権運動 ……………………………… 163, 165
合理的有権者 ……………………………… 152
5月革命 ……………………… 155, 156, 158
国民国家 ……………………………… 57, 64, 95
国民性研究 ………………………… 105, 106
国家革新連盟（ARENA） ………………… 46
古典的デモクラシー論 ……………… 152, 157
コモン・コーズ …………………………… 169
コロンビア学派 …………………………… 150

さ 行

サワーロ・セミナー ……………… 125, 127
参加デモクラシー（論） ……… 69, 156-158, 163
産業地域事業団（IAF） ……………… 178, 182
シカゴ学派 ……………………… 149, 159, 160
自主管理 ……………………………………… 173
静かなる革命 ……………………… 116, 158
支配の諸類型 ……………………… 57, 58
資本主義の多様性 ………………………… 66
市民社会 ……………… 69, 76, 131, 175, 180, 182
市民宗教 ……………………………… 86, 87
市民的義務感 ……………………………… 142
市民文化 ……………… 104, 106, 111, 112, 115
社会王制 ……………………………………… 34
社会契約 ……………………………… 56, 58-60

209

社会資本（ソーシャル・キャピタル）… 120, 121, 123, 124, 126, 128, 131, 132, 182
社会主義者鎮圧法……………………… 20, 34
社会民主主義…………………… 35, 72, 122
ジャズ・エイジ…………………………… 32
自由委任原理……………………………… 59
宗教投票…………………………… 141, 151
集合行為のジレンマ…………………… 124
重商主義…………………………………… 55
柔軟な専門化…………………… 129, 172
自由党………………………………… 18, 19
主権国家………………………………… 54, 55
上流一万………………………………… 17, 152
シリコン・バレー……………………… 175
新組合主義………………………………… 29
新自由主義……………………… 166, 173
シンボリック・アナリスト…………… 176
政策文化………………………… 115, 116, 118
政治家系…………………………… 88, 89
政治参加……………… 67, 115, 136, 140, 147, 156
政治的（な）有力感…………… 101, 102
政治的社会化…………………… 83, 84, 112
政治的疎外……………………………… 142
政治的有効性感覚…………………… 131, 142
政治発展（論）………………… 64, 95, 96
政治文化………………………… 96-98, 111, 116
政党帰属意識…………………… 82, 90, 150, 153
政党マシーン……………………… 32, 159-161
制度的革命党（PRI）……………………… 111
責任ある投票者………………………… 152
責任内閣制………………………………… 17
絶対主義国家…………………………… 54, 64
戦争国家…………………………………… 65
全体主義（体制）………………… 41, 47, 76
全米女性組織（NOW）………………… 163
疎　外…………………………………… 162
租税国家…………………………………… 62

た 行

第三のイタリア………………………… 129
第三の波………………………… 37, 38, 69, 121
大憲章（マグナ=カルタ）……………… 15
大衆社会………………………………… 147
大衆政党………………………… 140, 144, 145
大衆デモクラシー……………………… 65
体制移行論……………………… 49, 50
第二の産業分水嶺……………… 129, 131
多極共存型デモクラシー……………… 110
多極社会……………………… 89, 110
多元主義………………………… 12, 17, 70, 180
────的デモクラシー………………… 109
チャーチスト運動……………………… 28
敵対の政治……………………………… 65
天安門事件……………………………… 172
ドイツ社会民主党（SPD）…………… 33, 34
動　員…………………………………… 136
盗賊支配……………………… 105, 106
胴体のない頭…………………………… 128
道徳以前の家族主義…………… 103, 104, 110
投票参加………………………………… 143
投票動員………………………………… 149
都市改革運動………………………… 160, 161
泥棒貴族…………………………… 31, 32

な 行

長い60年代……………………… 126, 127, 163
ナチス（国家社会主義ドイツ労働者党）…… 39
ナチズム………………………… 38, 39, 47
ナルシシズムの文化…………………… 163
南巡講話……………………… 172, 175
ニューディール………………………… 32, 33
ニューレフト…………………… 156, 163, 165
認知動員………………………………… 144
ネオ・グラムシ派（グラムシのヘゲモニー論）………………………………… 75, 76
ネオ・コーポラティズム（論）…… 72, 73, 110
ノーマル・ヴォート…………………… 153

は 行

バート・ゴーデスベルグ綱領………… 35
バスクの祖国と自由（ETA）………… 43
パリ・コミューン……………………… 22

パワー・エリート（論） ……………… 69, 70, 73
非決定の決定 ………………………………… 75
ビジネスの特権的地位 ……………………… 71
ビスマルク保険 ……………………………… 63
非－場所 …………………………………… 176
ピューリタン革命 ……………………… 24, 55, 56
ファシズム ……………………………… 40, 46
ファランフェ党 ………………………… 42, 48
フェビアン協会 ………………………… 29, 30
フェミニズム ……………………………… 168
フォーディズム ………………………… 129, 171
福祉国家 ……………………………… 60, 63, 66
婦人有権者同盟（LWV） …………………… 163
ブラック・パワー運動 …………………… 166
フランス共産党 ……………………………… 66
フランス人権宣言 ……………………… 20, 57, 60
分割投票者 ………………………………… 153
ベヴァリッジ報告 ………………………… 63, 65
ベルリンの壁 ………………………………… 38
偏見の動員 …………………………………… 74
変移主義 …………………………………… 104
ホイッグ党 ……………………………… 17, 18
包括政党 …………………………………… 35
包摂の政治 ………………………………… 180
ポート・ヒューロン宣言 ………………… 163
保守党 ………………………………………… 19
ポリアーキー …… 13, 15, 17, 19, 21, 77, 121, 136, 171
ポリス（都市国家） ………………… 10, 11, 152
ポリティカル・アクション ……………… 155

ま 行

マーストリヒト条約 ……………………… 174, 179

マッカーシズム ……………………………… 40
ミシガン学派 ………………… 142, 150-152, 157
身分制議会 …………………………………… 59
民主社会学生同盟（SDS） ………………… 162
無党派 ……………………………………… 152, 153
名誉革命 ……………………………………… 24
命令的委任 …………………………………… 59
メキシコ革命 ……………………………… 101, 102
模範議会 ……………………………………… 16

や 行

ユートピア社会主義 ……………………… 24
輸入代替工業化 ……………………………… 44, 49
ヨーロッパ市民社会 ………………… 179, 180
欲求の階層理論 …………………………… 117
4 つの研究書 ……………………………… 71, 72
弱い絆の強さ ……………………………… 130

ら 行

利益集団自由主義 …………… 32, 73, 159, 162, 168
立憲主義 ……………………………………… 57
立憲政治 …………………………………… 17, 57
リプセット仮説 ……………………………… 49
霊の家族 ……………………………………… 89
労働組合主義 ………………………………… 29
労働代表委員会 …………………………… 19, 30
労働党 ……………………………………… 19, 30
ロビイング ………………………………… 168

わ 行

ワイマール共和国 ………………… 20, 38, 39

河田 潤一（かわた　じゅんいち）

〔略　歴〕
1948年　神戸市に生まれる。
1976年　神戸大学大学院法学研究科博士課程単位取得満期退学。
　　　　甲南大学法学部教授、大阪大学法学部・同大学院法学研究科教授を経て、
　現　在　神戸学院大学法学部教授。大阪大学名誉教授。

〔主　著〕
『汚職・腐敗・クライエンテリズムの政治学』（編著）ミネルヴァ書房、2008年
『失われた民主主義』（訳書／Th. スコッチポル著）慶應義塾大学出版会、2007年
Comparing Political Corruption and Clientelism (ed.), Ashgate, 2006
『ヨーロッパの統合とアメリカの戦略』（訳書／G. ルンデスタッド著）NTT 出版、2005年
『ハンドブック政治心理学』（共編著）北樹出版、2003年
『哲学する民主主義』（訳書／R.D. パットナム著）NTT 出版、2001年
『ブラック・エンパワーメントの政治』（訳書／J. ジェニングズ著）ミネルヴァ書房、1998年
『政党派閥』（共編著）ミネルヴァ書房、1996年
『アメリカ黒人の文化と政治』（訳書／Ch.P. ヘンリー著）明石書店、1993年
『現代政治学入門』（編著）ミネルヴァ書房、1992年
『比較政治と政治文化』ミネルヴァ書房、1989年

Horitsu Bunka Sha

政治学基本講義

2015年9月25日　初版第1刷発行

著　者　河田　潤一
　　　　（かわた　じゅんいち）
発行者　田靡　純子
発行所　株式会社　法律文化社
〒603-8053
京都市北区上賀茂岩ヶ垣内町71
電話 075(791)7131　FAX 075(721)8400
http://www.hou-bun.com/

＊乱丁など不良本がありましたら、ご連絡ください。
　お取り替えいたします。

印刷：亜細亜印刷㈱／製本：㈱吉田三誠堂製本所
装幀：白沢　正
ISBN 978-4-589-03697-1
Ⓒ2015 Junichi Kawata Printed in Japan

JCOPY 〈(社)出版者著作権管理機構　委託出版物〉
本書の無断複写は著作権法上での例外を除き禁じられています。複写される場合は、そのつど事前に、(社)出版者著作権管理機構（電話 03-3513-6969、FAX 03-3513-6979、e-mail: info@jcopy.or.jp）の許諾を得てください。

高橋 進・石田 徹編
ポピュリズム時代のデモクラシー
―ヨーロッパからの考察―
Ａ５判・246頁・3500円

ポピュリズム的問題状況が先行しているヨーロッパを対象として取り上げ、理論面と実証面から多角的に分析し、問題状況の整理と論点の抽出を試みた。同様の問題状況が現れつつある日本政治の分析にとって多くの示唆を与える。

小堀眞裕著
ウェストミンスター・モデルの変容
―日本政治の「英国化」を問い直す―
Ａ５判・324頁・4200円

日本の政治改革がお手本としてきた「ウェストミンスター・モデル」が揺らいでいる。その史的展開と変容のダイナミズムを実証的に考察。「英国化」する日本政治を英国から照射することにより日本政治の未成熟を衝く。

仲正昌樹編
政治思想の知恵
―マキャベリからサンデルまで―
Ａ５判・252頁・2500円

「政治思想を学ぶことは人生の知恵を学ぶことだ」。編者の熱い思いで編まれた入門書。ホッブズ、ロック、ルソー、スミス、カント、ベンサム、ミル、アーレント、バーリン、ロールズ、ハーバマス、ノージックら総勢14人の代表的思想家をとりあげる。

仲正昌樹編
現代社会思想の海図(チャート)
―レーニンからバトラーまで―
Ａ５判・268頁・2800円

現代日本で領域横断的に読まれている17人の批判的社会理論家――レーニン、グラムシ、アドルノ、フーコー、ネグリ、ムフ、シンガー、コーネル、バトラーらを「脱ヒューマニズム」の共通項で結んで編んだ入門書。

村上 弘著
日本政治ガイドブック
―改革と民主主義を考える―
Ａ５判・240頁・2200円

日本政治を捉えるためのガイドブック。基礎知識を丁寧に概説したうえで、ポピュリズムや首相公選制、改憲論などの政治的争点につき賛否両論をわかりやすく整理。全体像の把握と思考を深めるための手法と視座を提供する。

―法律文化社―

表示価格は本体(税別)価格です